施工现场专业管理人员实用手册系列

资料员实用手册

王文睿　张乐荣　完丽萍　主编

中国建筑工业出版社

图书在版编目（CIP）数据

资料员实用手册/王文睿等主编. —北京：中国建筑工业出版社，2017.3
（施工现场专业管理人员实用手册系列）
ISBN 978-7-112-20213-3

Ⅰ.①资… Ⅱ.①王… Ⅲ.①建筑工程-技术档案-档案管理-手册 Ⅳ.①G275.3-62

中国版本图书馆 CIP 数据核字（2017）第 004440 号

本书为《施工现场专业管理人员实用手册系列》中的一本，共9章，包括资料员岗位技能、素质要求及工程资料管理；建设工程前期资料和监理资料的基本构成；土建工程资料；安装工程资料管理（C2 类）；检验批质量验收记录；安全生产资料、文明施工资料及其归档；工程竣工资料及其组卷移交（D 类）；城建档案管理、施工资料管理及建筑业统计；标准规范与建筑工程强制性规范条文摘录。

本手册力求简明扼要、条理清楚、注重实用性、内容全面性、紧密结合工程施工实际、对资料员工作参考价值高、实用性强。

责任编辑：王砾瑶　范业庶
责任设计：李志立
责任校对：王宇枢　刘梦然

施工现场专业管理人员实用手册系列
资料员实用手册
王文睿　张乐荣　完丽萍　主编

*

中国建筑工业出版社出版、发行（北京海淀三里河路9号）
各地新华书店、建筑书店经销
北京科地亚盟排版公司制版
北京圣夫亚美印刷有限公司印刷

*

开本：850×1168毫米　1/32　印张：11¾　字数：304千字
2017年4月第一版　2017年4月第一次印刷
定价：**31.00**元
ISBN 978-7-112-20213-3
（29624）

版权所有　翻印必究
如有印装质量问题，可寄本社退换
（邮政编码 100037）

施工现场专业管理人员实用手册系列编审委员会

主　　任：史文杰　陈旭伟

委　　员：王英达　余子华　王　平　朱　军　汪　炅

　　　　　徐惠芬　梁耀哲　罗　维　胡　琦　王　羿

　　　　　邓铭庭　王文睿

出版说明

建筑业是我国国民经济的重要支柱产业之一,在推动国民经济和社会全面发展方面发挥了重要作用。近年来,建筑业产业规模快速增长,建筑业科技进步和建造能力显著提升,建筑企业的竞争力不断增强,产业队伍不断发展壮大。因此,加大了施工现场管理人员的管理难度。

现场管理是工程建设的根本,施工现场管理关系到工程质量、效率和作业人员的施工安全等。正确高效专业的管理措施,能提高建设工程的质量;控制建设过程中材料的浪费;加快建设效率。为建筑企业带来可观的经济效益,促进建筑企业乃至整个建筑业的健康发展。

为满足施工现场专业管理人员学习及培训的需要,我们特组织工程建设领域一线工作人员编写本套丛书,将他们多年来对现场管理的经验进行总结和提炼。该套丛书对测量员、质量员、监理员等施工现场一线管理员的职责和所需要掌握的专业知识进行了研究和探讨。丛书秉着务实的风格,立足于工程建设过程中施工现场管理人员实际工作需要,明确各管理人员的职责和工作内容,侧重介绍专业技能、工作常见问题及解决方法、常用资料数据、常用工具、常用工作方法、资料管理表格等,将各管理人员的专业知识与现场实际工作相融合,理论与实践相结合,为现场从业人员提供工作指导。

本书编写委员会

主　编：王文睿　张乐荣　完丽萍

副主编：胡淑贞　曹晓婧　武　峰

前　言

《资料员实用手册》将资料员日常工作中运用最多的基本技能需要和常用工具类资料集合为一体，包括资料员的岗位知识与专业技能。根据实用性的需要，重点突出并着力满足资料员在工程项目建设的施工准备阶段、施工阶段实际工作的需求，同时兼顾了项目竣工验收阶段工作的基本需求。本书是一本全面系统指导和帮助资料员工作的工具书。本书共9章38节。

本书内容涉及资料员工程项目业务工作的全过程，也涉及建设工程项目各阶段各类资料的收集、归纳、整理、组卷和保存等全部内容。本书编写内容紧密结合工程实际，涵盖各类工程项目资料管理的全阶段，内容简洁、查阅方便快速，是现阶段同类书中实用性很强的一本工具类书籍。本书是在岗人员的良师益友、是学校教师教学工作很实用的参考书，是在校学生自学成才的很实用的教科书。本书绝大部分内容采用表格的形式进行编排，版面新颖独特，便于使用者查找相关内容。

本书由王文睿、张乐荣、完丽萍担任主编，胡淑贞、曹晓婧、武峰等担任副主编。何耀森高级工程师审阅了全书并提出了许多宝贵的意见和建议，在此表示诚挚的谢意。由于我们理论水平和实践技能有限，本书编写中难免存在不足和缺漏，敬请广大读者指正。

目 录

第1章 资料员岗位技能、素质要求及工程资料管理 ······ 1
1.1 建筑工程资料员的素质和技能要求 ······ 1
1.2 资料员的技术基础知识 ······ 12
1.3 合理组织材料、构配件进场 ······ 30
1.4 施工现场的"三防"管理制度及安全教育 ······ 33
1.5 工程造价基本知识 ······ 45
1.6 工程资料管理与归档 ······ 50

第2章 建设工程前期资料和监理资料的基本构成 ······ 57
2.1 建设工程项目前期阶段相关文件及资料 ······ 57
2.2 建设工程项目勘察设计阶段相关文件及资料 ······ 63
2.3 招标投标相关资料及合同文件 ······ 65
2.4 施工准备阶段相关文件资料 ······ 68
2.5 工程投资相关商务文件资料 ······ 74
2.6 监理资料文档的构成（B类） ······ 78

第3章 土建工程资料 ······ 89
3.1 土建工程管理资料 ······ 89
3.2 土建工程施工技术资料 ······ 97
3.3 土建工程施工测量记录 ······ 104
3.4 土建工程施工物资资料 ······ 111
3.5 土建工程施工记录 ······ 123
3.6 土建工程施工试验记录 ······ 139

第4章 安装工程资料管理（C2类） ······ 155
4.1 安装工程物资资料 ······ 155
4.2 隐蔽工程验收记录 ······ 165
4.3 安装工程施工记录 ······ 169
4.4 智能建筑工程质量检测验收记录 ······ 188

第5章 检验批质量验收记录 ·········· 196
5.1 检验批质量验收记录表填写 ·········· 196
5.2 单位（子单位）工程质量竣工验收记录 ·········· 200
5.3 分部（子分部）工程质量竣工验收记录 ·········· 209

第6章 安全生产资料、文明施工资料及其归档 ·········· 252
6.1 安全生产责任制（C3类） ·········· 252
6.2 安全技术交底（C4类） ·········· 258
6.3 安全检查评分（C5类） ·········· 268
6.4 安全生产与文明施工保证计划（C6类） ·········· 272
6.5 安全资料归档 ·········· 290

第7章 工程竣工资料及其组卷移交（D类） ·········· 297
7.1 竣工图 ·········· 297
7.2 建筑工程竣工验收备案管理知识 ·········· 301

第8章 城建档案管理、施工资料管理及建筑业统计 ·········· 311
8.1 建筑工程文件归档整理规范的基本规定 ·········· 311
8.2 建筑工程文件的立卷及排列编码 ·········· 312
8.3 资料安全管理的相关规定 ·········· 316
8.4 建筑业统计的基本知识 ·········· 321

第9章 标准规范与建筑工程强制性规范条文摘录 ·········· 326
9.1 《建设工程文件归档规范》（GB/T 50328—2014）条文摘录 ·········· 326
9.2 《建设电子文件与电子档案管理规范》（CJJ/T 117—2007） ·········· 338
9.3 建筑施工规范强制性条文 ·········· 352

参考文献 ·········· 366

第1章 资料员岗位技能、素质要求及工程资料管理

1.1 建筑工程资料员的素质和技能要求

1.1.1 资料员的岗位职责

工程项目的资料员，负责工程项目的资料档案管理、计划、统计管理及内业管理工作，通常包括工程资料的收集、整理、立卷、归档、保管工作；施工过程中各种质量保证资料的收集、检查、汇总等；施工中各种会议的记录、整理、会签、复印分发等；施工中各种试块、试件的取样、送检、结果回索、上报、分类保管等；各种工程信息的收集、传递、反馈，必要时及时向领导汇报等；完成项目经理交办的其他任务，汇总项目工程的施工进度资料，整理工程的日报及月报工作等。

资料员的岗位职责见表1-1。

资料员的岗位职责　　　　　　　　　　表1-1

项目	内容
负责工程项目资料、图纸等档案的收集、管理	（1）负责工程项目所有图纸的接收、清点、登记、发放、归档、管理工作：在收到工程图纸并进行登记以后，按规定向有关单位和人员发放，由收件方签字确认。负责收存全部工程图图纸，且每一项目应收存不少于两套正式图纸，其中至少一套图纸盖有设计单位图纸专用章。竣工图采用散装方式折叠，按资料目录的顺序，对建筑平面图、立面图、剖面图、建筑详图、结构施工图等建筑工程图纸进行分类管理。 （2）收集整理施工过程中所有技术变更、洽商记录、会议纪要等资料并归档；负责对每日收到的管理文件、技术文件进行分类、登录、归档。负责项目文件资料的登记、受控、分办、催办、签收、用印、传递、立卷、归档和销毁等工作。负责做好各类资料积累、整理、处理、保管和归档立卷等工作。注意保密的原则。来往文件资料收发应及时登记台账，视文件资料的内容和性质准确及时递交项目经理批阅，并及时送有关部门办理。确保设计变更、洽商的完整性，要求各方严格执行接收手续，所接收到的设计变更、洽商，须经各方签字确认，并加盖公章。设计变更（包括图纸会审纪要）原件存档。所收存的技术资料须为原件，无法取得原件的，详细背书，并加盖公章。做好信息收集、汇编工作，确保管理目标的全面实现

续表

项目	内　　容
参加分部分项工程的验收工作	(1) 负责备案资料的填写、会签、整理、报送、归档：负责工程备案管理，实现对竣工验收相关指标（包括质量资料审查记录、单位工程综合验收记录）做好备案处理。对桩基工程、基础工程、主体工程、结构工程备案资料核查。严格遵守资料整编要求，符合分类方案、编码规则，资料份数应满足资料存档的需要。 (2) 监督检查施工单位施工资料的编制、管理，做到完整、及时，与工程进度同步：对施工单位形成的管理资料、技术资料、物资资料及验收资料，按施工顺序进行全程督查，保证施工资料的真实性、完整性、有效性。 (3) 按时向公司档案室移交：在工程竣工后，负责将文件资料、工程资料立卷移交公司。文件材料移交与归档时，应有"归档文件材料交接表"，交接双方必须根据移交目录清点核对，履行签字手续。移交目录一式二份，双方各持一份。 (4) 负责将工程资料向市城建档案馆的档案移交工作：报请城建档案馆对列入城建档案馆接收范围的工程档案进行预验收，取得建设工程竣工档案预验收意见，在竣工验收后将工程档案移交城建档案馆。 (5) 指导工程技术人员对施工技术资料（包括设备进场开箱资料）的保管：指导工程技术人员对施工组织设计及施工方案、技术交底记录、图纸会审记录、设计变更通知单、工程洽商记录等技术资料分类保管并交资料室。指导工程技术人员对工作活动中形成的、经过办理完毕的、具有保存价值的文件材料，每一项建设工程进行鉴定验收时归档的科技文件材料，已竣工验收的工程项目的工程资料分级保管交资料室
负责计划、统计的管理工作	(1) 负责对施工部位、产值完成情况的汇总、申报，按月编制施工统计报表：在平时统计资料基础上，编制整个项目当月进度统计报表和其他信息统计资料。编报的统计报表要按现场实际完成情况严格审查核对，不得多报、早报、重报、漏报。 (2) 负责与项目有关的各类合同的档案管理：负责对签订完成的合同进行收编归档，并开列编制目录。做好借阅登记，不得擅自抽取、复制、涂改，不得遗失，不得在案卷上随意画线、抽拆。 (3) 负责向销售策划提供工程主要形象进度信息：向各专业工程师了解工程进度、随时关注工程进展情况，为销售策划提供确实、可靠的工程信息
负责工程项目的内业管理工作	(1) 协助项目经理做好对外协调、接待工作：协助项目经理对内协调公司、部门间，对外协调施工单位间的工作。做好与有关部门及外来人员的联络接待工作，树立企业形象。

续表

项目	内 容
负责工程项目的内业管理工作	（2）负责工程项目的内业管理工作：汇总各种内业资料，及时准确统计、登记台账，报表按要求上报。通过实时跟踪、反馈监督、信息查询、经验积累等多种方式，保证汇总的内业资料反映施工过程中的各种状态和责任，能够真实地再现施工时的情况，从而找到施工过程中的问题所在。对产生的资料进行及时地收集和整理，确保工程项目的顺利进行。有效地利用内业资料记录、参考、积累，为企业发挥它们的潜在作用。 （3）负责工程项目的后勤保障工作：负责做好文件收发、归档工作。负责部门成员考勤管理和日常行政管理等经费报销工作。负责对竣工工程档案整理、归档、保管，便于有关部门查阅调用。负责公司文字及有关表格等打印。保管工程印章，对工程盖章登记，并留存备案
完成工程部经理交办的其他任务	（1）上级文件资料的接收、登记、保管。 （2）工程竣工验收完成后与建设单位、监理单位资料员一起负责全部工程文件的汇总、收集、编目、整理、验收，完成工程文件的立卷、归档和移交工作

1.1.2 资料员岗位必备知识、上岗制度

资料员岗位必备知识、上岗制度见表1-2。

资料员岗位必备知识、上岗制度　　　　表1-2

项次	内　容
必备知识	（1）熟悉国家、省、市城市档案工作法律、法规、政策、规定、标准。 （2）能看懂一般工业与民用建筑（市政）施工图，能编制修改工程竣工图（包括重新绘制基础竣工图）。 （3）了解各种建筑结构施工技术和方法。能正确填写各种施工记录、隐蔽工程记录及竣工技术资料表格。 （4）了解工程测量有关知识，熟悉工程定位测量、施工测量、竣工测量，并能填写相应的工程测量技术文件及表格。 （5）了解文秘基础知识，熟悉城市建设活动中报告、批复、通知、纪要等应用公文的编写方法。 （6）熟悉城市建设工程档案的内容、范围。掌握工程档案收集、编制、整理的方法。 （7）了解计算机在档案管理中的作用及基本知识

续表

项次	内容
上岗制度	建筑资料员需要通过专门的职业培训并考核合格后，由地方建设主管部门颁发岗位证书，实行持证上岗

1.1.3 工程资料员工作内容

工程资料员的工作内容主要就是负责工程项目资料、图纸等档案的收集、管理，参加分部分项工程的验收工作，负责计划、统计的管理工作，负责工程项目的内业管理工作，完成工程部经理交办的其他任务，见表1-3。

工程资料员工作内容　　　　　表1-3

项次	内容
负责工程项目资料、图纸等档案的收集、管理	（1）负责工程项目的所有图纸的接收、清点、登记、发放、归档、管理工作；在收到工程图纸并进行登记以后，按规定向有关单位和人员签发，由收件方签字确认。负责收存全部工程项目图纸，且每一项应收存不少于两套正式图纸，其中至少一套图纸有设计单位图纸专用章。竣工图采用散装方式折叠，按资料目录的顺序，对建筑平面图、立面图、剖面图、建筑详图、结构施工图等建筑工程图纸进行分类管理。 （2）收集整理施工过程中所有技术变更、洽商记录、会议纪要等资料并归档；负责对每日收到的管理文件、技术文件进行分类、登录、归档。负责项目文件资料的登记、受控、分办、催办、签收、用印、传递、立卷、归档和销毁等工作。负责做好各类资料积累、整理、处理、保管和归档立卷等工作，注意保密的原则。来往文件资料收发应及时登记台账，视文件资料的内容和性质准确及时递交项目经理批阅，并及时送有关部门办理。确保设计变更、洽商的完整性，要求各方严格执行接收手续，所接收到的设计变更、洽商，须经各方签字确认，并加盖公章。设计变更（包括图纸会审纪要）原件存档。所收存的技术资料须为原件，无法取得原件的，详细背书，并加盖公章。做好信息收集、汇编工作，确保管理目标的全面实现
参加分部分项工程的验收工作	（1）负责备案资料的填写、会签、整理、报送、归档；负责工程备案管理，实现对竣工验收相关指标（包括质量资料审查记录、单位工程综合验收记录）做好备案处理。对桩基工程、基础工程、主体工程、结构工程备案资料核查。严格遵守资料整编要求，符合分类方案、编码规则，资料份数应满足资料存档的需要。

续表

项次	内容
参加分部分项工程的验收工作	（2）监督检查施工单位施工资料的编制、管理，做到完整、及时，与工程进度同步；对施工单位形成的管理资料、技术资料、物资资料及验收资料，按施工顺序进行全程督查，保证施工资料的真实性、完整性、有效性。 （3）按时向公司档案室移交：在工程竣工后，负责将文件资料、工程资料立卷移交公司。文件材料移交与归档时，应有"归档文件材料交接表"，交接双方必须根据移交目录清点核对，履行签字手续。移交目录一式两份，双方各持一份。 （4）负责向市城建档案馆的档案移交工作：报请城建档案馆对列入城建档案馆接收范围的工程档案进行预验收，取得建设工程竣工档案预验收意见，在竣工验收后将工程档案移交城建档案馆。 （5）指导工程技术人员对施工技术资料（包括设备进场开箱资料）的保管：指导工程技术人员对施工组织设计及施工方案、技术交底记录、图纸会审记录、设计变更通知单、工程洽商记录等技术资料分类保管交资料室。指导工程技术人员对工作活动中形成的，经过办理完毕的，具有保存价值的文件材料；每一项建设工程进行鉴定验收时归档的科技文件材料；已竣工验收的工程项目的工程资料分级保管交资料室
负责工程项目的内业管理工作	（1）协助项目经理做好对外协调、接待工作：协助项目经理对内协调公司、部门间，对外协调施工单位间的工作。做好与有关部门及外来人员的联络接待工作，树立企业形象。 （2）负责工程项目的内业管理工作：汇总各种内业资料，及时准确统计、登记台账，报表按要求上报。通过实时跟踪、反馈监督、信息查询、经验积累等多种方式，保证汇总的内业资料反映施工过程中的各种状态和责任，能够真实地再现施工时的情况，从而找到施工过程中的问题所在。对产生的资料进行及时地收集和整理，确保工程项目的顺利进行。有效地利用内业资料记录、参考、积累，为企业发挥它们的潜在作用。 （3）负责工程项目的后勤保障工作：负责做好文件收发、归档工作。负责部门成员考勤管理和日常行政管理等经费报销工作。负责对竣工工程档案整理、归档、保管，便于有关部门查阅调用。负责公司文件及有关表格等打印。保管工程印章，对工程盖章登记，并留存备案
其他任务	完成工程部经理交办的其他任务

1.1.4 建筑工程施工项目资料员的要求

建筑工程施工项目资料员的要求见表1-4。

建筑工程施工项目资料员的要求 表1-4

项次	内容
对施工企业资料员要求	（1）首先要熟悉图纸。1）所用的材料要以图纸为依据，算出所用的有多少种材料以及各种材料的数量，然后可以列一个清单（建立材料台账）。这样对物质资料就会心中有数了。在材料进场时，根据清单核对质保书。所有进场材料都应有标志标示，并应与质保书和设计一致，如有问题通知有关人员或供应商。对于有关要求的合格证、使用说明、质检单等要及时收集并归类存档（填写材料台账）。2）图纸是施工的依据，也是作为资料的依据。工程施工过程中的资料，每一项都要依图纸为依据，用行业语言或图来说明才能符合要求。 （2）必须到施工现场，掌握第一手信息。首先做到熟悉图纸、熟悉现场、熟悉施工管理资料、熟悉施工技术资料。熟悉规范、熟悉施工工艺、熟悉分部验收内容：建筑工程资料国家验收规范有十个分部工程，包括地基与基础、主体结构、屋面、装饰装修、给水排水、采暖、电气、智能、通风空调、电梯、节能。 （3）掌握资料收集、管理基本本领。每分部又有若干分项，再根据工程部位划分若干检验批。资料从检验批开始做，要同步进行进场材料报验，及进场材料取样复试，完成分部、分项、检验批资料。1）报验资料包括：开工报告、施工组织设计、进场材料报验、进场材料取样复试、复试报告。2）按工程部位报验：制作安装检验批分项验收、分部验收、单位工程竣工验收。3）施工管理资料：施工组织设计，管理人员、机械、劳动力、工期安排。4）施工技术资料：图纸会审，设计变更、工程签证等。包括建设单位工程准备阶段招标投标文件、监理文件，施工文件，工程洽商变更，工程签证，竣工图和竣工验收文件。并应统一按规范表格要求填写。 （4）要与监理、材料员、各项目负责人处理好关系。要多虚心请教，要尊重别人，把自己该做的及时做好。每一天或两天或每个星期都要与有关人员询问一次各方的进度情况，涉及资料方面的表格文件等提前准备好。 （5）资料员要把资料室打造成一个综合资料数据库。这里既有建筑工程相关的各种"证"（工程规划许可证、建设用地许可证、建设施工证、各种技术人员的操作证）、合同（与甲方的合同、与分包方签的合同、监理合同、采购合同），该工程的图纸、预算书，还要有工程所涉及的书籍、国家和当地的标准规定，并建立一系列严格的可操作的规章制度（如传阅制度和记录）。这样可提高资料员与相关人员沟通的机会，也可显示资料室的作用和资料员的地位。 （6）资料员对工作要有前瞻性、预见性，对本星期或近几天的工作要拟一个工作计划表，计划表是在了解工程进度（看图纸、征求大家意见）的基础上产生的，实际工作时就依据此表。 （7）资料员还要根据建筑工程资料管理要求和现有的条件分类建档。

续表

项次	内 容
对施工企业资料员要求	开工前要把分多少类、用多少档案盒和柜，做好标签等工作。对于重要的资料（合同、批件、图纸）要用好的档案柜或盒。对于已做好的经报批的资料要按组卷放进相应的档案盒中，并做好汇总。对于资料室中的所有资料，无论是已建的，还是各种已有的证、书等都要有借阅规定，借、还都要在借阅本上签字。 （8）熟悉掌握资料员的各种业务本领，并在工作实践中不断积累经验，不断提高

1.1.5 资料员的工作流程

资料员的工作流程见表1-5。

资料员的工作流程　　　　　表1-5

项次	内 容
第一部分：开工前资料	（1）中标通知书及施工许可证。 （2）施工合同。 （3）委托监理工程的监理合同。 （4）施工图审查批准书及施工图审查报告。 （5）质量监督登记书。 （6）质量监督交底要点及质量监督工作方案。 （7）岩土工程勘察报告。 （8）施工图会审记录。 （9）经监理（或业主）批准的施工组织设计或施工方案。 （10）开工报告。 （11）质量管理体系登记表。 （12）施工现场质量管理检查记录。 （13）技术交底记录。 （14）测量定位记录
第二部分：质量验收资料	（1）地基验槽记录。 （2）基桩工程质量验收报告。 （3）地基处理工程质量验收报告。 （4）地基与基础分部工程质量验收报告。 （5）主体结构分部工程质量验收报告。 （6）特殊分部工程质量验收报告。 （7）线路敷设验收报告。 （8）地基与基础分部及所含子分部、分项、检验批质量验收记录。 （9）主体结构分部及所含子分部、分项、检验批质量验收记录。 （10）装饰装修分部及所含子分部、分项、检验批质量验收记录。

续表

项次	内　容
第二部分：质量验收资料	（11）屋面分部及所含子分部、分项、检验批质量验收记录。 （12）给水、排水及采暖分部及所含子分部、分项、检验批质量验收记录。 （13）电气分部及所含子分部、分项、检验批质量验收记录。 （14）智能分部及所含子分部、分项、检验批质量验收记录。 （15）通风与空调分部及所含子分部、分项、检验批质量验收记录。 （16）电梯分部及所含子分部、分项、检验批质量验收记录。 （17）单位工程及所含子单位工程质量竣工验收记录。 （18）室外工程的分部（子分部）、分项、检验批质量验收记录
第三部分：试验资料	（1）水泥物理性能检验报告。 （2）砂、石检验报告。 （3）各强度等级混凝土配合比试验报告。 （4）混凝土试件强度统计表、评定表及试验报告。 （5）各强度等级砂浆配合比试验报告。 （6）砂浆试件强度统计表及试验报告。 （7）砖、石、砌块强度试验报告。 （8）钢材力学、弯曲性能检验报告及钢筋焊接接头拉伸、弯曲检验报告或钢筋机械连接接头检验报告。 （9）预应力筋、钢丝、钢绞线力学性能进场复验报告。 （10）桩基工程试验报告。 （11）钢结构工程试验报告。 （12）幕墙工程试验报告。 （13）防水材料试验报告。 （14）金属及塑料的外门、外窗检测报告（包括材料及"三性"）。 （15）外墙饰面砖的拉拔强度试验报告。 （16）建（构）筑物防雷装置验收检测报告。 （17）有特殊要求或设计要求的回填土密实度试验报告。 （18）质量验收规范规定的其他试验报告。 （19）地下室防水效果检查记录。 （20）有防水要求的地面蓄水试验记录。 （21）屋面淋水试验记录。 （22）抽气（风）道检查记录。 （23）节能、保温测试记录。 （24）管道、设备强度及严密性试验记录。 （25）系统清洗、灌水、通水、通球试验记录。 （26）照明全负荷试验记录。 （27）大型灯具牢固性试验记录。 （28）电气设备调试记录。 （29）电气工程接地、绝缘电阻测试记录。 （30）制冷、空调、管道的强度及严密性试验记录。

续表

项次	内容
第三部分：试验资料	（31）制冷设备试运行调试记录。 （32）通风、空调系统试运行调试记录。 （33）风量、温度测试记录。 （34）电梯设备开箱检验记录。 （35）电梯负荷试验、安全装置检查记录。 （36）电梯接地、绝缘电阻测试记录。 （37）电梯试运行调试记录。 （38）智能建筑工程系统试运行记录。 （39）智能建筑工程系统功能测定及设备调试记录。 （40）单位（子单位）工程安全和功能检验所必需的其他测量、测试、检测、检验、试验、调试、试运行记录
第四部分：材料、产品、构配件等合格证资料	（1）水泥出厂合格证（含28d补强报告）。 （2）砖、砌块出厂合格证。 （3）钢筋、预应力钢丝、钢绞线、套筒出厂合格证。 （4）钢桩、混凝土预制桩、预应力管桩出厂合格证。 （5）钢结构工程构件及配件、材料出厂合格证。 （6）幕墙工程配件、材料出厂合格证。 （7）防水材料出厂合格证。 （8）金属及塑料门窗出厂合格证。 （9）焊条及焊剂出厂合格证。 （10）预制构件、预拌混凝土合格证。 （11）给水排水与采暖工程材料出厂合格证。 （12）建筑电气工程材料、设备出厂合格证。 （13）通风与空调工程材料、设备出厂合格证。 （14）电梯工程设备出厂合格证。 （15）智能建筑工程材料、设备出厂合格证。 （16）施工要求的其他合格证
第五部分：施工过程资料	（1）设计变更、洽商记录。 （2）工程测量、放线记录。 （3）预检、自检、互检、交接检记录。 （4）建（构）筑物沉降观测测量记录。 （5）新材料、新技术、新工艺施工记录。 （6）隐蔽工程验收记录。 （7）施工日志。 （8）混凝土开盘报告。 （9）混凝土施工记录。 （10）混凝土配合比计量抽查记录。 （11）工程质量事故报告单。 （12）工程质量事故及事故原因调查、处理记录。

续表

项次	内容
第五部分：施工过程资料	（13）工程质量整改通知书。 （14）工程局部暂停施工通知书。 （15）工程质量整改情况报告及复工申请。 （16）工程复工通知书。
第六部分：必要时应增补的资料	（1）勘察、设计、监理、施工（包括分包）单位的资质证明。 （2）建设、勘察、设计、监理、施工（包括分包）单位的变更、更换情况及原因。 （3）勘察、设计、监理单位执业人员的执业资格证明。 （4）施工（包括分包）单位现场管理人员及各工种技术工人的上岗证明。 （5）经建设单位（业主）同意认可的监理规划或监理实施细则。 （6）见证单位派驻施工现场代表委托书或授权书。 （7）设计单位派驻施工现场设计代表委托书或授权书。 （8）其他
第七部分：竣工资料	（1）施工单位工程竣工报告。 （2）监理单位工程竣工质量评价报告。 （3）勘察单位勘察文件及实施情况检查报告。 （4）设计单位设计文件及实施情况检查报告。 （5）建设工程质量竣工验收意见书或单位（子单位）工程质量竣工验收记录。 （6）竣工验收存在问题整改通知书。 （7）竣工验收存在问题整改验收意见书。 （8）工程具备竣工验收条件的通知及重新组织竣工验收通知书。 （9）单位（子单位）工程质量控制资料核查记录（质量保证资料审查记录）。 （10）单位（子单位）工程安全和功能检验资料核查及主要功能抽查记录。 （11）单位（子单位）工程观感质量检查记录（观感质量评定表）。 （12）如果是定向销售商品房或职工集资住宅的，还包括用户签收意见表）工程质量保修合同（书）。 （13）建设工程竣工验收报告（由建设单位填写）。 （14）建设工程竣工验收报告（由建设单位填写）。 （15）竣工图（包括智能建筑分部）
第八部分：质量监督存档资料	（1）建设工程质量监督登记书。 （2）施工图纸审查批准及建筑工程施工图审查报告。 （3）单位工程质量监督工作方案。 （4）建设工程质量监督交底会议通知书及交底要点。 （5）建设工程质量监督记录。 （6）建设工程质量管理体系登记表。 （7）施工现场质量管理检查记录。

续表

项次	内　容
第八部分：质量监督存档资料	（8）地基、基桩工程质量监督验收检查通知书。 （9）地基验槽记录及基桩工程质量验收报告。 （10）地基、基桩工程质量核查记录。 （11）设计单位出具（或认可）的地基处理措施及地基处理工程质量验收报告。 （12）地基与基础分部工程质量监督验收检查通知书及验收报告。 （13）地基与基础分部工程质量核查记录。 （14）主体结构分部工程质量监督验收检查通知书及验收报告。 （15）主体结构分部工程质量核查记录。 （16）特殊部分工程质量监督验收检查通知书及验收报告。 （17）线路敷设工程质量监督验收检查通知书及验收报告。 （18）钢材力学、冷弯性能检查报告及钢结构焊接接头拉伸、弯曲检验报告。 （19）预应力筋、钢丝、钢绞线力学性能进场复验报告。 （20）水泥物理性能检验报告。 （21）混凝土试件强度统计表、评定表、试验报告。 （22）装配或预制构件结构性能检验合格证及施工接头、拼缝的混凝土承受施工满载、全部满载时试件强度试验报告。 （23）防水混凝土、喷射混凝土抗压、抗渗试验报告及锚杆抗拔力试验报告。 （24）地基处理工程中各类地基和各类复合地基施工完成后的地基强度（承载力）检验结果。 （25）桩基工程基桩试验报告。 （26）砂浆强度统计表及试件试验报告。 （27）砖、石、砌块强度检验报告。 （28）建筑工程材料有害物质及室内环境的检测报告。 （29）防水材料（包括止水带条和接缝密封材料）、保温隔热及密封材料的复验报告。 （30）金属及塑料外门、外窗复验报告（包括材料、风压性、气透性、水渗性）。 （31）外墙饰面砖的拉拔强度试验报告。 （32）各类电梯、自动扶梯、自动人行道安装工程的整机安装验收报告。 （33）各类设备安装工程的隐蔽验收、系统联动、系统调试及系统安装验收记录。 （34）混凝土楼面板厚度钻孔抽查记录。 （35）工程质量事故报告单。 （36）工程质量整改通知书及工程局部暂停施工通知书。 （37）工程质量复工意见书及工程质量复工通知书。 （38）单位（子单位）工程质量控制资料核查记录（质量保证资料审查记录）。

续表

项次	内 容
第八部分：质量监督存档资料	（39）单位（子单位）工程安全和功能检验资料核查及主要功能抽查记录。 （40）单位（子单位）工程观感质量检查记录（观感质量评定表）。 （41）施工单位工程竣工报告。 （42）监理单位工程竣工质量评价报告。 （43）勘察单位勘察文件及实施情况检查报告。 （44）设计单位设计文件及实施情况检查报告。 （45）建设工程竣工验收报告。 （46）工程竣工验收监督检查通知书。 （47）质量保证资料核查记录。 （48）单位（子单位）工程质量竣工验收记录（工程质量竣工验收意见书）。 （49）重新组织竣工验收通知书。 （50）工程竣工复验意见书。 （51）竣工验收存在问题整改通知书及存在问题整改验收意见书。 （52）工程质量保修合同。 （53）单位（子单位）工程质量监督报告

注：幕墙、钢结构及网架的整套资料存质监站。

1.2 资料员的技术基础知识

1.2.1 施工项目管理主要环节

施工图纸会审的基本内容、要求及重点见表1-6。

施工图纸会审的基本内容、要求及重点　　　　表1-6

项次	内 容
施工图纸会审的基本概念	施工图纸是对构造物、设备、管线等将要施工的工程对象的尺寸、外形、布置、选用材料、相互关系、施工及安装质量要求的详细图纸和说明，是指导施工的直接依据，也是施工阶段质量控制的重要依据和保证。 施工图纸会审是指经施工单位、监理单位共同参与对施工图纸审核完毕后，由建设单位组织、设计单位、监理单位、施工单位共同参与，对施工图纸审核，发现问题的一个共同总结的多方参与的业务活动。其目的是使施工单位、监理单位熟悉施工图纸，了解工程项目特点和设计意图，找出要解决的技术问题和施工工艺，也是为了解决图纸中存在的问题，减少图纸差错，将图纸中的质量隐患解决在施工开始之前

续表

项次	内　　容
施工图纸会审重点解决的问题	（1）理解设计意图，建筑艺术要求与构思，建设单位对工程建设和使用要求。 （2）审核设计深度是否能满足指导施工的要求；采用新技术、新工艺、新材料、新设备的情况，工程结构是否满足规定的抗震设计烈度、等级要求等安全合理性。 （3）审查设计方案及技术措施中，贯彻执行国家及行业规范、标准的情况。 （4）根据设计图纸要求，审查施工承包单位组织施工的条件是否具备，施工现场地形地貌条件、工程条件与水文地质条件能否满足施工需要。 （5）施工图纸上的工程部位、高程、尺寸及材料标准等数据是否准确一致，各类图纸在结构、设备标注上有无矛盾，各种管线走向布局是否合理，与地上建筑、地下构筑物的交叉有无冲突等。 （6）审查图纸上标明的工作范围与合同中明确的内容有无差异，如差异较大将影响工期和工程造价时，及时向使用单位提出。 （7）施工图纸会审时要有专人做好记录，并在会后做出施工图纸会审纪要；对于会审中提出的问题，要着重说明处理意见和解决办法，以及相应的解决单位。 （8）施工图纸会审纪要经参加会审的单位签字确认后，分别送各单位执行及存档，同时将作为施工过程中相关问题处理的依据和竣工验收文件的组成部分
施工图纸会审的要求	在图纸会审之前，应将图纸发送到相关单位，并要求参加施工图纸的会审各方都做好充分准备，认真对待，要领会设计图纸的技术要求，并能从中发现问题，提出建议与意见。建设单位应先组织内部各专业技术人员进行图纸预审，汇总所发现的问题并提出初步处理意见，做到在图纸会审前就已心中有数
施工图纸审核的重点	施工图审核的重点是，审查和核定建筑的使用功能及质量要求是否得到满足，是否符合国家和地方验收标准以及设计任务书和设计合同约定的质量标准，具体包括： （1）是否符合建设投资管理行政单位对初步设计的审核要求。 （2）是否对初步设计进行了全面、合理的优化。 （3）安全性、适用性、经济合理性和施工工艺等是否有保证，是否符合工程总造价的要求。 （4）设计深度是否满足设计阶段的要求。 （5）是否通过了监理工程师的认真审核，细节的处理是否到位

1.2.2 施工图纸会审步骤

图纸会审的步骤见表1-7。

图纸会审的步骤　　　　　　　　表1-7

项次	内容
施工图纸的发送和会审时间的确定	建设单位从设计院将图纸审查手续办理完毕的施工图纸领会,一般先取回四份,分发给监理、施工和代建单位各一份,留给自己单位一份,并通知图纸会审的日期,通常图纸会审时间为在施工图纸发放后的一周后一个相对适合各方参加的时间
各单位认真熟悉和审查图纸	接到建设单位送达的施工图纸后,监理、施工、代建单位和建设单位各专业技术人员,应认真熟悉图纸设计的意图和目标,针对自己专业的图纸设计,认真查找图纸中与国家规范和省市等地方规定不一致的问题,设计中存在的明显及细微的错误与疏漏,以及在施工中不能满足施工工艺要求、施工质量得不到保证、影响施工质量和安全的若干问题,并在会审前各单位内部按专业工种归纳汇总
召开图纸会审会议	在约定的时间里,由监理单位主持召开的有建设单位、设计单位、监理单位、施工单位参加图纸会审会,会议主要议程是:首先由施工和监理单位对设计图纸中存在的问题分别进行汇报(相同问题汇报时不再重复),然后按专业分组进行讨论研究,就问题解决的思路、方法、措施提出各方意见,通过认真沟通、协商、研究最后决定问题处理的最终方案。对会议上不能最终确定的问题,可约定最后解决的时间界限和负责单位,以督促其拿出最终解决问题的方案
会议纪要的形成与发送	在召开图纸会审会议期间,各专业都要指定专人做好施工图纸会审纪录,对会议上各方提出的问题和解决问题的意见要认真记录、梳理、归类;对经过讨论形成的共同意见要准确、完整、无误地用文字表述清楚;会后由监理单位汇总各专业的会审纪要,汇总编写本次图纸会审的会审纪要,并转送参加会议的各单位,按专业不同督促每个参会的专业技术人员和项目管理人员签字;各参加图纸会审的单位会签完成后,将会审纪要分发给设计、施工、监理和建设单位,作为工程竣工验收的依据之一,施工图纸会审记录见表1-8

施工图纸会审记录　　　　　　表 1-8

工程名称：　　　　　　　　　　　　　　　　编号：_____

工程名称			日期	
地点			专业名称	
序号	序号	图纸问题		图纸问题交底
1				
2				
3				
4				
签字栏	建设单位	监理单位	设计单位	施工单位

说明：本表一式四份，由施工单位整理，各与会单位会签，有关单位各保存一份。

1.2.3 设计技术交底的内容

（1）设计技术交底的内容见表 1-9。

设计技术交底的内容　　　　　　表 1-9

项次	内　　容
设计技术交底的目的	设计技术交底是指施工图纸在经过有关单位审查合格后，设计单位在设计文件交付前，由建设单位或代建单位组织，根据《建筑法》、《建设工程质量管理条例》和《建设工程勘察设计条例》等法律、法规和规章的规定，就设计文件中的内容，由设计单位向建设单位、代建单位、监理单位、施工单位作出详细的说明。其目的是： （1）使施工、监理、建设或代建单位都能正确理解和贯彻设计意图，正确理解建设单位对项目建设的要求。 （2）通过前期各参建单位对设计图纸的掌握情况，加深设计文件特点、难点、疑点的理解。

续表

项次	内 容
设计技术交底的目的	（3）对于一些关键部位的质量要求重点进行说明、讲解，确保施工时的质量管理能够顺利实现目标。 （4）把设计要求、施工技术要求和质量标准贯彻到基层以至现场操作人员。 （5）对于施工难度大、技术要求高以及首次采用新技术、新工艺、新材料的工程，通过技术交底可要求施工单位制定相应的技术保障措施，做好技术培训工作
设计技术交底的要求	设计技术交底是项目工程施工开始前或施工过程中重要质量管理环节之一，技术交底资料是施工过程中需要贯彻执行的重要技术资料，所有技术交底资料均应归入工程技术档案。设计技术交底的基本要求是： （1）设计技术交底必须满足现行施工规范、技术规程的要求。施工质量必须达到规范的要求，不得任意修改、删减图纸中规范规定和要求的内容，不得降低施工质量标准。 （2）在设计技术交底前，各单位要先熟悉施工图纸和设计文件所采用的规范、工艺标准、质量标准等。 （3）凡施工单位提出修改设计图纸的技术要求均应通过设计单位和建设单位的审查。 （4）对项目关键工程部位、特殊和隐蔽工程的质量要求，在交底时，要求设计单位作出详细的设计方案阐述，将设计要求交代清楚。 （5）对容易发生工程质量事故和工伤事故的特殊工种与施工环节，在技术交底时要着重强调，使施工单位引起足够的重视，防范事故的发生。 （6）建设单位或代建单位要督促施工单位、监理单位将技术交底的资料以书面形式向有关管理和技术人员传达，确保技术交底的实效
设计技术交底的步骤和程序	设计技术交底可以和图纸会审一起组织进行，建设单位或代建单位组织设计单位对于设计意图、工程技术与质量要求向施工单位做好明确的技术交底。施工单位内部的技术交底也是设计技术交底的重要组成部分，它是在设计单位技术交底之后，施工单位按照分部、分项工程的不同，在施工前逐级进行的技术交底。 设计技术交底的步骤如下： （1）在图纸会审的基础上建设单位或代建单位布置设计交底工作。首先由监理单位组织施工、监理单位进行施工图纸会审，整理成会审问题清单，设计技术交底前一周交设计单位。同时协商安排设计技术交底会议举行的大致时间； （2）召开设计技术交底会议。在几方约定的时间里，由建设单位或代建单位主持召开的有设计单位、监理单位、施工单位参加技术交底会议，会议主要议程是由设计单位就设计意图、施工图纸和设计文件所采用的规范、工艺标准、质量标准，对项目关键工程部位、特殊和隐蔽工程的质量要求，对容易发生工程质量事故和工伤事故的特殊工种与施工环节等内容向与会的施工、监理单位人员进行交底。设计单位做好设计技术交底。

续表

项次	内　　容
设计技术交底的步骤和程序	（3）设计技术交底文件的形成与发送。设计技术交底会议纪要的形成与发送与图纸会审纪要相同，通常二者可合并完成，为了提高工作效率，把图纸会审和技术交底一起组织，即在技术交底后即进行图纸会审。并在会签完成后发送各参会单位备案。 （4）监督施工单位技术交底的逐级传达。为了使施工设计技术交底的目标最终落实到施工的各种实际工作活动中，监理单位在设计单位技术交底后要督促施工单位向各分部工程、分项工程、各专业工种施工人员进行技术交底工作，以确保施工中不发生质量控制的盲区和断点

（2）施工组织设计会审记录。

施工组织设计会审记录见表1-10。

施工组织设计会审记录　　　　　　表1-10

工程名称：　　　　　　　　　　　　　编号：_____

对施工单位报送的施工组织设计（方案）的审查情况如下，请各级领导予以审批。

（1）施工组织设计（方案）中，施工单位和监理单位的审批手续是否齐全；
　　　　□是　　　　□否（注明原因）
（2）施工单位项目管理机构的质量管理，技术管理、质量保证体系是否健全，质量保证措施是否切实可行且有针对性；
　　　　□是　　　　□否（注明原因）
（3）施工现场布置是否合理；
　　　　□是　　　　□否（注明原因）
（4）施工组织（方案）中工期，战略目标与施工合同是否一致；
　　　　□是　　　　□否（注明原因）
（5）施工组织（方案）中的施工布置和程序是否符合本工程的特点及施工工艺，满足设计文件的要求；
　　　　□是　　　　□否（注明原因）
（6）施工组织设计中进度计划是否采用流水施工方法和网络计划技术，以保证施工的连续性和军和性，且工料机进场是否与进度计划保持协调；
　　　　□是　　　　□否（注明原因）
（7）安全、环保、消防和文明施工是否切实可行并符合有关规定；
　　　　□是　　　　□否（注明原因）
（8）施工组织设计中是否有高造价的措施。（如有，则需工程部经理报请分公司经理批准）
　　　　□是　　　　□否（注明原因）
附件：施工组织设计（方案）

续表

评审意见：同意/不同意施工单位按施工组织设计（方案）施工。
　　　　　理由（此处应说明同意或不同意的理由）

　　　　　　　　　　　　　工程技术主管：　　　　日期：　年　月　日

评审意见：同意/不同意施工单位按施工组织设计（方案）施工。
　　　　　理由（此处应说明同意或不同意的理由）

　　　　　　　　　　　　　工程技术主管：　　　　日期：　年　月　日

评审意见：同意/不同意施工单位按施工组织设计（方案）施工。
　　　　　理由（此处应说明同意或不同意的理由）

　　　　　　　　　　　　　工程技术主管：　　　　日期：　年　月　日

1.2.4 开工报告的审查

开工报审表审查的内容见表 1-11 所示。

开工报审表审查的内容　　　　表 1-11

项次	内　　容
开工需具备的条件	监理单位审查施工单位报送的工程开工报审表及相关资料，具备以下条件时，由总监理工程师签发，报建设单位或代建单位备案。 （1）施工许可证已获政府建设行政主管部门批准。 （2）征地拆迁工作能满足施工进度的需要。 （3）施工组织设计已经获得监理单位或代建单位批准。 （4）施工承包单位现场管理人员已到位，机具、施工人员已进场，主要工程材料已落实。 （5）进场道路及水、电、通信等可以满足开工要求。 （6）特殊工种的资质符合要求，上岗证齐全
工程开工报告的审查	（1）建设工程项目开工前，施工承包单位在做好施工准备工作的前提下，向监理单位书面提出开工报告，并填写开工/复工报审表。 （2）监理单位专业工程师审查，并将审查意见报总监理工程师。总监理工程师审查后，对具备开工条件的开工报告给予批准，签发开工令，并报建设单位备案；实行代建制的工程项目代建单位还要审批总监理工程师签发的开工令，具备开工条件的，施工企业可以依据开工令按时开工。

续表

项次	内容
工程开工报告的审查	（3）对于还不具备开工条件的工程，由于非施工单位或施工单位引起的不能开工的原因，消除其影响开工的原因后具备开工条件时，承包单位及时填写《工程开工/复工报审表》，总监理工程师对于承包单位引起的不能开工的原因造成的未开工应及时签批，指令施工承包单位继续开工。对于由于施工承包单位原因引起的未能开工的因素消除后，总监理工程师审批后，施工单位开工或继续施工

1.2.5 施工项目投标

1. 招标文件的相关内容

招标文件的相关内容见表1-12。

招标文件的相关内容　　　　表1-12

项次	内容
招标文件的组成	（1）招标文件包括下列内容： 1）第一章：投标人须知 2）第二章：评标办法 3）第三章：合同条款 4）第四章：工程建设标准 5）第五章：图纸、技术资料及附件 6）第六章：工程量清单（并附电子文本） 7）第七章：投标文件格式 （2）除上述内容外，招标人以书面形式发出的对招标文件的澄清或修改内容，均为招标文件的组成部分，对招标人和投标人起约束作用。投标人获取招标文件后，应仔细核查招标文件的内容，如有残缺等问题应在获取招标文件2日内向招标人提出。否则，由此引起的损失由投标人自己承担。投标人同时应认真审核招标文件中所有的事项、格式、条款和规范要求等，若投标人的投标文件没有按招标文件要求提交全部资料，或投标文件没有对招标文件作出实质性响应，其风险由投标人自行承担，并根据有关条款规定，该标书有可能被拒绝
招标文件的澄清	（1）采用工程量清单方式招标的工程，工程量清单必须作为招标文件的组成部分，其准确性和完整性由招标人负责。 （2）投标人在收到招标文件后，如对清单的准确性和完整性有疑问需要招标人澄清，应于3d内以电子邮件形式通过公共资源交易中心专用邮箱向招标人提出，招标人以书面形式予以解答，解答的内容报公共资源交易中心备案后，将在市公共资源交易网上答疑栏目公布给所有获得招标文件的投标人。（此条适用于资格后审）投标人在收到招标文件后，如有疑问需要澄清，应于2d内以书面形式递交至公共资源交易中心，招标人以书面形式予以解答，解答的内容以书面形式分发给所有获得招标文件的投标人。（此条适用于资格预审及邀请招标）

续表

项次	内　容
招标文件的澄清	（3）投标人对招标人提供的招标文件所作出的推论、解释和结论，招标人概不负责。投标人由于对招标文件的任何推论和误解以及招标人对有关问题的口头解释所造成的后果，均由投标人自负
招标文件的修改	（1）投标截止时间15d前，招标人将发放经公共资源交易中心备案过的招标投标专用光盘，专用光盘一经发放，不得变更。投标截止时间15d前，招标人可能会以补充通知的方式修改招标文件，补充通知将作为招标文件的组成部分，具有与招标文件同等效力。 （2）补充通知报招标办备案后，在市公共资源交易网上公布给各投标人、招标控制价编制单位及其他有关部门。（适用于资格后审）补充通知报市招标投标办公室备案后以书面形式发给各投标人、招标控制价编制（审核）单位及其他有关部门。 （3）为使投标人在编制投标文件时，将补充通知修改的内容考虑进去，招标人可以延长投标截止时间（延长时间在补充通知中写明）

2. 投标文件的相关内容

投标文件的相关内容见表 1-13。

投标文件的相关内容　　　　　　　　表 1-13

项次	内　容
投标文件的组成	投标文件应包括下列内容： （1）法定代表人身份证明书。 （2）授权委托书（如有授权）。 （3）投标函。 （4）已标价的工程量清单：投标总价、总说明、工程项目投标报价汇总表、单项工程投标报价汇总表、单位工程投标报价汇总表、分部分项工程量清单与计价表、工程量清单综合单价分析表、措施项目清单与计价表、措施项目清单费用分析表、其他项目清单与计价汇总表、暂列金额明细表、材料暂估价格表、专业工程暂估价表、计日工表、总包服务费计价表、规费、税金项目清单与计价表。 （5）主材、特材和其他需要发包人供应的材料用量；发包人供应材料一览表、承包人供应主要材料一览表。 （6）计划投入的主要施工机械设备表、主要施工管理人员表。 （7）如以联合体投标，须附联合体协议书。 （8）施工组织设计应包括主要的施工方法、技术措施、主要设备及人员专业构成、质量保证体系及措施、工期进度安排及保证措施、安全生产文明施工保证措施、施工现场平面布置图等 （9）资格证明材料。1）企业法人营业执照；2）企业资质证书；3）项目负责人资质证书；4）近两年来，企业及项目负责人的工作业绩、获得的各种荣誉（需提供证书原件备查）。（适用资格预审、邀请招标）资格审查材料。

续表

项次	内　　容
投标文件的组成	（10）本工程商务标电子标书（招投标商务标专用光盘）1套。 （11）本工程技术标电子标书（招投标技术标专用光盘）1套。（技术标电子标书必须使用市公共资源交易中心提供的专用光盘，其他形式的电子投标文件无效）（适用于远程评标）
投标文件编制的注意事项	（1）招标文件第七章提供的文件格式，投标人必须使用。但表式可以按同样格式进行扩展。 （2）投标文件正本须用不能擦去的墨水书写或打印，投标文件副本可以复印，其正、副文本都应装订成册，并在封面上正确标明"正本"、"副本"字样。 （3）全套投标文件应无修改和行间插字。如有修改，须在修改处加盖投标法定代表人或其委托代理人的印鉴
投标有效期	投标文件自投标截止时间起至前附表投标须知规定的时间内有效
投标保证金	（1）本工程执行《××市建设局关于××市区建设工程投标保证金实行集中管理的通知》的管理规定，实行投标保证金集中管理。投标人必须按投标人须知确定的投标保证金金额在本工程开标前48h前汇入市（区）项目所在地公共资源交易中心投标保证金集中管理账户。各投标人应在投标保证金递交截止后开标前，凭银行确认的入账凭证至市项目所在地公共资源交易中心投标保证金集中受理处办理换取统一收据及投标保证金已收确认函。政府采购的工程投标保证金一律采用银行转账方式入账，各投标人必须以自身的名义及经投标保证金集中管理受理处提交备案的账户汇出，否则不予接受。未办理投标保证金提交账户备案的投标单位，应速按有关规定至××市公共资源交易中心办理相关手续，本工程不接受未经备案账户转出的投标保证金。投标保证金是否按规定提交以受理处出具的"工程项目投标保证金提交情况确认书"为准。（各投标人在办理投标金银行汇款手续时，在相关汇出凭证上注出所投工程名称，便于银行核对） （2）工程的投标保证金金额见前附表。 （3）未中标人的投标保证金在其定标后予以退还（无息）。 （4）中标人的投标保证金在签订合同后予以退还（无息）。 （5）投标人在投标有效期内撤回投标文件，招标人将该投标人的投标保证金予以没收。中标通知书发出后，除不可抗力情况外，中标人出现下列情形之一的，招标人必须取消其中标资格，并没收其投标保证金：1）放弃中标项目的；2）拒不按照招标文件的要求提交履约保证金的；3）按照招标文件应当提交中标差额保证金而不提交的；4）不与招标人签订合同的，或者在签订合同时向招标人提出附加条件或者更改合同实质性内容的。投标人（中标人）存在前款所述情形的，招标投标行政监督部门应当将其记入不良行为记录，在一年内其他政府投资项目的招标人可以据此不接受其投标

续表

项次	内 容
踏勘现场	（1）招标人将按须知前附表所述时间，组织投标人对工程现场及周围环境进行踏勘，以便投标人获取有关编制投标文件和签署合同所涉及现场的资料。投标人承担踏勘现场发生的自身费用。 （2）招标人向投标人提供的有关现场的数据和资料，是招标人现有的能被投标人利用的资料，招标人对投标人作出的任何推论、理解和结论均不负责任。 （3）经招标人允许，投标人可为踏勘目的进入招标人的项目现场，但投标人不得因此使招标人承担有关的责任和蒙受损失，投标人应承担踏勘现场的责任和风险。 （4）投标人应充分考虑投标文件制作过程中的数据变化因素，检查确认投标文件内容的正确完整和对招标文件的响应程度

3. 工程设计变更

工程设计变更的内容见表 1-14。

工程设计变更的内容 表 1-14

项次	内 容
基本规定	（1）项目建设前期阶段的设计变更。1）凡涉及对可行性研究批复中项目的建设地点、建设规模、产品方案、市政条件及主要外部协作关系等内容改变的，须报原审批的项目投资主管单位重新批准。2）凡涉及对批复的初步设计文件中主要工艺流程、主要设备、建筑面积、建筑标准、投资总额修改的，须报经原审批的政府项目投资管理的发改部门审批。 （2）项目建设工程施工阶段的设计变更。1）工程施工过程中，由于地形、地质条件的变化，设备、材料代用，施工或生产单位合理化建议，技术措施等引起的施工设计图纸修改，由设计单位或施工单位书面提出，建设单位或代建单位组织监理单位、设计单位、施工单位分析研究设计变更对工程质量、进度、投资以及施工安全等带来的影响，并最终经监理单位审查、建设单位或代建单位审核后确定。未经设计单位或代建单位同意，设计变更无效。简单的个别小的变更需要经过和建设单位或代建单位协商并得到确认后，签字后生效。2）建设单位或代建单位应要求工程监理单位对设计变更需要与修改的施工图进行认真复核审查，界定变更性质，签署并做好记录后下发施工单位。3）对于施工过程中因水文、地质、不可抗力等因素造成的设计变更或其他变更，建设单位或代建单位与施工单位协商解决

续表

项次	内 容
工作流程	工程设计变更申请。在工程设计变更申请前，提出变更申请的单位应对拟提出申请变更的事项、内容、数量、范围、理由等有比较充分的分析，然后按照项目管理的职责划分，向有关管理部门提出书面或口头（较小的事项）申请，施工企业提出的设计变更需向建设单位或代建单位和工程监理单位提出申请，并填写设计变更申请单
涉及资料	（1）设计变更申请单。 （2）设计变更审批表。施工单位向监理单位提交设计变更申请，经建设单位或代建单位审核同意后，可以填写设计变更审批表，经建设单位或代建单位、设计单位审查批准。 （3）设计变更通知。设计单位认真审核设计变更申请表中所列的变更事项的内容、原因、合理性等，然后作出设计变更的最终决定，并以设计变更通知单和附图的形式回复建设单位和施工单位

4. 工程洽商

工程洽商的程序及涉及资料见表 1-15。

工程洽商的程序及涉及资料 表 1-15

项次	内 容
程序	（1）申请。施工单位提出书面洽商要求并填写工程联系单，报送监理单位。 （2）审核。监理单位审核施工单位的申请，并核实申请所列问题，确认需建设单位和设计单位参加洽商的，将有关问题整理后书面报送建设单位，并请建设单位组织工程洽商会议。 （3）洽商通知。建设单位接到监理单位的工程洽商请求后，以书面形式将需要洽商的工程内容告知设计单位项目设计负责人，并约定洽商会议具体时间。设计单位负责人安排相关专业设计人员按约定时间参会。 （4）洽商会议。在约定时间和地点，由监理方主持召开由建设单位、设计单位和施工单位有关技术、管理人员参加的洽商会议。监理方逐一提出需要洽商的工程内容，施工方就实施过程中存在的问题和隐患逐一指出，设计单位、建设单位、监理单位和施工单位对会议所涉及问题逐个研讨、商定解决方案，将协商一致的方案记录后作为施工及施工费用结算依据。 （5）填写工程洽商记录表
涉及资料	工程洽商纪录

5. 工程技术核定

工程技术核定是指工程施工过程中，对于一些新技术、新工艺、新材料的使用,施工企业所在地及企业本身经验不足,高端设备的安装使用存在一些未知问题,为了避免施工中产生重大偏差,确保工程质量和建设目标的实现,由施工、监理、设计和建设单位共同商定,对上述技术复杂工序和工艺过程所需采取的方案、措施的一个确认过程。具体程序见表1-16。

工程技术核定程序 表1-16

项次	内容
程序	(1) 申请。施工单位提出书面工程技术核定申请,并填写工程联系单,报送监理单位。 (2) 审核。监理单位审核施工单位的申请,并核实申请所列问题。监理审核后对于简单技术问题,在征得建设单位的同意后能够确定的工程技术问题,由设计单位、建设单位、监理单位和施工单位会签工程技术核定单给予确认;经过审核确认,需建设单位和设计单位参加工程技术核定的,将有关问题整理后书面报送建设单位,并请建设单位组织工程技术核定会议。 (3) 工程技术核定会议通知。建设单位接到监理单位的工程工程技术请求后,以书面形式将需要工程技术核定内容告知设计单位项目设计负责人,并约定举行技术核定会议具体时间。设计单位负责人安排相关专业设计人员按约定时间参会。 (4) 技术核定会议。在约定时间和地点,由监理方主持召开由建设单位、设计单位和施工单位有关技术、管理人员参加的工程技术核定会议。监理方逐一提出需要核定的工程技术事项,设计单位、建设单位、监理单位和施工单位对所涉及技术问题逐个研讨、商定解决方案,将研究协商一致的方案记录后作为施工及施工费用结算依据
涉及资料	工程建设核定单

6. 隐蔽工程验收

隐蔽工程验收的内容见表1-17。

隐蔽工程验收的内容 表1-17

项次	内容
隐蔽工程验收	隐蔽工程验收是指在房屋或构筑物施工过程中,对将被下一工序所掩盖的分部、分项工程进行检查验收。一般包括给水排水工程、电器管线工程、防水工程等。由于隐蔽工程在隐蔽后,如果发生质量问题,还得重新覆盖和掩盖,会造成返工等非常大的损失,所以必须做好隐蔽工程的验收工作

续表

项次	内　容
验收制度	为了进一步加强工程的质量管理，避免隐蔽工程可能造成的质量隐患，确保工程质量满足设计和规范要求，特制定隐蔽工程验收制度如下： 　　(1) 验收人员：业主工程部分管人员、监理公司人员、施工单位施工员和质量检查员。 　　(2) 验收时间：隐蔽工程应提前一天报验。 　　(3) 验收内容：土建工程、桥梁工程、涵洞工程中的所有隐蔽工程。 　　(4) 验收程序和规定：1) 隐蔽工程自检合格后以书面形式通知监理人员和工程分管人员并注明验收时间和内容。2) 隐蔽工程验收必须由业主工程分管人员、监理人员、施工单位施工员及施工班组等共同验收，必要时要有下一道工序施工班组参加。3) 基底、基槽、桩基础工程要有勘察单位、设计单位相关负责人员和相关检测单位负责人参加。4) 隐蔽工程验收合格后，由监理人员和工程分管人员签署隐蔽工程验收记录后，施工单位方可进行下一工序施工。5) 隐蔽工程验收不合格的，经整改后必须重新验收，合格后方可签署隐蔽工程验收记录，允许下一工序的施工。6) 砌体拉结钢筋工程，由监理人员或分管人员的日常检查进行抽查验收。7) 隐蔽工程验收不合格的，限期整改，如未及时整改将对施工单位按"相关奖罚细则"予以警告或处罚
验收程序	隐蔽工程在下一道工序开工前必须进行验收，按照"隐蔽工程验收控制程序"办理。具体包括： 　　(1) 基坑、基槽验收。建筑物基础或管道基槽按设计标高开挖后，项目经理申请监理单位组织验槽工作，项目工程部工程师、监理工程师、施工单位、勘察、设计单位要尽快现场确认土质是否满足承载力的要求，如需加深处理则可通过工程联系单方式经设计方签字确认进行处理。基坑或基槽验收记录要经上述五方会签，验收后应尽快隐蔽，避免被雨水浸泡。 　　(2) 基础回填隐蔽验收。基础回填工作要按设计图要求的土质或材料分层夯填，而且按施工与验收规范的要求，请质监站进行取土检查其密实性，夯实系数要达到设计要求。以确保回填土不产生较大沉陷。 　　(3) 混凝土工程的钢筋隐蔽验收。1) 对钢筋原材料进场前要进行检查是否有合格证，即合格证要注明钢材规格、型号、炉号、批号、数量及出厂日期、生产厂家。同时要取样进行物理性能和化学成分检验，合格方可批量进场。2) 检查验收钢筋绑扎规格、数量、间距是否符合设计图纸的要求，同一截面接头数量及搭接长度必须符合《规范》的要求。对焊接头的钢筋，先试验焊工焊接质量，然后按《规范》的要求抽取样品进行焊接试件检验，对不合格焊接试件要按要求加倍取样检验，确保焊接接头质量达标。3) 对钢筋保护层按设计要求验收。4) 对验收中存在不合要求的要发送监理整改通知单，直至完全合格后方可在《隐蔽验收记录表》上签字同意进行混凝土浇筑。

续表

项次	内　　容
验收程序	（4）混凝土结构上预埋管、预埋铁件及水电管线的隐蔽验收。混凝土结构上通常有防水套管、预埋铁件、电气管线、给水排水管线需隐蔽，在混凝土浇筑封模前要对其进行隐蔽验收。首先，验收其原材料是否有合格证，是否有见证送检，只有合格材料才允许使用；然后，要检查套管、铁件加工所用材料规格及加工是否符合设计要求；再次，要核对其放置的标高、轴线等具体位置是否准确无误，并检查其固定方法是否可靠，能否确保混凝土浇筑过程中不变形、不移位。水电管线埋没位置要根据使用特点检查其是否合理，能否满足要求。验收合格后方可在《隐蔽验收记录表》上签字同意隐蔽。 （5）混凝土结构及砌体工程装饰前的隐蔽验收。混凝土结构及砌体在装饰抹灰前均要进行隐蔽工程中间验收，混凝土结构需要查验所有材料合格证及混凝土试块压报告，要进行现场强度回弹或钻芯取样试压，要检验混凝土表面密实度及结构几何尺寸是否符合设计要求。砌体要查验原材料合格证，砂浆配合比，砂浆试块试压报告等有关材料是否齐全，现场查验抗震构造拉结钢筋设置是否恰当，砌体砌筑方法及灰缝是否满足设计要求，砌体轴线、位置、厚度等是否符合图纸规定。 （6）参加验收的主要有业主工程部工程师、市质量监督检查站工程师、监理工程师、设计单位代表、施工单位代表
注意事项	（1）给水排水工程。由于镀锌管易生锈、积垢，不保温，而且会发生冻裂，将被逐步淘汰。目前使用最多的是塑铝复合管、塑钢管、PPR管。这些管子有良好的塑性、韧性，而且保温不开裂、不积垢，采用专用铜接头或热塑接头，质量保证，能耗少。 （2）电器管线工程。一般电源线分硬线、软线、护套线等，按铜芯粗细又分为$1mm^2$、$1.5mm^2$线、$2.5mm^2$线，为安全起见，为了便于维修，电源线应套套管。此外常用的还有音响线、信号线等。插座分为10A、15A等，品牌也有多种，假冒的也多。劣质的插座容易引起事故，建议到正规电器用品商店购买较为妥当。电器线路工程，要求按施工规范施工，工人应持证上岗，以保证安全，消除隐患。 （3）地板基层。实木地板基层有两种做法：一种在水泥楼板上刷冷底子油一遍，铺设木龙骨，最后钉地板；另一种方法在龙骨上先铺一层细木工板，或者是毛地板，然后钉地板，采用这种方法，地板受力均匀，结构牢固。复合地板安装方便，基层也有两种做法：一种先做找平层，然后铺设PVC垫层，之后铺设复合地板；另一种在水泥找平层上，铺设木龙骨和毛地板，再铺复合地板。 （4）护墙基层。护墙板有平板式和凹凸式。做法是先在墙面上刷一层冷底子油，然后安装30mm×40mm木龙骨，在此基础上钉多层板或细木工板，最后钉饰面夹板。为防止发霉，在护墙板上部开一系列直径为6mm的通气孔。

续表

项次	内 容
注意事项	(5) 门窗套基层。先排设龙骨，然后钉细木工板或密度板，表面用饰面夹板钉木线条。注意，密度板预先要用水浸泡，避免日后膨胀。 (6) 吊顶基层。吊顶材料有石膏板、夹板、铝合金扣板、塑料扣板、磨砂玻璃、彩绘玻璃等，龙骨分木龙骨和轻钢龙骨。吊顶开裂的现象经常出现，如使用弹性腻子嵌缝，并贴尼龙绑带，可以改善这种情况
验收资料	隐蔽工程完工后，需验收，确保不留隐患，合格后才能进行后续施工。否则以后发现问题，需要返工，既影响质量，又拖延工期。业主和承包方都将蒙受损失。验收合格后填写《隐蔽验收记录表》，共同会签，如验收存在问题，要发监理整改通知单限期整改，整改合格后再组织上述人员进行复检，复检合格后方可进行装饰抹灰隐蔽施工

7. 施工记录及施工日志

施工记录及施工日志的分类见表1-18。

施工记录及施工日志的分类　　　　表1-18

项次	内 容
基本内容	(1) 日期、气象、平均温度。平均温度可记为××～××℃，气象按上午和下午分别记录。 (2) 施工部位。施工部位应将分部、分项工程名称和轴线、楼层等写清楚。 (3) 出勤人数、操作负责人。出勤人数一定要分工种记录，并记录工人的总人数
工作内容	(1) 当日施工内容及实际完成情况。 (2) 施工现场有关会议的主要内容。 (3) 有关领导、主管部门或各种检查组对工程施工技术、质量、安全方面的检查意见和决定。 (4) 建设单位、监理单位对工程施工提出的技术、质量要求、意见及采纳实施情况
检验内容	(1) 隐蔽工程验收情况。应写明隐蔽的内容、楼层、轴线、分项工程、验收人员、验收结论等。 (2) 试块制作情况。应写明试块名称、楼层、轴线、试块组数。 (3) 材料进场、送检情况。应写明批号、数量、生产厂家以及进场材料的验收情况，以及补上送检后的检验结果

续表

项次	内 容
检查内容	（1）质量检查情况：当日混凝土浇筑及成型、钢筋安装及焊接、砖砌体、模板安拆、抹灰、屋面工程、楼地面工程、装饰工程等的质量检查和处理记录；混凝土养护记录，砂浆、混凝土外加剂掺用量；质量事故原因及处理方法，质量事故处理后的效果验证。 （2）安全检查情况及安全隐患处理（纠正）情况。 （3）其他检查情况，如文明施工及场容场貌管理情况等
其他内容	（1）设计变更、技术核定通知及执行情况。 （2）施工任务交底、技术交底、安全技术交底情况。 （3）停电、停水、停工情况。 （4）施工机械故障及处理情况。 （5）冬、雨期施工准备及措施执行情况。 （6）施工中涉及的特殊措施和施工方法、新技术、新材料的推广使用情况

8. 竣工验收

建设工程竣工验收的基本程序和内容见表 1-19。

建设工程竣工验收的基本程序和内容　　　　表 1-19

项次	内 容
竣工验收的组织	由建设单位负责组织实施建设工程竣工验收工作，质量监督机构对工程竣工验收实施监督
验收人员	由建设单位负责组织竣工验收小组，验收组组长由建设单位法人代表或其委托的负责人担任。验收组副组长应至少有一名工程技术人员担任。验收组成员由建设单位上级主管部门、建设单位项目负责人、建设单位项目现场管理人员及勘察、设计、施工、监理单位与项目无直接关系的技术负责人或质量负责人组成，建设单位也可邀请有关专家参加验收小组。验收小组成员中土建及水电安装专业人员应配备齐全
竣工验收标准	竣工验收标准为国家及工程建设的强制性标准，现行质量检验评定标准、施工验收规范、经审查通过的设计文件及有关规范性文件规定

续表

项次	内 容
竣工验收程序及内容	（1）由竣工验收小组组长主持竣工验收。 （2）建设、施工、监理、设计、勘察单位分别书面汇报工程项目建设质量状况、合同履约及执行国家法律、法规和工程建设强制性标准情况。 （3）验收组分为三部分分别进行检查验收。1）检查工程实体质量。2）检查工程建设参与各方提供的竣工资料。3）对建筑工程的使用功能进行抽查、试验。例如厕所、阳台泼水试验，浴缸、水盘、水池贮水试验，通水、通电试验，排污主管道通球试验及绝缘电阻、接地电阻、漏电跳闸测试等。 （4）对竣工验收情况进行汇总讨论，并听取质量监督机构对该工程质量监督情况。 （5）形成竣工验收意见，填写《建设工程竣工验收备案表》和《建设工程竣工验收报告》，验收小组人员分别签字、建设单位盖章。 （6）当在验收过程中发现严重问题，达不到竣工验收标准时，验收小组应责成责任单位立即整改，并宣布本次验收无效，重新确定时间组织竣工验收。 （7）当在竣工验收过程中发现一般需整改质量问题，验收小组可形成初步验收意见，填写有关表格，有关人员签字，但建设单位不加盖公章。验收小组责成有关责任单位整改，可委托建设单位项目负责人组织复查，整改完毕符合要求后，加盖建设单位公章

9. 竣工图的管理制度

竣工图的管理制度见表 1-20。

竣工图的管理制度　　　　表 1-20

项次	内 容
管理制度	（1）竣工图是建设工程竣工档案的重要组成部分，是真实反映建设工程项目施工结果的图样，是工程决算、交房、维修和改建的最重要依据。为统一施工企业建设工程竣工图的编制程序，加强建设工程竣工档案归档质量，依据《建设工程文件归档规范》（GB/T 50328）、《建设项目（工程）竣工档案编制技术规范》（DG/TJ08—2046—2008）等制定竣工图的管理制度。 （2）竣工图是档案工作的一部分，也是工程建设的重要组成部分，施工单位、监理机构、项目部必须加强对竣工图的管理，确保竣工图的完整、准确、系统。 （3）竣工图由施工单位编制、组卷，监理单位审核签字，项目及施工单位技术部专业工程师须核实变更依据及竣工图的完整性、准确性和系统性。

续表

项次	内　容
管理制度	（4）施工单位按规范要求整理组卷，项目部组织竣工图验收，经项目部验收合格后，向公司档案室进行移交。公司档案室和项目经理部对其进行指导、监督、抽查。 （5）竣工图是工程的实际反映，是工程的重要档案，公司合约部在承发包合同或施工协议中，要根据约定对编制竣工图的要求及数量套数、验收等作出规定。 （6）竣工图施工是工程决算的依据。有施工图而没有竣工图的工程不得决算；未在竣工图上表述的修改与变更，一律不作为结算依据。 （7）竣工图是工程的重要组成部分，施工单位应按时递交合格的竣工图（及竣工资料），在支付工程款或办理施工工程结算时，它是进行工程量核算和费用结算的主要依据

1.3　合理组织材料、构配件进场

1. 材料及构（配）件现场交货的到货检验

材料及构（配）件现场交货的到货检验的意义见表1-21。

材料现场交货的到货检验　　　　　表1-21

项次	内　容
材料及构（配）件交货的到货检验的意义	建筑材料及构（配）件是施工项目的主要物资，构成建筑工程实体内的安全性、耐久性和适用性，具有关系国计民生的重要意义。另一方面，建筑物投资额高、使用环境不可测、许多材料在工程结束后都处在隐蔽不可测状态。其三，如果将假冒伪劣材料用于工程，会造成严重的公共安全隐患，因此，材料的质量必须在生产和工程应用各阶段加强控制
工程项目的材料及构（配）件进场验收	工程项目的材料及构（配）件进场验收是施工物资由生产领域向流通领域转移的中间重要环节，是保证进入施工现场的物资满足工程预定的质量标准，满足用户使用要求，确保用户生命财产安全的重要手段和保证。因此，国家相关规范和各地建设行政主管部门对建筑材料的进场验收和复验都作出了严格的规定，要求施工企业对建筑材料的进场验收与管理，按规范要求要复验的必须复验，无相应检测报告和复检不合格的应予退货，严禁使用有害物质含量不符合规范规定的建筑材料，同时禁止使用国家明令淘汰的建筑材料和没有出厂检验报告的建筑材料，尤其对不按规定对建筑材料的有害物质含量进行复验的，对施工单位和有关人员进行处罚

续表

项次	内容
材料及构（配）件现场交货的到货检验	建筑材料及构配件的出厂检验报告和进场复试报告有本质的不同，不能替代。这主要是：其一，出厂检验报告为厂家在完成此批次货物的情况下厂方自身内部的检测；其二，进场复验报告为用货单位在监理或业主方的监督下，由本地质检权威部门出具的检验报告，具有法律效力；其三，出厂检验报告是每种型号、每种规格都出具的，而进场报告是施工部门在使用的型号规格内随机抽取的。因此，材料、设备的进场复验必须做到认真、及时、准确、公正、合理

2. 材料及构（配）件进场数量验收和复验

材料进场数量验收和复验的方法见表1-22。

材料及构（配）件进场数量验收和复验的方法 表1-22

项次	内容
数量验收的方法	（1）衡量法。即根据各种物资不同的计量单位进行检尺、检斤，以衡量其长度、面积。看体积、重量是否与合同约定一致。 （2）理论换算法。换算依据为国家规定标准或合同约定的换算标准。 （3）查点法。采购定量包装的计件物资，只要查点到货数量即可。包装内的产品数量和重量应与包装物标明的一致，否则应由厂家或封装单位负责。 合同履行过程中经常发生送货数量与实际验收数量不符或实际交货数量与合同约定的交货数量不符的情况。其原因可能是供货方的责任，也可能是运输部门的责任，或运输过程中的合理损耗。前两种情况要追究有关方的责任，第三种情况则应控制在合理的范围之内。有关行政主管部门对通用的物资和材料规定了货物交接过程中允许的合理磅差和尾差界限，如果合同约定供应的货物无规定可循，也应在条款内约定合理的差额界限，以免交接验收时发生合同争议。交付货物在合理的磅差和尾差范围内，不按多交或少交对待，双方互不追补。超过界限范围时，按合同约定的方法，计算多交或少交部分的数量
合同内磅差和尾差	合同内磅差和尾差规定超出合理界限范围，既可以划清责任也可以为供货方合理组织发运提供灵活变通的条件。如果超过合理范围，则按实际交货数量计算。不足部分由供货方补齐或退回不足部分的货款；采购方同意接受的多交付部分，则进一步支付溢出数量货物的货款，但计算多交或少交数量时，应按订购数量与实际交货数量比较，均不在考虑合理磅差和尾差因素

3. 常用建筑材料及构（配）件进场验收和复验的内容

常用建筑材料及构（配）件进场验收和复验的内容见表1-23。

常用建筑材料及构（配）件进场验收和复验的内容　表 1-23

项次	内　　容
质量责任	不论采用何种交接方式，采购方均应在合同规定的由供货方对质量负责的条件下和期限内，对交付产品进行验收和试验。某些必须安装运转后才能发现内在质量缺陷的物资，应于合同内规定缺陷责任期或保修期。在此期间，凡监测不合格的物资，均由供货方负责。如果采购方在规定期限内未提出质量异议，或因使用保管、保养而造成质量下降，供货方不再负责
质量要求和技术标准	建筑材料及构（配）件质量应满足规定用途的特性指标，因此，合同必须约定产品应达到的质量标准。约定质量标准的一般原则是：(1) 按颁布的国家标准执行；(2) 无国家标准而有部颁标准的产品按部颁标准执行；(3) 没有国家标准和部颁标准作为依据时，可按企业标准执行；(4) 没有上述标准，或虽有上述某一标准但采购方有特殊要求时，按双方在合同中商定的技术条件、样品或补充的技术要求执行
验收方法	合同内应具体写明检验的内容和手段，以及检测应达到的质量标准。对于抽样检查的产品还应约定抽检的比例和抽样的方法，以及双方认可的检测单位。质量验收的方法可以采用： (1) 经验鉴别法。即通过目测、手触或以常用的检测工具量测后，评定质量是否符合要求。 (2) 物理试验。根据对产品的性能检验目的可以进行拉伸试验、压缩试验、冲击试验和硬度试验等。 (3) 化学试验。即抽出一部分样品进行定性分析或定量分析的化学试验，以确定其内在质量。 (4) 收集验收资料并归档
对产品提出异议的时间和办法	合同内应写明采购方对不合格产品提出异议的时间和拒付货款的条件。采购方提出的书面异议中，应说明检验情况，出具检验证明和对不符合规定产品提出具体处理意见。凡因采购方试验、保管、保养不善等原因导致的质量下降，供货方不承担责任。在接到采购方的书面异议通知后，供货方应在10d内（或合同规定的时间内）负责处理，否则，即视为默认采购方提出的异议和处理意见。 如果当事人双方对产品的质量检测、实验结果发生争议，应按标准化法的规定，由标准化管理部门的质量监督检验机构进行仲裁检验

1.4 施工现场的"三防"管理制度及安全教育

本节所列防火、防汛、防盗"三防"管理制度,是工程施工项目部必须注意保留的重要资料,是政府安全生产监督管理中必须具有的备查内容。

1.4.1 施工现场防火管理制度

施工现场防火管理制度见表1-24。

施工现场防火管理制度　　　　　表1-24

项次	内　　容
施工现场防火的安全管理	(1) 施工现场项目经理应全面负责施工现场的防火安全工作,建设单位应积极督促施工单位具体负责现场的消防管理和检查工作。 (2) 施工现场都要建立、健全防火检查制度,发现火险隐患,必须立即消除,一时难以消除的隐患,要定人员、定时间、定措施限期整改。 (3) 施工现场发生火警或火灾,应立即报告公安消防部门,并组织力量扑救。 (4) 根据"四不放过"的原则,在火灾事故发生后,施工单位和建设单位应共同做好现场保护和会同消防部门进行现场勘察的工作。对火灾事故的处理提出建议,并积极落实防范措施。 (5) 施工单位在承建工程项目签订的"工程施工合同"中,必须有防火安全的内容,会同建设单位共同搞好防火工作。 (6) 在编制施工组织设计时,施工总平面图、施工方法和施工技术均要符合消防要求。 (7) 施工现场应明确划分用火作业,易燃可燃材料堆场、仓库,易燃废品集中站和生活区等区域。 (8) 施工现场夜间应有照明设备,保持消防车通道畅通无阻,并要安排力量加强值班巡逻。 (9) 施工作业期间需搭设临时性建筑物,必须经施工企业技术负责人批准,施工结束后应及时拆除。不得在高压架空线下面搭设临时性建筑物或堆放可燃物品。 (10) 施工现场应配备足够的消防器材,指定专人维护、管理,定期更新,保证完整好用。 (11) 在土建施工时,应先将消防器材和设施配备好,有条件的应敷设好室外消防水管和消火栓。 (12) 焊、割作业点,氧气瓶、乙炔瓶、易燃易爆物品的距离应符合有关规定;如达不到上述要求的,应执行动火审批制度,并采取有效的安全隔离措施。 (13) 施工现场的焊割作业,必须符合防火要求,并严格执行"电焊十不烧"规定。

续表

项次	内　容
施工现场防火的安全管理	（14）施工现场用电，应严格执行上级有关规定，加强电源管理，防止发生电气火灾。 （15）冬期施工采用保温加热措施时，应进行安全教育；施工过程中，应安排专人巡逻检查，发现隐患及时处理
工地防火检查	（1）项目经理部每月定期组织有关人员进行一次防火安全专项检查；每周一次定期安全检查中对防火安全进行检查。 （2）检查以宿舍、仓库、木工场地、食堂、脚手架等重点部位，发现隐患，及时整改，并做好防范工作。 （3）宿舍内严禁使用电炉、煤油炉等违规电器具。 （4）木工场地不准吸烟、木屑刨花每天做到施工结束场地清。 （5）按规定时间对灭火器进行药物检查，发现药物过期、失效的灭火器，应及时更换，以确保灭火器处于正常可使用状态
消防器材安全	（1）在防火要害部位设置的消防器材，由该部位的消防职能人负责维修及保管。 （2）对故意损坏消防器材的人，按照处罚办法进行处理。 （3）器材保管人员，应懂得消防知识，正确使用器材，工作认真负责。 （4）定期检查消防器材，发现超期、缺损的，及时向消防负责人汇报，及时更新
特殊重点部位防火	（1）不准在高压架空线下面搭设临时焊、割作业场，不得堆放建筑物或可燃品。 （2）各种警告牌、操作规程牌、禁火标志悬挂醒目齐全。 （3）焊、割作业点与氧气瓶和乙炔发生器等危险品的距离不得小于10m，与易燃易爆物品的距离不得少于30m。 （4）乙炔发生器和氧气瓶的存放距离不得少于2m，使用时两者的距离不得少于5m。氧气瓶、乙炔发生器等焊割设备上的安全附件应完整而有效，否则严禁使用。 （5）施工现场的焊割作业，必须符合防火要求，按规定应配置一定数量灭火器，严格执行"十不烧"规定。 （6）动火作业前必须执行审批制度，履行交底签字手续。 （7）严格执行奖惩制度，遵守消防规章制度，未出大小火灾事故，能消除火灾隐患或勇敢扑灭火灾事故的个人给予表彰和奖励；对违反规定，造成火灾事故的人员视情节给予处罚，造成严重后果的，依法追究责任

续表

项次	内　容
材料仓库防火	（1）施工现场材料仓库的安全防火由材料仓库负责人全面负责。 （2）对进入仓库的易燃物品要按类存放，并挂设好警示牌和灭火器。 （3）注意季节性变化情况，高温期间如气温超过38℃以上时，应及时采取措施，防止易燃品自燃起火。 （4）仓库间电灯要求吸顶，离地不得低于2.4m，电线敷设规范，夜间要按时熄灯。 （5）工地其他易燃材料不得堆垛在仓库边，如需要堆物时，离仓库保持6m以外，并挂设好灭火器。 （6）严格检查制度，做好上下班前后的检查工作
木工场地防火	（1）木工场地由各施工队木工组长负责防火工作，对本组作业人员开展经常性的安全防火教育，增强防火意识和灭火技术。 （2）使用机械必须严格检查电器设备，安全防护装置及随机开关，破损电线要及时更换。 （3）木工场地严禁烟火，如发现作业人员抽烟或作业场内有烟蒂按规定罚款处理，每天做好施工结束场地清工作。 （4）木工场地内的灭火器要经常检查，发现药物及压力表失效时，及时与工地安全员联系更换。 （5）按"国标"设置安全防火警告标志及警告牌，做好防火安全检查工作，发现隐患，及时整改。 （6）木工场地非作业人员严禁入内，一旦发生人为火灾事故，应追究当事人责任
电焊作业场防火管理制度	（1）电焊作业场防火安全工作由各施工队组长全面负责，对本组作业人员要加强安全宣传教育，增强防火观念和灭火技术水平。 （2）建立动用明火审批制度，做好审批工作，操作时，应带好"两证"（特种工种操作证、动火审批许可证），并配备好灭火器，落实动火监护人，焊割作业应严格遵守"电焊十不烧"及压力容器使用规定。 （3）作业场内严禁烟火，违章按规定罚款处理。 （4）灭火器挂设必须符合要求，经常进行检查，发现药物及压力表失效时，及时与工地安全员联系更换。 （5）开展经常性防火自我检查，发现隐患，及时整改
职工宿舍防火	（1）职工宿舍防火工作由室长负责，室员共同配合。 （2）宿舍内严禁使用电加热器具。 （3）宿舍内电线由电工安装完毕后，禁止他人乱拉乱接。 （4）严禁躺在床上吸烟，电扇不得放在床内吹风。 （5）职工宿舍每50m^{2}设置一只灭火级别不小于3A的灭火器，定期检查其使用可靠性，按时补换药物。 （6）防火工作负责人要保持高度警惕，经常巡视生活区域及宿舍，发现危险因素，及时消除隐患

续表

项次	内　容
食堂间防火	（1）工地食堂防火安全工作由各施工队炊事班长全面负责，经常对炊事人员进行防火安全教育，提高灭火技术，增强防火意识。 （2）炊事人员在作业时严禁吸烟，使用电器设备时要严格检查，发现隐患及时整改。 （3）食堂间内特别是灶间灭火器必须齐全、有效，各种防火警告牌挂设完整、醒目。 （4）做好经常性防火检查工作。 （5）灶间严禁堆入易燃物品，炊事人员如违反有关规定所引起的火灾事故，应追究当事人责任

1.4.2　施工现场安全防汛管理制度

施工现场安全防汛管理制度见表1-25所示。

施工现场安全防汛管理制度　　　表1-25

项次	内　容
防洪度汛工作领导小组的建立	为加强项目部防洪防汛工作，便于配合上级单位及当地政府共同抵御自然灾害，降低灾害损失，根据《中华人民共和国安全生产法》、《中华人民共和国防洪法》及相关文件精神，参考工程项目设计文件，结合项目部实际，制定防汛方案。根据防洪度汛工作要求，实行项目经理负责制和各级岗位责任制的要求，项目部的防洪防汛工作由项目经理负总责，并成立防洪度汛工作领导小组
防洪防汛领导小组职责	（1）认真贯彻、传达上级单位防汛组织机构在汛期的各项指令、文件要求。 （2）负责配合当地有关部门做好防汛防洪工作。 （3）及时收集汛期各项安全动态。 （4）制定防洪度汛应急预案，并组织实施。 （5）负责防洪抢险队伍的建立及抢险物资的准备。 （6）负责恢复常态后的善后处理，组织恢复生产，总结经验，完善防洪度汛措施，并及时向上级单位汇报
一般保障措施	（1）根据具体情况，准备充足抢险物资和救生器材，物资部门对储备物资的数量、品名、存放地点、联系人、联系电话进行检查核对。 （2）配合所在地区组织好抢险队伍，对重要设施设备做到有专人负责。 （3）制定相应应急预案

续表

项次	内　容
专项保障措施	（1）调度负责汛期接收、分析各类气象及水情预报，及时向项目经理汇报，准备防范对策。 （2）应急器材在雨季前备齐，专库专项保管。防洪设备在防洪期间集中存放，并保持良好状态，随时调用。未经批准，任何人不得擅自动用防洪物资。 （3）汛前全面检查用电设备，及时增加用电安全设施，下雨时覆盖电器设备，防止因阴雨潮湿漏电造成触电事故和设备事故。 （4）设置集水井，污水泵抽水，排除基坑明水。 （5）为了防止下雨时由于风雨的影响而断电，工地上备一台柴油发电机，500kg 柴油，在日常工作检查中，确保供电线路畅通，定期起动发电机，确保发电机无故障，能正常运行，一旦发生断电，立即用发电机供电。 （6）为防止四周雨水流入基坑，施工现场各备草袋 500 个，以便装土垒砌围堰，保护基坑以免坍塌。 （7）汛期来临前，在施工部位挖小的排水沟，将雨天施工部位处的降水汇集并引排至附近的天然沟渠中。 （8）在已开挖的基坑底部挖集水沟，在一角设置集水坑，配备中等排量的抽水泵，以便在下大雨时能及时将基坑内的积水抽排至邻近的天然沟渠中。 （9）保证基坑顶面四周低于基坑顶边沿，避免雨天到来时，不会汇集地面降水流入基坑内，对基坑坡面冲刷，造成基坑坡面滑坡现象

1.4.3　施工现场安全防盗管理制度

施工现场安全防盗管理制度见表 1-26 所示。

施工现场安全防盗管理制度　　　　　　表 1-26

项次	内　容
安全防盗管理制度	为了加强施工现场和生活驻地物资、财产、设备的安全管理，有效防止企业内、外盗窃，给企业和个人造成经济损失，结合项目部承建施工性质和特点，制定本措施。 （1）对所有参建职工、合同工和劳务工加强管理，强化法制教育，提高防盗安全意识和警惕性。 （2）加大施工现场防盗监控力度，做到"防止盗窃，预防第一"，防患于未然，确保良好的施工环境和施工秩序。 （3）加大施工现场的巡检力度，定人定岗，定期巡视，采取有效措施，防范材料被盗。 （4）加强施工现场物资、材料、设备管理，做到工完料净，架设导线和附加导线后要及时向项目部主管防盗部门报告。

续表

项次	内 容
安全防盗管理制度	(5) 加大施工现场剩余材料的回收管理，任何人员禁止私自收藏和倒卖，防止出现偷盗案件的发生，如发现任何人员有上述情况将严肃处理。 (6) 施工现场巡视时如有情况要立即向队领导反映，如实报告现场的情况，以备日后侦破调查。 (7) 民工驻地的防盗工作要落实到责任人，民工驻地的材料要专人管理，如发生被盗或丢失要给予当事人经济处罚。 (8) 物资设备、财务部门要严肃规章制度和财务纪律，驻地的个人物品要保管妥善，做到预防到位，措施到位，确保贵重物品、设备、材料、资金安全万无一失。 (9) 驻地要勤看、勤查、勤问、勤盯，关键部位要置于控制中，群防群治，确保驻地的安全。 (10) 驻地要加强门卫管理，设专人巡视，防止个人物品、材料、器材等被盗。发现案情时，应及时汇报并向当地公安机关报案，依靠法律惩治打击犯罪行为。 (11) 遇有节假日时，均要对防盗事宜进行检查、布置、安排，做好防盗工作的连续性

1.4.4 建筑施工用电安全三级教育及建筑施工安全用电管理

建筑施工用电安全三级教育及建筑施工安全用电管理见表1-27。

建筑施工用电安全三级教育及建筑施工安全用电管理

表1-27

项次	内 容
建筑施工用电安全三级教育	三级安全教育是指公司、项目经理部、施工班组三个层次的安全教育。三级教育的内容、时间及考核结果要有记录。建设部颁布的《建筑企业职工安全培训教育暂行规定》规定如下。 (1) 公司教育的内容。国家和地方有关安全生产的方针、政策、法规、标准、规范、规程和企业的安全规章制度等。 (2) 项目经理部教育的内容。工地安全制度、施工现场环境、工程施工特点及可能存在的不安全因素等。 (3) 施工班组教育的内容。本工种的安全操作规程、事故案例剖析、劳动纪律和岗位讲评
安全用电管理的基本要求	(1) 施工现场必须按工程特点编制施工临时用电施工组织设计（或方案），并由企业主管部门审核后实施。

续表

项次	内　容
安全用电管理的基本要求	（2）各施工现场必须设置一名电气安全负责人，电气安全负责人应由技术好、责任心强的电气技术人员或工人担任，其责任是负责该现场日常安全用电管理。 （3）施工现场的一切电气线路，用电设备的安装与维护必须由持证电工负责，并严格执行施工组织设计的规定。 （4）施工现场应视工程量大小和工期长短，必须配备足够的（不少于两名）持有市、地劳动安全监察部门核发电工证的电工。 （5）施工现场使用的大型机电设备，进场前应通知主管部门派员鉴定合格后才允许运进施工现场安装使用，严禁不符合安全要求的机电设备进入施工现场。 （6）一切移动式电动机具（如潜水泵、振捣器、切割机、手持电动机具等）机身必须写上编号，检测绝缘电阻、检查电缆外绝缘层、开关、插头及机身是否完整无损，并列表报主管部门检查合格后才允许使用。 （7）施工现场严禁使用明火电炉（包括电工室和办公室）、多用插座及分火灯头，220V的施工照明灯具必须使用护套线。 （8）施工现场应设专人负责临时用电的安全技术档案管理工作。临时用电安全技术档案应包括的内容为：临时用电施工组织设计；临时用电安全技术交底；临时用电安全监测记录；电工维修工作记录

1.4.5　施工现场临时用电安全要求

施工现场临时用电安全要求见表1-28。

施工现场临时用电安全要求　　表1-28

项次	内　容
临时用电安全要求	（1）建筑施工现场的电工、电焊工属于特种作业工种，必须按国家有关规定经专门安全作业培训，取得特种作业操作资格证书，方可上岗作业。其他人员不得从事电气设备及电气线路的安装、维修和拆除。 （2）建筑施工现场必须采用TN-S接零保护系统，即具有专用保护零线（PE线）、电源中性点直接接地的220/380V三相五线制系统。 （3）建筑施工现场必须按"三级配电二级保护"设置。 （4）施工现场用电必须实行"一机、一闸、一漏、一箱"制，即每台用电设备必须有自己专用的开关箱，专用开关箱内必须设置独立的隔离开关和漏电保护器。 （5）严禁在高压线下搭设临时建筑、堆放材料和进行施工作业；在高压线一侧作业时，必须保持至少6m的水平距离，达不到上述距离时，必须采取隔离防护措施。

续表

项次	内　容
临时用电安全要求	（6）在宿舍工棚、仓库、办公室内严禁使用电饭煲、电水壶、电炉、电热杯等较大功率电器。如需使用，应由项目部安排专业电工在指定地点安装可使用较高功率电器的电气线路和控制器。严禁使用不符合安全要求的电炉、电热棒等。 （7）严禁在宿舍内乱拉乱接电源，非专职电工不准乱接或更换熔丝，不准以其他金属线代替熔（保险）丝。 （8）严禁在电线上晾晒衣服和挂其他东西等。 （9）搬运较长的钢筋、钢管等金属物体时，应注意不要触碰到电线。 （10）在临近输电线路的建筑物上作业时，不能随便向下扔金属类杂物；更不能触摸和拉动电线或电线接触熔丝和电杆的拉线。 （11）移动金属梯子和金属平台时，要观察高处输电线路与移动物体的距离，确认有足够的安全距离，再进行作业。 （12）在地面或楼面上运送材料时，不要踏在电线上，停放手推车、堆放钢模板、跳板、钢筋时不要压在电线上。 （13）在移动有电源线的机械设备时，如电焊机、水泵、小型木工机械等，必须首先切断电源，不能带电搬动。 （14）当发现电线坠地或设备漏电时，切不可随意跑动和触摸金属物体，并保持 10m 以上的距离。 （15）正确识别用电警示标志或标牌，进入施工现场的每个人都必须认真遵守用电管理规定，见到以上用电警示标志或标牌时，不得随意靠近，更不准随意损坏、挪动标牌

1.4.6　施工现场电气线路和照明用电的安全技术措施

施工现场电气线路和照明用电的安全技术措施见表 1-29。

施工现场电气线路和照明用电的安全技术措施　表 1-29

项次	内　容
电气线路安全技术措施	（1）施工电气线路全部采用"三相五线制"（TN—S系统）专用保护接零（PE线）系统供电。 （2）施工现场架空线采用绝缘铜线 （3）架空线架设在专用电杆上，严禁架设在树上、脚手架上。 （4）导线要保持与地面足够距离，导线与地面最小垂直距离不小于4m，机动车道上方不应小于 6m；铁路轨道上方不应小于 7.5m。 （5）无法保证规定的电气安全距离，必须采取防护措施。如果由于在建工程位置限制而无法保证规定的电气安全距离，必须采取设置防护性遮拦、栅栏、悬挂警告标志牌等防护措施，发生高压线落地时，非检修人员要远离落地点 10m 以外，以防跨步电压危害。

续表

项次	内 容
电气线路安全技术措施	(6) 为了防止设备外壳带电发生触电事故，设备应采用保护接零，并安装漏电保护器等措施。作业人员要检查保护零线连接是否牢固可靠，漏电保护器是否有效。 (7) 在电箱等用电危险地方，挂设安全标示牌，如"有电危险"、"禁止合闸，有人工作"等
照明用电的安全技术措施	(1) 临时照明线路必须使用绝缘导线。户内（工棚）临时线路的导线必须安装在2m以上的支架上；户外临时线路必须安装在离地2.5m以上的支架上，零星照明不允许使用花线，一般要使用软电缆线。 (2) 建设工程照明灯具宜采用拉线开关。拉线开关距地面高度2～3m，与出入口的水平距离为0.15～0.2m。 (3) 严禁在床头设立开关和插座。 (4) 电器、灯具的相线必须经过开关控制。不得将相线直接引入灯具，也不允许以电气插头代替开关来分合电炉，室外灯具距地面不得低于3m；室内灯具不得低于2.4m。 (5) 使用手持照明灯具（行灯）应符合下列规定：1）电源电压不超过36V。2）灯体与手柄应坚固，绝缘良好，并耐热防潮湿。3）灯头与灯体结合牢固。4）灯泡外部要有金属保护网。 (6) 照明系统中每一单相回路上，灯具和插座数量不宜超过25个，并应装置熔断电流为15A以下的熔断保护器

1.4.7 危险性较大的分部分项工程施工安全管理制度的建立、安全专项施工方案的管理

危险性较大的分部分项工程施工安全管理制度、安全专项施工方案的管理见表1-30所示。

危险性较大的分部分项工程施工、安全专项施工方案的管理

表1-30

项次	内 容
管理制度的建立	(1) 建设单位在申请领取施工许可证或办理安全监督手续时，应当提供危险性较大的分部分项工程清单和安全管理措施。 (2) 施工单位、监理单位应当建立危险性较大的分部分项工程施工安全管理制度。 (3) 各地住房和城乡建设管理部门应当根据当地实际情况，制定专家资格审查办法和管理制度并建立专家诚信档案，及时更新专家库。

续表

项次	内　容
管理制度的建立	(4) 建设单位未按规定提供危险性较大的分部分项工程施工安全管理措施，未责令施工单位停工整改的，未向住房和城乡建设主管部门报告的；施工单位未按规定制定、实施专项方案的；监理单位未按规定审核专项方案或未对危险性较大的分部分项工程设施监理的，住房和城乡建设主管部门应当根据有关法律、法规予以处罚
安全专项施工方案的管理	(1) 危险性较大的分部分项工程施工前应制定专项方案，对于超过一定规模的危险性较大的分部分项工程施工，施工单位应当组织专家对专项方案进行论证。 (2) 专项施工方案应当由施工单位技术部门组织本单位的施工技术、安全、质量等部门专业技术人员进行审核。经审核合格的，由施工单位负责人签字。实行施工总承包的，专项方案应当由总承包单位技术负责人及相关专业承包单位技术负责人签字。不需专家论证的施工方案，经施工单位审核合格后报监理单位，由项目总监理工程师签字。 (3) 超过一定规模的危险性较大的分部分项工程专项方案应由施工单位组织召开专家论证会。实行施工总承包的，由施工总承包单位组织召开专家论证会。 (4) 施工单位应严格按照专项方案组织施工，不得擅自修改、调整专项方案。 (5) 专项方案实施前，编制人员和项目技术负责人应当向现场管理人员和作业人员进行安全技术交底

1.4.8　企业员工安全培训

企业员工安全培训的内容见表 1-31。

企业员工安全培训的内容　　　　表 1-31

项次	内　容
员工培训对象	施工企业安全教育培训的对象是公司安全管理人员、项目经理、安全员、特殊工种和新入场人员（包括新入场和转岗人员）
员工培训重点	企业员工培训的重点是，对在施工过程中与质量、环境、职业安全健康有影响的员工进行的培训，包括新规程及规范培训、继续教育培训、特种作业培训，特殊工程培训等
培训的任务	(1) 相关员工培训。对所有新进入施工现场的员工进行专业安全健康培训；对原有部分员工进行综合型管理体系的补充培训。 (2) 新规程、规范培训。对在岗的部分专业技术人员进行以新规范、新规程为内容的培训。

续表

项次	内　　容
培训的任务	（3）继续教育培训。对专业技术人员进行知识更新培训。 （4）特种作业人员培训。特殊岗位作业人员必须持证上岗，并定期进行培训、复检。 （5）特殊工种培训。对机械起重工、防水工、焊工气进行特殊工种培训
培训计划实施	（1）员工培训是一项综合性工作，它涉及各科室、部门。各科室及项目部要使员工培训工作紧密地与公司生产需要相结合。 （2）坚持执行培训、考核与使用相统一的用人管理制度。凡公司管理部门要求持证上岗的岗位，未经培训不准上岗，对未按要求培训的员工按公司培训管理规定进行处罚。 （3）各科室、部门的主管负责员工的培训工作，要指定专人对此项工作进行日常管理，项目部要制定出实施计划方案，并对项目部工人培训实施情况监控

1.4.9　特种人员的安全教育培训

特种人员的安全教育培训的内容见表1-32。

特种人员的安全教育培训的内容　　　　表1-32

项次	内　　容
特种作业人员范围	特种作业人员是指容易发生人员伤亡事故，对操作者本人、他人及周围设施的安全有重大危害的作业。包括：电工作业、金属焊接切割作业、起重机械（含电梯）作业、企业内机动车辆驾驶员、登高架作业、锅炉作业（含水质化验）、压力容器操作、矿山通风作业（含瓦斯检验）、矿山排水（含尾矿坝）作业；以及由省、自治区、直辖市安全生产综合管理部门或国务院行业主管部门提出，并经国家有关职能部门批准的其他作业。如垂直运输机械作业人员、安装拆卸工、起重信号工等
特种作业人员培训要求	特种作业人员必须按照国家有关规定，经过专门的安全作业培训，并取得特种作业操作资格后，方可持证上岗作业。专门的安全作业培训，是指由有关主管部门组织的专门针对特种作业人员的培训，也就是特种作业人员在独立上岗前，必须进行与本工种相适应的、专门的安全技术理论学习和实际操作训练。经培训考试合格，取得特种作业操作资格证书后，才能上岗作业。特种作业操作资格证书在全国范围内有效，离开特种作业岗位一定时间后，应当按照规定重新进行实际操作考核，经确认合格后方可上岗作业。对于未经培训考核即从事特种作业的，要按照《建设工程安全生产管理条例》的规定进行行政处罚；造成重大安全事故，构成犯罪的，对直接责任人员，依照有关规定追究责任

1.4.10　入场新工人的安全教育培训

入场新工人的安全教育培训如表1-33。

入场新工人的安全教育培训　　　　表 1-33

项次	内　　容
培训要求	根据国家及住房和城乡建设部的有关规定,入场新工人必须接受公司、项目和班组三级教育。三级教育一般是由企业的安全、教育、劳动、技术等部门配合进行的。受教育者必须经过考试,合格后才能准予进入生产岗位;考试不合格者不能进入生产岗位工作,必须进行补课并参加补考,合格后方可工作。为了增强新入场工人对三级教育的理解认识,一般在新工人上岗六个月后,还要进行安全知识培训(复训),即安全再教育。复训内容可以从原先三级培训的内容中找出重点内容,复训后再进行考核。考核成绩要登记到受训者本人的劳动保护教育卡上,不合格者不得上岗
教育培训内容	(1) 公司安全教育。按住房和城乡建设部的规定,公司级的安全培训教育时间不得少于 15 学时,主要内容包括:1) 国家和地方有关安全生产、劳动保护的方针、政策、法律、法规、规范、标准及规章;2) 企业及上级部门印发的安全管理规章制度;3) 安全生产与劳动保护的目的、意义等。 (2) 项目(施工现场)安全教育。按住房城乡建设部规定,项目安全培训教育时间不得少于 15 学时,主要内容包括:1) 建筑工程施工生产的特点,施工现场的一般安全管理规定、要求。2) 施工现场主要事故类别、常见多发性事故的特点、规律及预防措施,事故教训等;3) 工程项目施工的基本情况(工程类型、施工阶段、作业特点等),施工中应当注意的安全事项。 (3) 班组教育。按规定,班组每年教育的时间不得少于 20 学时,班组教育又称岗位教育,其主要内容包括:1) 本工种作业的安全技术操作要求。2) 本班组施工生产概况,包括工作性质、职责、范围等。3) 本人及本班组在施工过程中,所使用、所遇到的各种生产设备、设施、电气设备、机械、工具的性能、作用、操作要求、安全防护要求。4) 个人使用和保管的各类防护用品的正确穿戴,使用方法及劳动防护用品的基本原理与主要功能。5) 发生伤亡事故及其他事故,如火灾、爆炸、设备及管理事故等,应采取的措施(求助救援、保护现场、报告事故等)及要求

1.4.11　变换工种的工人的安全教育培训

变换工种的工人的安全教育培训见表1-34。

变换工种的工人的安全教育培训　　　表 1-34

项次	内容
培训要求	施工现场变化大、动态管理要求高，随着工程进度的进展，部分工人的工作岗位会发生变化，转岗现象较普遍。这种工种之间的互相转换，有利于施工生产的需要。但是如果安全生产管理工作跟不上，安全教育不到位，就可能给转岗工人带来伤害事故。因此，必须对他们进行转岗安全教育。根据住建部的规定，企业待岗、转岗、换岗的职工，在重新上岗前，必须接受一次安全培训，时间不得少于 20 学时
培训内容	（1）本工种作业的安全技术操作规程。 （2）本班组施工生产的概括介绍。 （3）施工区域内各种生产设施、设备、工具的性能、作用、安全防护要求

1.5　工程造价基本知识

1.5.1　施工定额

施工定额的概念、作用及分类见表 1-35。

施工定额的概念、作用及分类　　　表 1-35

项次	内容
施工定额	（1）概念。施工定额是以同一性质的施工过程或工序为测定对象，确定建筑安装工人在正常施工条件下，为完成单位合格产品所需的劳动、机械、材料消耗的数量标准，建筑安装企业定额一般称为施工定额。 （2）作用。施工定额是施工企业直接用于建筑工程施工管理的一种定额，是由劳动定额、材料消耗定额和机械台班定额组成，是最基本的定额
劳动定额	（1）概念。劳动定额又称人工定额，是建筑安装工人在正常的施工（生产）条件下，在一定的生产技术和生产组织条件下，在平均先进水平的基础上制定的。它表明每个建筑安装工人生产单位合格产品所必须消耗的劳动时间，或在单位时间所生产的合格产品的数量。 （2）作用。劳动定额的作用主要表现在组织生产和按劳分配两个方面。在一般情况下，两者是相辅相成的，即生产决定分配，分配促进生产。当前对企业基层推行的各种形式的经济责任制的分配形式，无一不是以劳动定额作为核算基础的。具体来说，劳动定额的作用主要表现在以下两个方面：①劳动定额是编制施工作业计划的依据。②劳动定额是贯彻按劳分配原则的重要依据

续表

项次	内　容
机械台班定额	（1）机械台班使用定额。在建筑安装工程中，有些工程产品或工作是由工人来完成的，有些是由机械来完成的，有些则是由人工和机械配合共同完成的。由机械或人机配合来完成的产品或工作中，就包含一个机械工作时间。 机械台班使用定额或称机械台班消耗定额，是指在正常施工条件下，合理的劳动组合和使用机械，完成单位合格产品或某项工作所必须的机械工作时间，包括准备与结束时间、基本工作时间、辅助工作时间、不可避免的中断时间以及使用机械的工人生理需要与休息时间。 （2）机械台班使用定额的表现形式。机械台班使用定额按其表现形式不同，可分为时间定额和产量定额。机械时间定额是指在合理劳动组织与合理使用机械条件下，完成单位合格产品所必需的工作时间，包括有效工作时间（正常负荷下的工作时间和降低负荷下的工作时间）、不可避免的中断时间、不可避免的无负荷工作时间。机械时间定额以"台班"表示，即一台机械工作一个作业班时间。一个作业班时间为8h
材料消耗定额	（1）概念。材料消耗定额是指在正常的施工（生产）条件下，在节约和合理使用材料的情况下，生产单位合格产品所必须消耗的一定品种、规格的材料、半成品、配件等的数量标准。 （2）组成。施工中材料的消耗，可分为必需的材料消耗和损失的材料两类性质。必须消耗的材料是指在合理用料的条件下，生产合格产品所需消耗的材料。它包括：直接用于建筑和安装工程的材料、不可避免的施工废料、不可避免的材料损耗

1.5.2　建筑工程预算定额

建筑工程预算定额的概念、作用和分类见表1-36所示。

建筑工程预算定额的概念、性质、作用和分类　　表1-36

项次	内　容
概念	定额是在正常施工条件下，完成单位合格产品所必须消耗的劳动力、材料、机械台班的数量标准。这种量的规定，反映出完成建设工程中的某项合格产品与各种生产消耗之间特定的数量关系。建筑工程定额是根据国家一定时期的管理体系和管理制度，根据定额的不同用途和适用范围，由国家指定的机构按照一定程序编制的，并按照规定的程序审批和颁发执行。在建筑工程中实行定额管理的目的，是为了在施工中力求以最少的人力、物力和资金消耗量，生产出更多、更好的建筑产品，取得最好的经济效益

续表

项次	内容
性质	（1）科学性：定额的科学性，表现为定额的编制是在认真研究客观规律的基础上，自觉遵循客观规律的要求，用科学方法确定各项消耗量标准。所确定的定额水平，是大多数企业和职工经过努力能够达到的平均先进水平。 （2）法令性：定额的法令性，是指定额一经国家、地方主管部门或授权单位颁发，各地区及有关施工企业单位，都必须严格遵守和执行，不得随意变更定额的内容和水平。定额的法令性保证了建筑工程统一的造价与核算尺度。 （3）群众性：定额的拟定和执行，都要有广泛的群众基础。定额的拟定，通常采取工人、技术人员和专职定额人员三结合方式。使拟定定额时能够从实际出发，反映建筑安装工人的实际水平，并保持一定的先进性，使定额容易为广大职工所掌握。 （4）稳定性和时效性：建筑工程定额中的任何一种定额，在一段时期内都表现出稳定的状态。根据具体情况不同，稳定的时间有长有短，一般在5～10年之间。但是，任何一种建筑工程定额，都只能反映一定时期的生产力水平，当生产力向前发展了，定额就会变得陈旧。所以，建筑工程定额在具有稳定性特点的同时，也具有显著的时效性。当定额不能起到它应有作用的时候，建筑工程定额就需要重新修订。 建筑工程定额反映一定社会生产水平条件下的建筑产品（工程）生产和生产耗费之间的数量关系，同时也反映着建筑产品生产和生产耗费之间的质量关系，一定时期的定额，反映一定时期的建筑产品（工程）生产机械化程度和施工工艺、材料、质量等建筑技术的发展水平和质量验收标准水平。随着我国建筑生产事业的不断发展和科学发展观的深入贯彻，各种资料的消耗量，必然会有所降低，产品质量及劳动生产率会有所提高。因此，定额并不是一成不变的，但在一定时期内，又是必须相对稳定的
作用	（1）定额是编制工程计划，组织和管理施工的重要依据。为了更好地组织和管理施工生产，必须编制施工进度计划和施工作业计划。在编制计划和组织管理施工生产中，直接或间接地要以各种定额来作为计算人力、物力和资金需用量的依据。 （2）定额是确定建筑工程造价的依据。在有了设计文件规定的工程规模、工程数量及施工方法之后，即可依据相应定额所规定的人工、材料、机械台班的消耗量，以及单位预算价值和各种费用标准来确定建筑工程造价。 （3）推行投资包干制以以招标、投标、承包为核心的经济责任制。其中签订投资包干协议、计算招标标底和投标报价、签订总包和分包合同协议等，通常都以建筑工程定额为主要依据。

续表

项次	内 容
作用	（4）定额是总结先进生产方法的手段。定额是在平均先进合理的条件下，通过对施工生产过程的观察、分析综合制定的。它比较科学地反映出生产技术和劳动组织的先进合理程度。因此，我们可以以定额的标定方法为手段，对同一建筑产品在同一施工操作条件下的不同生产方式进行观察、分析和总结，从而得出一套比较完整的先进生产方法，在施工生产中推广应用，使劳动生产率得到普遍提高
分类	（1）按生产要素分类：建筑工程定额可分为劳动消耗定额、材料消耗定额和机械台班消耗定额。 （2）按用途分类：建筑工程定额可分为施工定额、预算定额、概算定额、工期定额及概算指标等。 （3）按费用性质分类：建筑工程定额可分为直接费定额、间接费定额等。 （4）按主编单位和执行范围分类：建筑工程定额可分为全国统一定额、主管部门定额、地区统一定额及企业定额等。 （5）按专业分类：可分为建筑工程定额和设备安装工程定额。建筑安装工程定额通常包括一般土建工程、构筑物工程、电气照明工程、卫生技术（水暖通风）工程及工业管道工程等

1.5.3 工程量清单

工程量清单的概念、内容、工程量清单计价方法的特点见表1-37。

工程量清单的相关知识　　　　　　　　表 1-37

项次	内 容
工程量清单	工程量清单是表现拟建工程的分部分项工程项目、措施项目、其他项目名称和相应数量的明细清单。是按招标要求和施工设计图纸要求规定，将拟建招标工程的全部项目和内容，依据统一的工程量计算规则，统一的工程量清单项目编制规则要求，计算拟建招标工程的分部分项工程数量的表格。工程量清单是招标文件的组成部分，是由招标人发出的一套注有拟建工程各实物工程名称、性质、特征、单位、数量及开办项目、税费等相关表格的组成文件
工程量清单文件的组成	工程量清单说明和工程量清单表是工程量清单的核心。工程量清单由以下内容组成： （1）封面。 （2）扉页。 （3）总说明。

续表

项次	内　容
工程量清单文件的组成	(4) 分部分项工程和单位措施项目清单与计价表。 (5) 总价措施项目确定与计价表。 (6) 其他项目清单与计价汇总表。 (7) 暂列金额明细表。 (8) 材料（工程设备）暂估单价及调整表。 (9) 专业工程暂估价及结算价表。 (10) 计日工表。 (11) 总承包服务费计价表。 (12) 规费、税金项目计价表。 (13) 发包人提供材料和工程设备一览表。 (14) 承包人提供材料和工程设备一览表（适用于造价信息差额调整法）或承包人员提供主要材料和工程设备一览表（适用于价格指数差额调整法）
工程量清单计价方法的特点	(1) 满足竞争的需要。 (2) 提供了一个平等的竞争机会。 (3) 有利于工程款的拨付和工程造价的最终确定。 (4) 有利于实现风险的合理分担。 (5) 有利于业主对投资的控制

1.5.4　工程量清单计价的组成

工程量清单计价的组成见表1-38。

工程量清单计价的组成　　　　　表 1-38

项次	内　容
清单计价组成	(1) 分部分项工程费。分部分项工程费是指完成在工程量清单列出的各分部分项清单工程量所需的费用，包括人工费、材料费（消耗的材料费总和）、机械使用费、管理费、利润以及风险费。 (2) 措施项目费。措施项目费是由"措施项目一览表"确定的工程措施项目金额的总和，包括临时设施费、短期工程措施费、脚手架搭拆费等。 (3) 其他项目费。其他项目费是指预留金、材料购置费（仅指由招标人购置的材料费）、总承包服务费、零星工作项目费的估算金额等的总和。 (4) 规费。规费是指政府和有关部门规定必须缴纳的费用的总和。 (5) 税金。税金是指国家税法规定的应计入建筑安装工程造价内的营业税、城市维护建设税及教育附加费用等的总和

1.6 工程资料管理与归档

1.6.1 工程资料管理

1. 工程资料的分类

工程资料的分类见表1-39所示。

工程资料的分类 表1-39

项次	内 容
工程准备阶段文件	立项、用地、勘察设计、招标投标、开工审批、机构及负责人
监理文件	监理规划、监理控制、监理总结
施工文件	(1) 土建（建筑与结构）工程：1) 施工准备；2) 基桩；3) 变更记录；4) 质保；5) 隐蔽；6) 施工记录；7) 质检记录。 (2) 电气、给水排水、消防、装饰、采暖通风、空调、建筑智能化、电梯工程。 1) 图纸变更记录；2) 设备、产品质量检查、安装记录；3) 隐蔽工程验收记录；4) 施工试验记录；5) 质量事故处理记录；6) 工程质量验收记录。 (3) 室外工程。1) 室外安装（给水、雨水、污水、热力、燃气、电信、电力、照明、电视、消防等）施工文件。2) 室外建筑环境（建筑小品、水景、道路、园林绿化等）施工文件
竣工验收文件	(1) 工程竣工总结。 (2) 竣工验收记录。 (3) 财务文件。 (4) 声像、缩微、电子档案
竣工图	在施工图基础上绘制完善的实际施工的图纸文件

2. 档案资料安全管理的规定

档案资料安全管理的规定见表1-40。

档案资料安全管理的规定 表1-40

项次	内 容
管理规定	档案资料安全管理是指立档单位档案馆对室（馆）藏档案资料实体和信息内容采取有效保护措施，避免受到自然灾害或人为侵害，并使其处于安全状态的管理工作。

续表

项次	内容
管理规定	（1）档案质量安全管理的目的。加强档案质量安全管理工作，杜绝各类危害档案安全事故发生，确保档案资料安全和最大限度的延长档案寿命。 （2）档案质量安全管理的原则。档案资料安全管理工作遵循严格管理，预防为主，防治结合，确保安全的原则。 （3）档案安全管理内容。包括档案资料安全管理职责、档案实体安全管理、档案信息安全管理、电子档案安全管理和档案库房安全管理
管理职责	（1）加强领导。切实加强对档案资料（室）安全管理工作的领导，明确分管领导，制定档案安全责任制，要求责任到人，将档案安全工作列入本单位的议事日程和工作计划，及时研究和解决存在的问题，确保档案安全管理工作责任的落实。（2）做好档案资料安全的宣传教育工作。各单位应加强档案安全宣传教育，要采用多种形式开展教育活动，增强全员档案安全意识，并使档案安全教育经常化、制度化。（3）健全制度，确保资金投入。建立健全档案资料安全管理制度，每年计划预算中应确保合理的经费投入，保证档案安全管理工作的需要，做到每年有计划，有检查，有总结。（4）制定完善档案资料安全应急处置预案。各档案馆（室）应根据本单位实际情况制定周密细致、便于操作、切实有效的突发性灾害、事故应急处置预案（包括应对火灾、防汛、地震、信息管理系统受侵害、意外事故等），不断完善应急措施，随时应对可能出现的各种突发性事件，确保档案实体和档案信息的安全。（5）档案资料管理员的要求。档案管理人员应熟知档案安全保护知识，定期进行档案安全检查，做好检查记录，发现问题或安全隐患应及时向分管领导汇报，并采取相应的处理措施。（6）事故发生后的应对措施。发生档案质量安全事故的单位应及时向主管领导和上级机关报告，同时在第一时间进行抢救恢复，严禁瞒报迟报
收集和归档	档案的归档和收集是档案安全管理的一个重要环节，应确保在工作活动过程中形成的具有保存价值的文件材料收集齐全、完整、真实、准确，并及时归档（包括电子版本）

3. 工程部资料管理办法

工程部资料管理办法见表1-41。

工程部资料管理办法 表 1-41

项次	内　容
管理办法	（1）严格遵守项目部各项管理规章制度，履行规章制度中关于工程部资料管理方面的条目。 （2）工程部签收的所有图纸的接收、清点、登记、发放、归档、管理工作。在收到工程图纸并进行登记以后，按规定向总工、分部和技术主管签发，由收件方签字确认。负责收存全部工程项目图纸，且每一项目应收存不少于两套正式图纸，其中至少一套图纸盖有设计单位图纸专用章。图纸采用散装方式折叠，按资料目录的顺序，对平面详细图、纵断面图、工点图、参考图、通用图、招标图等工程图纸进行分类管理。 （3）施工组织设计及专项方案，必须由项目专业技术人员编写，总工程师审核、项目经理批准，内审完成盖项目部章后报监理站审批，总监理工程师本人亲自签名，经审核同意后方可实施。施工组织设计（方案）的审批程序要符合规定。 （4）检验批、地质素描、施工记录等工程资料，每三天由资料员收集一次；施工日志每周六由资料员检查一次，每月20日由资料员收集本月施工日志；相关的隐蔽工程、地质等方面的影像资料编辑好里程、部位后，每天上传到群共享，由资料员归整存档。资料员对每天的上传资料进行统计，结果第二天上墙。 （5）如果遇到质监站、业主、局指、监理站等大型检查，资料员提前 1d 通知现场各个洞口的技术主管，将资料完成到检查前一天。 （6）收集整理施工过程中所有技术变更、洽商记录、会议纪要等资料并归档；负责对每日收到的管理文件、技术文件进行分类、登录、归档。负责收到文件资料的登记、受控、分办、催办、签收、用印、传递、立卷、归档等工作。负责做好各类资料积累、整理、处理、保管等工作。来往文件资料收发应及时登记台账，视文件资料的内容和性质准确及时地递交项目经理、总工程师批阅，并及时送有关部门办理。确保设计变更、洽商的完整性。 （7）严格执行接收手续，所接收到的设计变更、洽商，须经各方签字确认，并加盖公章。设计变更（包括图纸会审纪要）原件存档。所收存的技术资料须为原件，无法取得原件的，详细背书，并加盖公章。做好信息收集、汇编工作。 （8）经常总结工作中的得失，不断提高自身的业务水平。每月组织技术人员对施工日志、地质素描、施工用表等内业资料进行点评，对于有分的请总工点评；点评结果的好坏直接上墙（办公室内设公告牌），比较好的内业资料在项目部推广学习，以提高大家的内业水平。没有特殊情况，不得以各种理由、借口推诿参加点评会，每个洞口必须来一个人。 （9）加强技术交流和相互学习。工程部每月定期组织技术人员，进行技术交流活动。在交流活动上，大家可以提出自己在现场遇到的问题，以及解决的思路、想法；也可以跟大家分享自己在工作中的心得；跟大家推广自己的技术创新、新工艺、新工法等。

续表

项次	内 容
管理办法	（10）负责计划、统计的管理工作。负责对施工部位、单位工程完成情况的汇总、申报，按月编制施工统计报表：在平时统计资料基础上，编制整个项目当月进度统计报表和其他信息统计资料。编报的统计报表要按现场实际完成情况严格审查核对，不得多报、早报、重报、漏报。为项目部决策提供可靠地理论依据。 （11）现场施工记录整理应真实、完整，无涂改，同时与工程形象进度保持同步。每月 25 日检查一次，由项目总工主持，工程部部长、工程部资料员、各现场技术主管和技术员参加。对完成情况进行汇总，并进行点评，结果上墙。 （12）隐蔽工程、分部、分项检查验收前施工班组应自检合格，所提交的自检记录、技术记录、检验报告真实、完整、齐全；工序报验在组织内部三检（自检、互检、专检）合格基础上，如实填写报验记录，并严格相关责任人签字，不得代签。 （13）每月由现场上报的物资计划，必须由工程部审核无误，备案后送物资部。以备后期统计物资损耗，以及物资计划与工程进度相应的物资消耗情况。 （14）为了留下第一手的音像资料和方便现场资料编制，现场技术主管每人配一台数码相机和打印机。技术主管必须保管好项目部发的数码相机和打印机，如因个人原因遗失，由个人赔偿；若因工作原因损坏，由技术主管打报告报办公室维修

1.6.2 工程资料归档

1. 工程资料的收集、审查与填写

一般施工资料收集后主要审查的内容可分为：表头填写、资料编制内容、资料报送结论部分。审查表头部分可统一填写，不需具体人员签名，只是明确负责人的职位。资料报送结论部分，主要确认结论和签章是否完整，签章或签字人是否是本人签名，且是否与合同一致。常见栏目填写要求及内容见表 1-42。

工程资料常见栏目填写要求及内容　　表 1-42

项次	内 容
常见栏目填写要求及内容	（1）工程名称栏。应填写工程名称全称，与合同和招标文件中的工程名称一致。 （2）建设单位栏。填写合体文件中的甲方单位，名称也应写全称，与合同签章上的单位名称一致。

续表

项次	内 容
常见栏目填写要求及内容	（3）建设单位项目负责人栏。应填写合同书上的签字人或签字人以文字形式委托的代表工程的项目负责人，工程完工后竣工验收备案表中的单位项目负责人应与此一致。 （4）设计单位栏。填写设计合同中签章单位的名称，其全称与印章上的名称一致。设计单位的项目负责人栏，应是设计合同签字人或签字人以文字形式委托的代表工程的项目负责人，工程完工后竣工验收备案表中的单位项目负责人也应与此一致。 （5）监理单位栏。填写单位全称，应与合同协议书中的名称一致。 （6）总监理工程师栏。应是合同或协议中明确的项目监理负责人，也可以是监理单位以文件形式明确的该项目监理负责人，必须有监理工程师任职资格证书，专业要对口。 （7）施工单位栏。应填写施工合同中签章单位的全称，与签章上的名称一致。 （8）项目经理栏、项目技术负责人栏。应与合同中明确项目经理和技术负责人一致

2. 工程监理资料编制要求

工程监理资料编制要求见表 1-43。

工程监理资料编制要求　　　　　　表 1-43

项次	内 容
监理日志	监理日志的主要内容包括：天气和施工环境情况；当日施工进展情况，包括工程进度情况、工程质量情况、安全生产情况等；当日监理工作情况，包括旁站、巡视、见证取样、平行检验等情况；当日存在的问题及协调解决情况；其他有关事项
监理例会会议纪要	会议纪要由项目监理机构根据会议记录整理，主要内容包括： （1）会议地点及时间。 （2）会议主持人。 （3）与会人员姓名、单位、职务。 （4）会议主要内容、决议事项及其负责落实单位、负责人和时限要求。 （5）其他事项。 对于监理例会上意见不一致的重大问题，应将各方的主要观点，特别是相互对立的意见记入"其他事项"中
监理月报	监理月报由总监理工程师组织编写、签认后报送建设单位和本监理单位。监理月报应包括以下主要内容： （1）本月工程实施情况。 （2）本月监理工作情况。

续表

项次	内 容
监理月报	(3) 本月工程实施的主要问题分析及处理情况。 (4) 下月监理工作重点
监理工作总结	监理工作总结由总监理工程师组织项目监理机构监理人员编写,由总监理工程师审核签字,并加盖工程监理单位公章后报建设单位
工程质量评估报告	(1) 工程概况。 (2) 工程参建单位。 (3) 工程质量验收情况。 (4) 工程质量事故及其处理情况。 (5) 竣工资料审查情况。 (6) 工程质量评估结论
建设工程资料归档	(1) 归档文件的质量要求。 (2) 工程文件的立卷。 (3) 卷内文件的排列。 (4) 案卷的编目。 (5) 案卷装订。 (6) 建设工程资料的归档

3. 建筑工程资料归档的范围

凡是与工程建设有关的重要活动,能够记载工程建设主要过程和现状,具有保存价值的各种载体的文件和资料,都应收集齐全并整理组卷后,向相应部门归档。其详尽的归档范围和要求参照《建设工程文件归档规范》(GB/T 50328—2014)、《建筑工程施工质量验收统一标准》(GB 50300—2013)规定,尤其应按当地的相关要求或规程来执行。建筑工程资料向城建档案馆报送工程档案资料的范围见表1-44。

向城建档案馆报送工程档案资料的范围　　表1-44

项次	内 容
民用建筑工程	(1) 住宅建筑。 (2) 办公用房:机关、企业、其他。 (3) 文化:图书馆、档案馆、博物馆、影剧院、文化馆、俱乐部舞厅、其他。 (4) 教育:高等院校、中专、技校、中学、小学、幼儿园等。

续表

项次	内 容
民用建筑工程	(5) 医疗保健：医院、疗养院、防疫站、敬老院、殡仪馆等。 (6) 体育：体育场、体育馆、游泳馆、其他。 (7) 商业：商场、商店、其他。 (8) 金融：银行、保险公司等。 (9) 服务：宾馆、饭店、旅社、招待所、其他。 (10) 科技信息：情报中心、信息中心等。 (11) 政治、纪念性建筑：会堂、纪念碑、纪念塔、纪念堂、故居等
工业建筑工程	(1) 冶金工业：钢铁厂、轧钢厂、冶炼厂、加工厂等。 (2) 机械工业：机械厂、机床厂、制造厂、修理厂等。 (3) 石化工业：炼油厂、化工厂、橡胶厂、塑料厂等。 (4) 轻纺工业：纺织厂、造纸厂、针织厂、印染厂等。 (5) 电子仪表：计算机厂、电子仪表厂、机电设备厂等。 (6) 建材工业：水泥厂、砖厂、保温防火材料厂、建材厂等。 (7) 医药工业：制药厂、制剂厂、卫生保健用品厂等。 (8) 食品工业：粮食加工厂、食用油加工厂、饮料加工厂等。 (9) 其他：矿山、采石场等
改建、扩建或抗震加固的工程	凡是民用建筑、工业建筑工程，需要进行较大规模的改建、扩建或采取抗震加固措施的，均应报送工程档案

第2章 建设工程前期资料和监理资料的基本构成

2.1 建设工程项目前期阶段相关文件及资料

2.1.1 项目建议书及其批复文件

建设工程项目立项阶段的主要工作和资料见表2-1。

建设工程项目立项阶段的主要工作和资料　　表2-1

项次	内容
立项申请	（1）工程项目建设立项申请报告。 （2）申请单位的基本情况、营业执照、法人证书、办公场所。 （3）工程项目建设资金来源计划和落实情况证明。 （4）建设用地规划许可证、国有土地使用权证。 （5）初步设计文件，包括项目规划的总平面、主要建筑物的平、立、剖面，建筑功能，风格等的说明。 （6）建设项目的社会效益和经济效益分析。 （7）建设项目的投资概算、资金筹措、建设工期、施工队伍招标及施工建设的管理方案。 （8）建设项目的环境影响评价报告书，环保局的环境影响评价审批文件等（一般为2～3个月）。 （9）项目建议书。 （10）其他所需的资料
受理审批	建设单位需填写建设工程项目立项审批表上报审批部门
审批同意	经工程建设项目所在地发改部门审查批准项目建议书并核发批文，该批文和项目建议书是项目立项的主要文件，也是后续办理工程项目投资估算、可行性研究、项目设计以及项目工程验收的必备文件。是工程项目前期阶段最主要的文件资料之一

2.1.2 建设用地审批相关内容及资料

建设用地审批相关内容及资料见表2-2。

建设用地审批相关内容 表 2-2

项次	内容
选址意见申请资料	（1）建设单位或项目代建单位向工程项目所在地的县级以上政府土地行政管理部门出具书面项目选址意见申请书。 （2）工程项目所在地的县级以上政府土地行政管理部门受理后，核发《建设项目选址意见书申请表》。 （3）建设单位或项目代建单位根据《建设项目选址意见书申请表》所载明的内容和填表说明的要求，翔实填写《建设项目选址意见书申请表》。 （4）同时送审的文件、图纸包括。1）批准的项目建议书或其他有关计划文件 1 份；2）1:500 地形图 3 份；3）土地权属证 1 份，如无土地权属证需要按土地确权程序补办并完成确权后方可办理建设项目用地手续；4）如有联建及其他合作单位共同进行工程项目开发或建设，还需要提交联建协议 1 份；5）选址论证书一份
受理审批	建设单位填写《建设项目选址意见书申请表》上报审批
审核批准	（1）将填写准确完备的《建设项目选址意见书申请表》报送工程项目所在地的县级以上政府国土资源行政管理部门审查批准。 （2）取回工程项目所在地的县级以上政府土地行政管理部门核发的《建设工程项目选址意见书》，作为办理后续用地规划手续的依据之一

2.1.3 建设工程项目可行性研究报告审批相关事项

办理项目可行性研究报告的审批相关事项见表 2-3。

项目可行性研究报告的审批相关事项 表 2-3

项次	内容
项目投资概算的确定	建设单位在市发改委工程项目批复立项后，可持相关申请、批文和工程项目初步设计图纸到市项目投资评审中心对项目投资进行评审，确定项目投资概算
报送资料	（1）项目建议书及其批准文件。 （2）项目建设规划设计方案。 （3）建设项目选址意见书。 （4）项目投资预算评审报告。 （5）可行性研究报告编制单位资质及能力证明文件。 （6）评估机构对可行性研究报告的评审报告及说明自身资质等级和能力的证明等其他所需的文件资料。 （7）建设工程项目初步设计文件和深化后的项目设计方案。 （8）项目可行性研究报告文本

续表

项次	内 容
受理审批	报送上述文件和资料后,并填写可行性研究报告审批申请表
审批同意	发改委审批后核发的项目可行性研究报告批复是项目设计必须遵守的主要文件,也是控制工程项目设计标准、投资预算、施工图预算的依据,也是项目后续建设用地规划、建设工程规划、建设工程施工许可等证书和手续的重要依据之一,作为工程档案和重要资料必须妥善保管

2.1.4 建设用地规划许可证的办理相关内容和资料

建设用地规划许可证的办理相关内容和资料见表 2-4。

建设用地规划许可证的办理相关内容和资料　　表 2-4

项次	内 容
建设用地规模及范围	建设用地是指建造建筑物、构筑物的用地。它包括城乡住宅和公共设施用地、工矿用地、交通水利设施用地、旅游用地、军事设施用地等
建设用地使用条件	(1) 依法申请使用国有土地。 (2) 通过招标投标、拍卖以有偿使用方式取得土地使用权。 (3) 以租赁形式取得一定年限的土地使用权
建设用地规划许可证办理程序	(1) 向核发项目建设选址意见书的土地行政管理部门提出《建设用地规划许可证》,办理书面申请。 (2) 填写《建设用地规划许可证申请表》,并上报申请表核发的土地行政管理部门相关处室。 (3) 提供《建设用地规划许可证申请表》中规定的有关资料。1) 建设工程计划批准文件 1 份;2) 国有土地使用权出让合同(或国有土地使用权行政划拨批文)文本及附图各 1 份;3) 提交由土地行政管理部门和建设规划行政管理部门认可的建设用土地和规划勘察测绘设计单位提供的近一年内测绘的地形图 6 份
建设项目用地规划审查	土地管理行政部门接到建设单位或代建单位报来的《建设用地规划许可证申请表》和需要的相关文件及图纸后,经过审查建设用地的权属明确,无争议,建设项目用途符合国家和当地产业政策、与申报项目一致,四界无争议的情况下,批复建设用地报告,并核发《建设用地规划许可证》,《建设用地规划许可证》是建设项目进行后期规划设计和规划审批的重要证件之一

续表

项次	内 容
发证	审核建设项目用地规划许可证申请表，符合发证条件，国土资源部门可以核发土地规划许可证。国土部门告知人员按规定的程序告知项目建设用地单位联系人，在填写土地规划许可证领取单后，在核对无误的情况下，国土部门发证人将建设项目用地规划许可证发给建设单位

2.1.5 划拨建设用地文件、出让国有土地使用权批文及国有土地有偿使用合同

划拨建设用地文件、出让国有土地使用权批文及国有土地有偿使用合同见表2-5。

划拨建设用地文件、出让国有土地使用权批文
及国有土地有偿使用合同　　　表2-5

项次	内 容
划拨建设用地文件	是指机关、事业单位、军事机关和组织实施重大公共项目建设的社会组织，为了进行涉及国计民生、公益事业及基础设施、国防建设和社会福利事业进行工程项目建设所需用地的批准文件，它与土地规划许可证是一整套界定建设用地权属的重要文件
出让国有土地使用权批文	是指社会经济组织、自然人等为了实现自身经济利、改善员工工作及生活条件和个人住房条件等，在兴建工程项目时，经过法定程序，有偿获得建设用地合法权利后，国土资源管理部门准许建设用地的批文，它与建设用地规划许可证是一套确定建设用地权属的重要文件
国有土地有偿使用合同	是指社会组织、企业法人和自然人在依法依规取得国有土地使用权批文后，依法向国土资源管理相关机构购买土地使用权时双方所签订的合同。是建设用地确权和划拨的主要依据

2.1.6 建设工程规划许可证的相关内容

建设工程规划许可证的相关内容见表2-6。

建设工程规划许可证的相关内容　　　　表 2-6

项次	内　　容
申请范围	（1）新建、改建、扩建的建设工程。 （2）新建、改建城市道路、公路、桥梁、管线、隧道、轨道交通工程。 （3）文物保护单位和优秀近代建筑的大修工程，以及改变原有外貌或者结构体系或者基本平面的装修工程。 （4）需要变动主体承重结构的建筑大修工程。 （5）沿城市道路或在城市广场的城市雕塑工程
报送的资料	（1）填报建设工程规划许可证申请表。 （2）地形图。建设单位须提交从市一级测绘设计研究院获得的建设项目所在地一年内实测 1/500 总平面图一式两份。该图上需按总平面设计图要求划示新建建筑物或构筑物位置及有关尺寸。 （3）总平面设计。比例一般为 1∶500，应标明建筑基地界限、新建建筑物的外轮廓尺寸和层数、新建建筑物与基地界限、道路规划红线、相邻建筑物、河道规划蓝线、高压线的间距尺寸。 （4）建筑施工图。包括平、立、剖面图及图纸目录，按国家住房和城乡建设部颁布的建筑面积计算规范计算的建筑分层面积表、绿地布置图；在毗邻住宅小区和其他建筑密集区域的周边建设工程，还需要提供周边建筑日照分析报告和日照分析图。 （5）建设项目土地使用权属证件的复印件。如属新增用地，应提供国土资源部门核发的建设用地规划许可证和批准书的复印件。自有土地单位应交验《土地使用证》原件，个人还必须交验《房屋产权证》，中外合营企业必须交验《合营企业土地使用证》。 （6）原有基地需要拆迁安置的项目，需提供市级房地行政管理部门下属的拆迁管理机构提供拟拆迁房屋的权属证明，经拆迁办备案的拆迁协议和拆迁备案登记表复印件一份。 （7）基础施工平面图，基础详图及桩位平面布置图。 （8）建设项目可行性研究报告批准文件。 （9）建设工程施工图预算。 （10）消防、环卫、卫生和交通等有关部门的审核意见。 （11）园林部门的审核意见。 （12）民政和墙体材料改革办公室的审核意见。 （13）涉及保护建筑及文物的建筑工程，须取得文物管理部门的审核意见。 （14）高层建筑、大型公共建筑、毗邻主干道、位于重要地区或对景观有较大影响的建筑，还必须报送彩色透视效果图或模型。 （15）在城市中心地带的建筑，需要拆迁建设场地已有建筑物的，须有城市拆迁管理部门批准的拆迁方案以及和被拆迁人签订的拆迁合同复印件。 （16）设计说明

续表

项次	内容
设计方案审查	(1) 审查建设项目规划设计和建设方案设计的依据。包括：1) 项目所在地发改委的立项批复、批准的项目可研报告；2) 项目所在地国土资源行政管理部门颁发的《建设项目土地规划许可证》、国有土地使用权出让合同文本及附图、地形图；3) 在项目立项后报请项目所在地县市级以上城市建设规划行政管理部门审核发给的《建设项目规划设计条件通知》。 (2) 审查建设项目规划设计方案和建筑方案设计图。项目所在地建设规划管理部门对建设单位提交的建设项目规划设计、建筑方案设计进行审核，对符合总体规划和局部规划要求的设计给以确认，对于不符合规划要求的设计提出改正意见，并限期完成设计。 (3) 重点审查规划设计和建筑方案设计是否满足规划要求。1) 规划设计符合《建设项目规划设计条件通知》中的规定。如临街建筑退道路红线的距离、与邻近已建的建筑物的消防和采光间距、建筑容积率、建筑密度、层数、色调、建筑风格、新建的建筑物之间的消防和疏散距离、绿化率、与建设项目配套的基础设施、公共设施等满足要求。2) 建设规模、建设标准、投资概算等与项目可行性研究报告、批准的投资概算、批准的项目建议书、《建设项目选址意见书》等的要求应相符。对于体量小的单体建筑，城市规划管理部门可在规定的工作日内完成审核，做好核发《建设项目规划许可证》的工作，其间可要求建设单位或代建单位就有关事项进行说明，需要进行修改的方案退回修改完善，或需要补充的材料补充齐全。对于建设规模大、投资额高，对国计民生产生较大影响的项目，规划建设管理部门还需要组织政府其他项目主管部门（如发展改革部门、建设、消防等）以及设计、市政、供水、排污、供电等和其他社会管理部门的专家，进行方案论证，并对设计中存在的疏漏和缺陷进行指正，并限定期限修改后再次上报。通过规划审批的设计图纸，是设计单位修改完善施工图设计的前提，在项目建设规划设计图批准后，设计单位应在限定时间内完成施工图纸设计，并做出施工图预算。通过审查论证的项目建设规划方案和建筑方案，是建设项目所在地规划建设部门核发《建设工程规划许可证》的依据
审核结果	在完成项目立项阶段的基础性工作，完成了建设用地手续办理工作以及建设项目规划设计和建设方案设计审批的前提下，建设单位或代建单位就报建的建设工程项目，向工程建设规划主管部门提出发放《建设工程规划许可证》的申请，建设规划行政管理部门在审核符合发证条件时，依法依规颁发《建设工程规划许可证》等其他相关批准文件。经审核同意的，由规划管理部门发给项目建设单位下列文件： (1) 建设工程规划许可证。 (2) 建设工程项目表。 (3) 盖有项目所在地城市规划管理部门规划专用章或规划管理业务专用章的总平面设计图和地形图。 (4) 盖有核发建设工程规划许可证编号的建筑施工图（平、立、剖图）和基础结构图。

续表

项次	内　容
审核结果	（5）建筑工程开工复验灰线（或红线征地桩）和建设工程竣工规划验收申请表。 （6）如建设工程需要订立道路红线界桩的，加发《订界通知单》
注意事项	建设单位在领取《建设工程规划许可证》时应注意以下几点： （1）属于应缴纳建设工程证照费的工程，应凭缴费单据领取《建设工程规划许可证》。 （2）建设单位在取得《建设工程规划许可证》后，应在6个月内申请开工，逾期未开工又未申请延期或者申请延期未经批准的，《建设工程规划许可证》自行失效。 （3）申请建设工程规划许可证，应根据规划管理要求送审建设工程设计方案。如果建设工程设计方案在申请建设用地划许可证时已经核定，则可免送建设工程规划许可证办理和申领是申请办理施工许可证的前提条件，未取得建设工程规划许可证，不得申请办理开工手续

2.2　建设工程项目勘察设计阶段相关文件及资料

2.2.1　工程勘察报告书的编写及相关资料

工程勘察报告书的编写及相关资料见表2-7。

工程勘察报告书的编写及相关资料　　表2-7

项次	内　容
编写内容	（1）拟建工程概述。包括委托单位、场地位置、工程简介，以往的勘察工作及已有资料等。 （2）勘察工作概况。包括勘察的目的、任务和要求。 （3）勘察的方法及勘察工作布置。 （4）场地的地形和地貌特征、地质构造。 （5）场地的地层分布、岩石和土的均匀性、物理力学性质、地基承载能力和其他设计计算指标。 （6）地下水的类型、埋深、补给和排泄条件，水位的动态变化和环境水对建筑物的腐蚀性；以及土层的冻结深度。 （7）地基土承载力指标与变形计算参数建议值。 （8）场地稳定和适宜性评价。 （9）提出地基基础方案，不良地质现象分析与对策，开挖和边坡加固等的建议。 （10）提出工程施工和投入使用可能发生的地基工程问题及监控、预防措施的建议。 （11）地基勘察的结果表及其所应附的图件

续表

项次	内 容
所附图表	(1) 勘察场地总平面示意图与勘察点平面布置图。 (2) 工程地质柱状图。 (3) 工程地质剖面图。 (4) 原位测试成果图表。 (5) 室内试验成果图
图表简单介绍	(1) 勘探点平面布置图。勘探点平面布置图是在建筑场地地形图上，把建筑物的位置、各类勘探及测试点的位置、符号用不同的图例表示出来，并注明各勘探点和测点的标高、深度、剖面线及其编号等。 (2) 钻孔柱状图。钻孔柱状图是根据孔的现场记录整理出来的，记录中除注明钻进根据、方法及具体事项外，其主要内容是关于地层分布（层面的深度、厚度）、地层的名称和特征的描述。绘制柱状图之前，应根据土工试验结果及保存于钻孔岩芯箱中的土样对分层情况和野外鉴别记录进行认真的校核，并做好分层和并层工作，当测试结果和野外鉴别不一致时，一般应以测试结果为主，只是当试样太少且缺乏代表性时才以野外鉴别为准。绘制柱状图时，应自上而下对地层进行编号和描述，并用一定比例尺、图例和符号绘制。在柱状图中还应同时标出取土深度、地下水位等资料。 (3) 工程地质剖面图。柱状图只能反映场地某一勘探点地层的竖向分布情况，剖面图则反映某一勘探线上地层沿竖向和水平向的分布情况。由于勘探线的布置常与主要地貌单元或地质构造轴线相垂直，或与建筑物的轴向相一致，故工程地质剖面图是勘察报告的基本图件。 (4) 综合地质柱状图。为了简明扼要地表示所勘探地层的层次及其主要特征和性质，可将该区地层按新老次序自上而下以 1：50～1：200 的比例绘成柱状图。图上注明层厚、地质年代，并对岩石或土的特征和性质进行概括的描述。这种图件称为综合地质柱状图。 (5) 土的物理力学性质指标是地基础设计的依据，应将土的试验和原位测试所得的结果汇总列表表示

2.2.2 工程测绘文件

工程测绘文件的内容见表 2-8。

工程测绘文件的内容　　　表 2-8

项次	内 容
文件的内容	(1) 工程地质勘察报告。 (2) 水文地质勘察报告。

续表

项次	内　容
文件的内容	(3) 建设用地钉桩通知单。 (4) 地形测量和拨地测量成果报告。 (5) 规划设计条件和通知书。 (6) 初步设计图纸和说明。 (7) 技术设计图纸和说明。 (8) 审定设计方案通知书及审批意见。 (9) 审定设计方案征求有关主管部门（人防、环保、消防、园林、河湖、市政、文物、通信）意见。 (10) 施工图及其说明。 (11) 设计计算书。 (12) 施工图设计审查合格书

2.3　招标投标相关资料及合同文件

2.3.1　招标投标文件

资格预审文件的内容见表2-9。

资格预审文件的内容　　　　表2-9

项次	内　容
文件内容	(1) 资格符合性自查表。 (2) 报价响应函。 (3) 法定代表人资格证明书及授权委托书。1) 法定代表人资格证明书；2) 负责人授权委托书。 (4) 资格的声明函。1) 工商营业执照、税务登记证、组织机构代码证；2) ISO 9000 质量管理认证证书；3) 3C认证；4) 商标注册证；5) 太阳能产品CQC认证证书；6) 节能产品认证；7) 有效的依法缴纳税收证明；8) 有效的依法缴纳社会保障资金证明；9) 会计师事务所出具的上一年度审计报告；10) 无违法犯罪记录证明；11) 检测报告；12) 实用新型专利证书；13) 外观设计专利证书；14) 荣誉证书；15) 获中国专利技术博览会证书；16) 中国公认品牌；17) 政府采购首选品牌；18) 高新技术企业证书；19) 中国行业免检产品。 (5) 投标保证金交纳凭证。根据招标文件要求的方式、账号和时间足额交纳投标保证金或商业银行信用保函，出具银行开具的投标保证金交纳收据复印件或信用保函复印件，并按招标文件要求的顺序装订在投标文件正本内，其他投标文件副本内也应装订以上复印件。投标保证金交纳凭证是否真实、有效和按时提供，是评标时决定是否废标的一个基本条件。

续表

项次	内　　容
文件内容	（6）中小企业声明函。申明内容包括投标公司的类型（中、小或微型），投标公司参加投标的招标单位名称和项目名称，由投标企业承担工程、提供服务或提供其他企业（中、小或微型）制造的货物，表明此处所称货物不包括使用大型企业注册商标的货物，以及此处本公司对以上声明的真实性负责，如有虚假，将依法承担相应责任的承诺内容。最后落款是企业名称（盖章）和日期

2.3.2　商务部分

工程招标文件商务部分的内容见表 2-10。

工程招标文件商务部分的内容　　　　　表 2-10

项次	内　　容
同类项目业绩介绍	根据招标文件要求，如实填写投标单位在规定期限内所施工完成的同类工程项目。同类工程项目是指规模、总高、层数、结构类型、工程所在区域（如具有湿陷性的黄土地区等）或工程造价在一定要求范围的工程施工任务。证明的材料包括：中标通知书、施工合同、有些地方要求提供工程竣工验收备案证明，如果有缺项一般不予认定。对于投标文件中指定的项目经理业绩有明确要求时，也需要通过提供满足数量要求的以上三类文件加以证明
履约进度计划表	通常是以承诺函的形式，通过工程施工阶段划分的加以承诺。通常按地基基础、主体结构、内外装饰、水电暖卫通风智能化安装等划分并承诺
商务条款响应表	对招标文件中所提到的其他商务条款的响应情况说明，如工程施工付款情况、垫资情况、农民工工资保证基金、施工现场工作人员意外伤害保险等的承诺。如工程建设中含有大型设备采购和安装内容，应对采购文件的商务条款、竞标文件的商务条款、偏离说明意见书面进行承诺，招标文件有要求时应单独进行承诺
竣工后服务方案	（1）免费保修期。 （2）应急维修时间安排。 （3）维修地点、地址、联系电话。 （4）维修服务收费标准。 （5）制造商的技术支持。 （6）其他服务承诺。售后服务处理机构，租房合同，售后服务人员情况，售后服务流程图

2.3.3 技术部分

工程施工招标文件技术部分内容见表2-11。

工程施工招标文件技术部分的内容 表2-11

项次	内容
施工组织设计	凡是新建、扩建、改建和复建的工业与民用建筑均应编制与项目施工特点相适应的施工组织设计。施工组织设计可以理解为，从工程项目施工的全局出发，根据每项工程内容所具有的特点，按照客观的施工规律、当时当地的具体施工条件和工期要求，统筹考虑施工活动中的人工、材料、机械、资金和施工方法五个因素，对整个工程的施工进度和相应的资源分配、消耗等作出的科学而合理的安排，最终所形成有条理地安排整个施工过程的一个书面文件。工程招标投标阶段使用的施工组织设计是为投标服务，意在满足招标文件要求，以力争中标为目的所编制，它与工程实施阶段的施工组织设计是有一定区别的
项目管理机构	技术标中项目管理机构是指以项目经理、技术负责人和施工员、质量员、安全员、材料员、预算员、资料员、标准员、测量员等组成的项目管理机构
资格审查资料	是指投标企业的营业执照、资质证、组织机构代码证、税务登记证等为主的反映企业从业范围、执业资质登记、税费缴纳情况等的证书。有些地方开始推广实行企业的营业执照、组织机构代码证、税务登记证三证合一，意在简化办事程序，实现企业信息共享，提高办事效率和管理效能，是政府职能部门对企业宏观管理的改革
承诺书	是投标企业对投标文件中就有关质量等级、工期、质量保证及其他技术环节提出的要求所作出的回应和保证，是技术标的重要组成部分，也是评判投标文件是否实质性响应招标文件要求的依据之一
其他材料	施工合同主要条款、踏勘现场与现场答疑等材料

2.3.4 价格部分的主要内容及相关资料

施工投标文件价格部分的主要内容见表2-12。

施工投标文件价格部分的主要内容 表2-12

项次	内容
报价一览表	包括序号、投标单位、投标总报价、施工周期、质量、标书密封和投标单位签字等栏目在内的一个反映工程报价的一览表

续表

项次	内容
工程量清单计价	工程量清单计价是指投标人完成由招标人提供的工程量清单所需的全部费用，包括分部分项工程费、措施项目费、其他项目费、规费和税金
计价方式	工程量清单计价方式，是在建设工程招标投标中，招标人自行或委托具有资质的中介机构编制反映工程实体消耗和措施性消耗的工程量清单，并作为招标文件的一部分提供给投标人，由投标人依据工程量清单自主报价的计价方式。在工程招标中采用工程量清单计价是国际上较为通行的做法
合理报价承诺	是投标企业根据拟投标工程施工任务的特点，结合自身企业经营管理目标，在施工工程投标时编制的投标报价基础上，适当优惠后最终达成成交意向时所能接受的最低价格的书面表达
中标通知书	中标通知书是招标投标工作结束后，由代理机构提交评标和定标结果，招标监督机构审核通过，招标单位（建设单位、项目业主）颁发给中标单位的中标通知书。中标通知书的实质内容应与中标单位投标文件一致。中标通知书是施工工程项目建设前期重要的文件之一
合同文件	是指为实施工程，发包方和承包方之间达成的明确相互权利和义务关系的协议。包括合同条件、协议条款以及双方协商同意的与合同有关的全部文件。国家工商行政管理总局及住房和城乡建设部联合发布了建筑施工合同示范文本，是发包和承包双方签署施工合同必须遵守的

2.4 施工准备阶段相关文件资料

2.4.1 申请办理工程质量监督手续需要提供的资料

申请办理工程质量监督手续需要提供的资料见表 2-13。

申请办理工程质量监督手续需要提供的资料　　表 2-13

报送资料名称	文件（证书、合同）号
项目立项批文	
扩初设计批文	
工程规划许可证	
勘察单位资质等级证书	

续表

报送资料名称	文件（证书、合同）号
设计单位资质等级证书	
监理单位资质等级证书	
监理合同及《工程项目监理登记表》	
施工单位资质等级证书	
施工单位营业执照副本	
工程勘察设计文件	
施工图审查批准书	
施工招标通知书	
施工承包合同	
其他需要的文件	

2.4.2 建设工程施工许可证

申请办理建筑工程施工许可证的程序和应报送的资料见表 2-14。

申请办理建筑工程施工许可证的程序和应报送的资料　　表 2-14

主要程序	序号	办理事项	需要提交资料和依据	承办单位
招标投标手续	1	工程报建和登记	建设工程项目立项文件；图纸审查合格书；规划许可证；土地证	交易中心
	2	招标公告审查备案	招标公告（或资质预审公告）	招标办
	3	发布招标公告		交易中心
	4	资格预审文件备案	资格预审文件	招标办
	5	招标文件审查备案	招标人编制的招标文件	
	6	安排交易时间	招标文件	交易中心
	7	招标答疑文件	招标答疑纪要	招标办
	8	投标文件的接收	投标人编制的投标文件	交易中心
	9	中标公示手续	评标专家委员会的评标报告	
	10	暂停招标程序通知	对公示结果出现的异议	招标办
	11	招标通知书打印	中标公示无异议	交易中心
	12	中标通知书备案	交易中心出具的联系单	招标办
	13	合同审查备案	招标通知书、招标文件、施工合同原件	定额站

续表

主要程序	序号	办理事项	需要提交资料和依据	承办单位
受理窗口	14	表格领取	招标通知书原件,复印件	便民中心
质量监督	15	质量监督手续	施工图设计文件审查报告合格书;中标通知书,施工、监理合同;建设、施工、监理单位工程项目负责人和机构组成;其他需要的文件资料	质监站
安全监督	16	安全监督手续	建筑工程安全施工措施备案审查表;安装工程安全施工措施备案资料;施工企业项目经理及安全员安全生产许可证;购买建工险凭证,其他需要提供的资料	安全站
企业管理	17	流动人口计划生育	计划生育责任书,流动人口计生证明,流动人口登记表	企管处
	18	不拖欠工资承诺书	民工工资保障金缴款通知单	
	19	外地企业进入本地市场备案	领取诚信手册	
开发手续	20	房地产开发建设项目手册	房地产开发项目备案资料;资本金监管协议,价格调节基金交付凭证	开发处
许可审批	21	施工许可证	建设工程规划许可证、土地证、中标通知书、图纸审查批准书、施工许可审批表	建管科
费用交纳	22	招标交易费	中标结果无异议	交易中心
	23	质量监督费	中标通知书,图纸审查合格书	质监站
	24	定额测定费	中标通知书,图纸审查合格书	建管科
	25	施工企业社保基金		
	26	农民工工资保障金		
	27	档案服务费		
	28	建工险		
	29	散装水泥费		便民中心
	30	墙改费		
	31	绿化费		
窗口办结	32	证书发放	建设行政主管单位行政许可申请表,施工许可申请表	

2.4.3 调研及资料准备

调研及资料准备包括自然条件调查和技术经济条件调查，包括内容见表 2-15。

调研及资料准备的内容　　　　表 2-15

项次	内　　容
原始资料调查	（1）施工现场的调查。主要包括工程的建设规划图、建设地区的区域地形图、场地地形图、控制桩与水准点的位置、现场地形、地貌特征等资料。它们是施工平面图设计的依据。 （2）工程地质、水文地质的调查。专项调查包括工程钻孔布置图、地质剖面图、地基各项物理力学指标试验报告、地质稳定性资料、暗河及地下水水位变化、流向、流速及流量和水质等资料。这些资料一般可作为选择基础施工方案的依据。 （3）气象资料调查。主要包括全年各月平均气温、最高与最低气温，各种气温的天数和实间；冬雨期起止时间，最大及月平均降水量及雷暴时间；主导风向及频率，全年大风的天数及时间等资料。这些资料是确定冬雨期施工的依据。 （4）周围环境及障碍物调查。主要包括施工区域现有建筑物、构筑物、沟渠、水井、古墓、文物、树木、电力架空线路、人防工程、地下管线、枯井等资料。这些资料可作为布置现场施工平面的依据
收集给水排水、供电等资料	（1）收集当地给水排水资料。包括现有水源的连接地点、接管距离、水压、水质、水费及供水能力和与现场用水连接的可能性。若当地现有水源不能满足施工用水的要求，则要调查附近可作为施工用水、生活、消防用水的地面水或地下水水源的水质、水量、取水方式、距离等条件。还应调查利用当地排水设施进行排水的可能性，排水距离、取向等资料。这些资料可作为选择施工给水排水方式的依据。 （2）收集供电资料。主要内容包括可供施工使用的电源位置，接入工地的路径和条件，可以满足的容量、电压及电费等资料或建设单位、施工单位自有的发变电设备、供电能力。它可以作为选择施工用电方式的依据。 （3）收集供热、供气资料。包括冬期施工时附近蒸汽的供气量，接管条件和价格，建设单位自有的供热能力，以及当地或建设单位可以提供的天然气、氧气的能力及它们各自到工地的距离等资料。这些资料是确定施工供热、供气的依据
收集交通运输资料	收集交通运输资料是调查主要材料及构（配）件运输道路的情况，包括道路、街巷、途径的桥涵宽度、高度、允许载重量和转弯半径限制等资料。有超长、超高、超宽或超重的大型构件，大型起重设备和生产工艺设备需要整体运输时，还要调查沿途架空电线、天桥的高度，并与有关部门商议避免大件运输对正常交通生产干扰的线路、时间及解决措施

续表

项次	内　容
收集"三材"与地方材料等资料	通常应摸清钢材、木材和水泥市场行情，了解地方材料（砖、灰、砂、石）的供应能力、质量、价格、运费等情况；当地构件制作、木工加工、金属结构、钢木门窗；商品混凝土、建筑机械供应与维修、运输等情况；脚手架、模板和大型工具租赁等提供的服务项目、能力、价格等条件；收集装饰性材料、特殊灯具、防水、防腐材料等市场情况。这些资料用作确定材料的供应计划、加工方式、储存和堆放场地及建造临时设施的依据
社会劳动力和生活条件	建设项目所在地社会劳动力和生活条件调查，主要是了解当地能提供的劳动力人数、技术水平、来源和生活安排；能提供作为施工用的现有房屋情况；当地主、副食产品供应，日用品供应；文化教育、消防治安、医疗单位的基本情况以及能为施工提供支援的能力。这些资料是拟定劳动力安排计划、建立职工生活基地、确定临时设施的依据

2.4.4　施工现场准备工作检查主要内容及资料

施工现场准备工作检查主要内容及资料见表 2-16。

施工现场准备工作检查主要内容及资料　　表 2-16

项次	内　容
施工现场场地的交接	（1）监理单位检查施工单位是否有对施工现场不清楚的地方，以及施工现场未完成工作的落实情况。 （2）与施工单位办理施工现场交接手续。与监督施工单位办理施工现场交接手续，并填写场地交接单，见表 2-17 所示
施工现场补充勘探及测量放线	（1）现场补充勘探。现场补充勘探的主要目的是在施工范围内寻找枯井、地下管道、旧河道、暗沟、古墓等隐蔽物位置和范围，以便及时拟定处理方案，为主体工程施工营造有利条件。 （2）现场的控制网测定。按照提供的建筑总平面图、现场红线标桩、基准高程标桩和经纬坐标控制网，对全程做好进一步测量，设置各类施工基桩及测量控制网。 （3）建筑物定位放线。根据场地平面控制网或设计给定的作为建筑物定位放线依据的建筑物与构筑物的平面图，进行建筑物的定位和放线，测量放线必须保证准确度，杜绝出现偏差。有些地方还需要约请建设规划行政管理部门的管理人员现场监督放线，并根据规划部门批准文件的内容进行验线

续表

项次	内　　容
道路施工及管线	（1）施工道路是否满足主要材料、设备及劳动力进场需要。 （2）施工给水排水设施的能力及管网铺设是否合理及能否满足施工需要。 （3）施工供电设施是否合理安排供电，能够满足施工进度的需求。 施工道路、各种管线及其他设施尽量利用已有的设施
施工临时设施的准备	（1）根据工程规模、特点、施工管理要求，对施工临时设施进行平面布置规划，并报主管部门审批。 （2）临时设施的规划与建设应尽量利用原有建筑物和设施，以降低成本。 （3）对于水平与垂直运输设施、搅拌站、原材料堆场、库存设施、加工车间等生产临时设施等均应满足生产需要。 （4）对用于施工管理的各类办公室、休息室、宿舍、食堂等办公生活临时设施应以方便管理为原则。 （5）施工临时设施规模与布置还应满足防火、安全用电与施工安全的要求
施工现场材料设备的准备	（1）建筑材料与构件。建筑材料、构件能否满足施工阶段的施工需要量和质量要求如期送到施工现场，并保证正常施工时的最经济储量。 （2）施工机械与模具。应根据施工进度计划，及时组织所需类型和数量的施工机械和模具进场，并完成安装与调试。 （3）永久设备与金属结构。对永久设备和金属结构是否落实加工厂家，并按施工进度组织进场安装
施工队伍的准备	按照施工组织劳动人员使用计划调配人员，安排劳动人员进场，并对参与工程的人员进行劳动安全、文明施工、施工技术教育后，检查施工队伍的准备，包括对施工力量的集结、调配、施工人员的培训、施工计划、技术方案、安全措施的层层交底等准备工作是否已做完
施工安全与保护措施	（1）安全施工的宣传与教育措施和有关的规章制度。 （2）易燃、易爆、有毒、腐蚀等危险品管理和使用的安全措施。 （3）土方与高空作业、上下立体交叉作业、土建与设备安装作业等施工措施。 （4）现场临时设施是否达到安全和防火的要求。 （5）施工与生活垃圾、废弃水的处理是否符合当地环境保护部门的要求

续表

项次	内　容
施工扰民问题的解决方案	（1）依据地方人民政府的相关规定，签订施工扰民补偿协议。 （2）施工单位与工程所在地区建设行政主管部门、公安交通管理部门、环境保护部门、街道办事机构、公安派出所等单位建立友好关系，共同创建文明工地。 （3）工程需要连续施工时，应向工程周围的居民做好解释工作。 （4）需要在当天23时至次日6时进行超过国家标准噪声限值的作业时，必须向工程所在地的工程建设行政主管部门提出申请，经审查批准后到工程所在地环境保护部门备案
应急预案和施工措施的制定	施工单位针对各类突发事件是否已制定应急预案，应急措施是否可行、是否有相应的物资保障和组织保障；是否做好季节性施工准备工作，在冬季、雨季、高温、农忙季节等是否有完善的施工措施和相应的施工准备

施工场地交接单　　　　　　　　　　表 2-17

工程名称		交接时间	
	主要交接内容		情况描述（可以增加附页）
1	红线范围及红线与建筑物轮廓线关系		
2	红线桩、水准点、位置及有关数据		
3	水源、电源及施工道路的位置		
4	场地平整情况		
5	场内障碍物情况（原有建筑物、树木、地下管线、人防）		
6			
7			
8			
委托方代表		监理单位代表	施工单位代表

2.5　工程投资相关商务文件资料

2.5.1　工程投资估算资料

工程投资估算资料的组成见表 2-18。

工程投资估算资料的组成　　　　　　　　　表 2-18

项次	内　容
估算资料组成	（1）投资估算文件一般由封面、签署页、编制说明、投资估算分析、总投资估算表、单项工程估算表、主要技术经济指标等内容构成。 （2）投资估算编制说明一般阐述以下内容：1）工程概况；2）编制范围；3）编制方法；4）编制依据；5）主要技术经济指标；6）有关参数、率值选定的说明；7）特殊问题的说明（包括采用新技术、新材料、新设备、新工艺）；必须说明的价格的确定；进口材料、设备、技术费用的构成与计算参数；采用巨型结构、异形结构的费用的估算方法；环保（不限于）投资占总投资的比重；未包括项目或费用的必要说明等；8）采用限额设计的工程还应对方案比选的估算和经济指标做进一步说明。 （3）投资分析。应包括以下内容：1）工程投资比例分析。2）分析设备购置费、建筑工程费、安装工程费、工程建设其他费用、预备费占建设总投资的比例；分析引进设备费用占全部设备费用的比例等。3）分析影响投资的主要因素。4）与国内类似工程项目的比较，分析说明投资高低的原因。 （4）总投资估算。包括汇总单项工程估算、工程建设其他费用，估算基本预备费，差价预备费，计算建设期利息等。 （5）单项工程投资估算。应按建设项目划分的各个单项工程分别计算组成工程费用的建筑工程费、设备购置费、安装工程费。 （6）工程建设其他费用估算。应按建设预期将要发生的工程建设其他费用种类，逐渐详细估算其费用金额。 （7）估算人员应根据项目特点，计算并分析整个建设项目、各单项工程和主要单位工程的主要技术经济指标

2.5.2　各阶段投资估算

各阶段投资估算的构成见表 2-19。

各阶段投资估算的构成　　　　　　　　　表 2-19

项次	内　容
项目建议书阶段投资估算	（1）项目建议书阶段的投资估算。一般要求编制总投资估算，总投资估算表中工程费用的内容应分解到主要单项工程，工程建设其他费用可在总投资估算表中分项计算。 （2）项目建议书阶段建设项目投资估算。可采用生产能力指数法、系数估算法、比例估算法、混合法（生产能力指数法与比例估算法，系数估算法与比例估算法等综合使用）、指标估算法等。 （3）生产能力指数法。 （4）系数估算法。 （5）比例估算法。

续表

项次	内容
项目建议书阶段投资估算	(6) 混合法。 (7) 指标估算法
项目可行性研究阶段的投资估算	(1) 可行性研究阶段，建设项目投资估算原则上应采用指标估算法，对于对投资有重大影响的主体工程应估算出分部分项工程量，参考相关综合定额（概算指标）或概算定额编制主要单项工程的投资估算。 (2) 预可行性研究阶段、方案设计阶段项目建设投资估算视设计深度，宜参照可行性研究阶段的编制办法进行。 (3) 在一般的设计条件下，可行性研究投资估算深度内容应达到"投资估算文件的组成"部分的要求。对于子项单一的大型民用公共建筑，主要单项工程估算应细化到单位工程估算书。可行性研究投资估算深度应满足项目的可行性研究与评估，并最终满足国家和地方相关部门批复或备案的要求
工程设计概算资料	设计概算是设计文件的重要组成部分，是编制基本建设计划，实行基本建设投资大包干，控制基本建设拨款和贷款的依据，也是考核设计方案和建设成本是否经济合理的依据。 设计概算包括：单位工程概算、单项工程综合概算、其他工程的费用概算、建设项目总概算以及编制说明等。是由单个到综合，局部到总体，逐个编制，层层汇总而成。 设计概算应按建设项目的建设规模、隶属关系和审批程序报请审批。总概算按规定的程序经有权机关批准后，就成为国家控制该建设项目总投资额的主要依据，不得任意突破。 根据初步设计或技术设计编制的工程造价的概略估算，是初步设计文件的重要组成部分。其特点是编制工作相对简略，无需达到施工图预算的准确程度。在我国，经过批准的设计概算是控制工程建设投资的最高限额。建设单位据以编制投资计划，进行设备订货和委托施工；设计单位作为评价设计方案的经济合理性和控制施工图预算的依据。设计概算文件主要有建设项目（如工厂、学校等）总概算、单项工程（如车间、教室楼等）综合概算、单位工程（如土建工程、机械设备及安装工程）概算、其他工程费用概算

2.5.3 设计概算编制的作用、内容

设计概算编制的作用、内容见表 2-20。

设计概算编制的作用、内容　　　表 2-20

项次	内　　容
作用	（1）设计概算是编制建设项目投资计划、确定和控制建设项目投资的依据。 （2）设计概算是签订建设工程合同和贷款合同的依据。 （3）设计概算是控制施工图设计和施工图预算的依据。 （4）设计概算是衡量设计方案技术经济合理性和选择最佳设计方案的依据。 （5）设计概算是考核建设项目投资效果的依据
内容	采用两阶段设计的建设项目，初步设计阶段必须编制设计概算；采用三阶段设计的建设项目，扩大初步设计阶段必须编制修正概算。设计概算可分为单位工程概算、单项工程综合概算和建设项目总概算三级。建设项目总概算是确定整个建设项目从筹建到竣工验收所需全部费用文件，它是由各单项工程综合概算、工程建设其他费用概算、预备费、建设期贷款利息和投资方向调节税概算汇总编制而成的 以工业建设项目为例，包括：①生产项目、附属生产及服务用工程项目、生活福利设施等项目的单项工程综合概算；②建设单位管理费和生产人员培训费的单项费用概算；③为施工服务的临时性生产和生活福利设施、特殊施工机械购置费用概算等。 单项工程综合概算是指在一个建设项目中，具有独立的设计文件，建成后可以独立发挥生产能力或工程效益的项目。单项工程是一个复杂的综合体，是具有独立存在意义的一个完整工程，由各单位工程概算汇总编制而成，是建设项目总概算的组成部分。 其内容包括：各功能单元的综合概算（例如输水工程、净水工程、管网建设工程）。 单位工程概算是指具有独立的设计文件、能够独立组织施工过程，是单项工程的组成部分。 其内容包括土建工程概算、给水排水、采暖工程概算，通风、空调工程概算包括机械设备及安装工程概算，电气设备及安装工程概算，热力设备及安装工程概算，工具、器具及生产家具购置费概算等。 其他工程费用概算包括：土地征购、坟墓迁移和清除障碍物等项及其费用

2.5.4　工程施工概（预）算资料

工程概（预）算就是计算和确定拟建工程全部费用的技术经济档案。建筑工程概（预）算的分类见表 2-21。

建筑工程概(预)算的分类　　　表 2-21

项次	内　容
按项目所处的建设阶段分	(1) 建筑工程概算(设计概算)。这是控制项目投资额的依据,可以凭此选择最优设计方案,进行招标投标。 (2) 施工图预算。确定工程造价,签订工程承包合同,进行工程结算的依据,银行拨付工程进度款的依据。 (3) 施工预算。承包方内部的预算,控制成本,压缩开支,"三对比"采购,下达作业计划的依据。 (4) 工程结算。作为一个单项工程、单位工程、分部工程或分项工程完工后结算工程价款的依据,控制工程成本。由于施工中会出现局部变更,增减工作量,调整价差,不可抗拒等因素,结算是可变的,有调整余地。 (5) 竣工决算。是反映整个建设项目全部实际建设费用的技术经济档案,由承包方编制,发包方核(监理方会审或审核)、审计部门审定,以此作为竣工价款决算,办理交付使用
按编制的对象分	(1) 单位工程概(预)算。编制综合概(预)算的基础。 (2) 其他工程和费用概(预)算。建筑工程、设备及安装工程、其他如土地、青苗等补偿、安置补助、建设单位管理、生产职工培训、试运转费用等。 (3) 单项工程综合概(预)算。 (4) 建设项目总概算。从筹建至竣工验收交付使用的全部支出汇总的档案
按工程专业性质分类	土建、安装、市政、仿古、园林等专业编制
编制依据、方法	(1) 根据会审的施工图、施工组织设计。 (2) 按工程量计算规则、计算分部分项的工程量。 (3) 套用现行预算定额或单位估价表。 (4) 计算、汇总定额直接费及工料用量。 (5) 按现行费用定额(当地的)计算其他直接费、间接费、利润、税金汇总的工程造价
编制作用	(1) 确定建筑安装工程造价的依据。 (2) 是签订工程承包合同,进行工程结算的依据。 (3) 是建设银行拨付工程价款的依据。 (4) 是施工单位加强企业经营管理,搞好经济核算的依据

2.6 监理资料文档的构成(B类)

2.6.1 监理资料组成

1. 监理规划

监理规划编制要求、编制程序、依据及主要内容见表 2-22。

监理规划概念、编制程序、依据及主要内容　　表 2-22

项次	内　　容
编制要求	监理规划的编制应针对项目的实际情况，明确项目监理机构的工作目标，确定具体的监理工作制度、程序、方法和措施，并应具有可操作性。在监理工作实施过程中，如实际情况或条件发生重大变化而需要调整监理规划时，应由总监理工程师组织专业监理工程师研究修改，按原报审程序经过批准后报建设单位
编制的程序与依据	（1）监理规划应在签订委托监理合同及收到设计文件后开始编制，完成后必须经监理单位技术负责人审核批准，并应在召开第一次工地会议前报送建设单位。 （2）监理规划应由总监理工程师主持、专业监理工程师参加编制。 （3）编制监理规划应依据：1）建设工程的相关法律、法规及项目审批文件；2）与建设工程项目有关的标准、设计文件、技术资料；3）监理大纲、委托监理合同文件以及与建设工程项目相关的合同文件
主要内容	（1）工程项目概况。 （2）监理工作范围。 （3）监理工作内容。 （4）监理工作目标。 （5）监理工作依据。 （6）项目监理机构的组织形式。 （7）项目监理机构的人员配备计划。 （8）项目监理机构的人员岗位职责。 （9）监理工作程序。 （10）监理工作方法及措施。 （11）监理工作制度。 （12）监理设施

2. 监理实施细则

监理实施细则编制要求、编制程序与依据见表 2-23。

监理实施细则编制要求、编制程序与依据　　表 2-23

项次	内　　容
编制要求	对中型及以上或专业性较强的工程项目，项目监理机构应编制监理实施细则。监理实施细则应符合监理规划的要求，并应结合工程项目的专业特点，做到详细具体、具有可操作性。在监理工作实施过程中，监理实施细则应根据实际情况进行补充、修改和完善
编制程序与依据	（1）监理实施细则应在相应工程施工开始前编制完成，并必须经总监理工程师批准。 （2）监理实施细则应由专业监理工程师编制。

续表

项次	内 容
编制程序与依据	(3) 编制监理实施细则的依据：1) 已批准的监理规划；2) 与专业工程相关的标准、设计文件和技术资料；3) 施工组织设计
主要内容	(1) 专业工程的特点。 (2) 监理工作的流程。 (3) 监理工作的控制要点及目标值。 (4) 监理工作的方法及措施

3. 监理会议纪要

监理会议纪要的主要内容见表2-24。

监理会议纪要的主要内容　　　表 2-24

项次	内 容
经理会议纪要的组成	(1) 工程名称。 (2) 会议名称。 (3) 会议地点。 (4) 会议时间。 (5) 参加人员。 (6) 建设单位。 (7) 监理单位。 (8) 施工单位
会议主要内容	(1) 只记录结论性观点，但如果有反对观点也要记录。 (2) 不使用口语化表达。 (3) 注意时效性

4. 监理工作日志

监理工作日志的主要内容和填写办法见表2-25。

监理工作日志的主要内容和填写办法　　　表 2-25

项次	内 容
工作日志制度	(1) 要求各项目监理组建立监理工作日志。 (2) 总监理工程师负责建立项目监理工作日志。并督促检查专业监理工程师严谨填写《监理工程师日志》。 (3) 监理工作日志是详尽记录工程建设中各种情况的资料，是考核工程状况的依据。应按公司所制《监理工程师日志》的统一格式书写，叙述准确严谨，文字通顺清晰。

续表

项次	内　　容
工作日志制度	（4）各专业监理工程师分专业填写本专业《监理工程师日志》，若兼管多个工程，则按不同工程分别书写监理工程师日志，每个工程项目对应一本《监理工程师日志》。 （5）监理工程师日志应按规定统一存档。 （6）监理部定期组织检查监理工程师日志的记录情况
工作日志填写及管理办法	为规范监理工作日志的填记方法，提高全体监理人员对填写监理日志重要性的认识，加强对监理日志填记的管理，从不同方面反映监理工作质量，现对监理日志的填写及管理规定如下： （1）监理工作日志是反映监理工作的载体，必须认真填写，真实反映事实。填写字迹要清楚、工整，不得记录与工作无关的内容，更不得撕页、空页。 （2）针对内业资料整理和监理日志的填写，将每月组织一次检查、评比，并作出奖罚通报，情节严重者将予以清退。 （3）所有监理人员均须及时填写监理工作日志，任何监理人员不得以任何理由拒填或拖延不填，并且不得损坏、污染页面的完整性。 （4）当天监理日志应当天填记，不得以任何理由拖延填写时间超出三天。驻地监理工程师的监理日志每月报送至总监理工程师检查签认；驻地监理工程师每半月对本驻地监理人员检查签认。对于被检查监理人员的填记内容作出书面评语，对检查出的问题应提出改进意见和要求。 （5）扉页上要求填记的内容是对监理人员所监理的工程项目、范围、职责的总体概括，因此必须填记完整，不准有任何空缺。 （6）页面顶部要求填记的日期、气象、温度等要真实填写，驻地办要安排专人负责收集此类信息。 （7）项目监理及项目助理监理要真实的填写：1）检查项目：工程段落或部位（桩号、名称等）。2）人员：技术负责人姓名、质量负责人姓名、施工人员数量、试验项目、试验负责人姓名、试验工程师姓名、试验人员姓名。3）材料设备：①材料进场、堆放、储存、使用情况简述；②设备名称、型号、在场数量、工作数量、停置数量及停置原因等。4）试验、检测、施工质量抽检情况及结果评述。5）现场安全管理：安全隐患、防范措施等情况。6）进度计划落实情况如何：每天完成工程量情况如何、能否按照进度计划组织施工，未完成计划的原因。7）检查结果汇总：针对以上检查内容是否发现问题、处理意见是什么、对之前存在问题提出的要求是否在规定时间内完成，有无闭合检查结果。8）对于承包商提出的问题和上级指示或通知现场有无落实，现场发生情况是否向上一负责人汇报及答复意见等。 （8）所有监理人员要"用数据说话，以事实服人"填写内容，不得凭经验或印象，必须采取科学的检测手段和真实的检测数据来判断被检工程的质量状况。 （9）驻地要经常巡视工地，检查项目监理和项目助理工作，对发现的问题及时提出要求，进行监督检查。

续表

项次	内容
工作日志填写及管理办法	（10）监理工作日志要系统地的记录工程活动过程，同时各级监理人员需要填写"旁站记录"、"巡视记录"，相互补充说明，完善监理记录内容。各级监理人员遵照上述要求，结合自身分管监理工作内容，以认真、负责的姿态展现监理风貌

5. 监理月报

监理月报的主要内容见表 2-26。

监理月报的主要内容　　　　表 2-26

项次	内容
月报基本内容	报表月份：　年　月 工程名称：××××× 编制：××× 审定： 监理单位：××××工程咨询有限公司 报表日期：　年　月　日 报送：××××房地产有限公司
月报目录	（1）工程概况。 （2）本月工程进度控制。 （3）本月工程质量控制。 （4）本月工程计量及进度款支付。 （5）工程安全文明施工管理。 （6）合同及其他事项的处理情况。 （7）本月监理工作小结。 （8）下月监理工作重点。 （9）附表。1）监理工作统计表；2）分项、分部工程验评表；3）主要施工试验表；4）气象数据表。 （10）工程照片

6. 监理工作记录

监理工作记录的主要内容见表 2-27。

监理工作记录的主要内容　　　　表 2-27

项次	内容
工作记录的主要内容	（1）施工组织设计（方案）报审资料。 （2）施工测量放线资料。 （3）工程进度控制资料（工程进度控制资料的组成）

2.6.2 监理工程质量控制资料、验收资料

监理工程质量控制资料、验收资料见表2-28。

监理工程质量控制资料、验收资料 表 2-28

项次	内　　容
质量控制资料	(1) 工程造价控制资料的组成。 (2) 施工合同管理资料
监理验收资料	(1) 工程竣工验收资料。建设工程竣工资料（建设单位提供）包括以下内容：1) 建设单位签发的竣工验收通知书（1份原件）；2) 施工单位提出的工程竣工报告书（1份原件）；3) 监理单位对工程质量评价报告（1份原件）；4) 勘察单位对勘察文件质量检查报告（1份原件）；5) 设计单位对设计文件及设计变更检查报告（1份原件）；6) ××市民用建筑节能工程竣工验收备案表（1份原件）；7) 住宅工程质量分户检验汇总表（1份原件）；8) 住宅工程质量分户检验核查表（1份原件）；9) 单位工程竣工验收报告（1份原件）；10) 质保体系审查表（1份原件）；11) 建筑节能管理机构提供的建设能效测评与指标综合评价表（1份原件）；12) 建设工程竣工验收意见书（1份原件）；13) 竣工工程有关质量问题整改、处理情况回执（1份原件）；14) 建设工程质量监督管理意见调查表（1份原件）；15) 建设工程质量保修书（1份复印件）；16) 建设工程档案验收意见书（1份复印件）；17) 规划部门出具的认可文件或准许使用文件（1份复印件）；18) 公安消防部门出具的认可文件或准许使用文件（1份复印件）；19) 环保部门出具的认可文件或准许使用文件（1份复印件）；20) 施工单位提供的建设单位已按合同约定支付工程款的有关证明（1分原件）；21) 监督机构参加的重要会议纪要（1份原件）；22) 工程建设各方管理人员变更通知书（1份原件）；23) 工程质量事故报告（1份原件）；24) 与工程质量工作有关的重要文件资料（1份原件）。 (2) 工程质量评估报告。工程质量评估报告是单位工程、分部工程及某些分项工程完工后，在施工单位自检质量合格的基础上，监理工程师根据日常巡查、旁站掌握的情况，结合对工程初验的意见，编写对工程予以评定的报告。它是监理工程师对工程质量客观、真实的评价，是监理资料的主要内容之一，也是质量监督站核验质量等级的重要基础资料。1) 工程质量评估报告的总体要求。工程质量评估报告应能客观、公正、真实地反映所评估的单位工程、分部、分项工程的施工质量状况，能对监理过程进行综合描述，能反映工程的主要质量状况，反映出工程的结构安全、重要使用功能及观感质量等方面的情况。2) 应随工程进展阶段编写质量评估报告。监理单位在工程进展到以下阶段时应编写工程质量评估报告：

续表

项次	内　容
监理验收资料	① 地基与基础分部（包括桩基工程±0.00m 以下的结构及防水分项）工程支护、基础土方回填前，应编写地基与基础分部工程质量评估报告。② 整个建筑物主体结构完成后、装饰工程施工之前，应编写主体工程分部工程质量评估报告。③ 工程竣工后，各方组织验收前，应编写单位工程（包括安装和装饰工程）的质量评估报告。3）工程质量评估报告的内容。工程质量评估报告内容一般应包括工程概况、质量评估依据、分部分项工程划分及质量评定、质量评估意见四个部分：① 工程概况。应说明工程所在地理位置、建筑面积、设计、施工、监理单位，建筑物功能、结构形式、装饰特色等。② 评估依据。a. 设计文件；b. 建筑安装工程质量检验评定标准、施工验收规范及相应的国家、地方现行标准；c. 国家、地方现行有关建筑工程质量管理办法、规定等。③ 分部分项工程质量评定。分部工程质量评估报告应叙述分项工程进行划分及施工单位自评质量等级情况，要着重反映监理工程日常对分项工程质量等级的核查情况。地基与基础分部工程还应重点说明桩基的施工质量状况，主体工程分部应增加对建筑物沉降观测对混凝土强度的评定情况，砖混结构应说明对砂浆强度的评定情况。编写单位工程质量评估报告时，要简述各分部工程的质量评定情况，设备安装、调试、试运转情况。重点叙述对质量保证资料的审查、观感质量评定等，反映工程的结构安全、重要使用功能、装饰工程的质量特色等，此外还应说明建筑物有无异常的沉降、裂缝、倾斜等情况。④ 质量评估意见。监理单位应对所评估的分部、分项、单位工程有个确切的意见。监理工程师可以根据对分项工程旁站检查及等级抽查情况评估分项、分部工程的质量等级。单位工程竣工后，监理工程师应根据主体、装饰工程质量等级评定、质量保证资料的审查、观感质量评定评估工程的结构安全、重要使用功能及主要质量情况，并应有确切的质量评估结论性意见 （3）竣工移交证书

2.6.3　监理资料管理与归档管理

1. 监理资料的归档条目见表 2-29。

监理资料的归档条目　　　　表 2-29

项次	内　容
施工合同文件及委托监理合同	（1）建设工程施工合同。 （2）建设工程委托监理合同。 （3）施工、监理中标通知书。 （4）施工、监理投标书及附件。 （5）施工、监理招标及答疑资料。 （6）在施工、监理合同实施过程中与建设单位共同签署的补充与修正文件等

续表

项次	内　　容
勘察设计文件	（1）工程地质勘察报告。 （2）桩基实验报告。 （3）施工图及其说明。 （4）施工图设计文件审查批准书。 （5）有关行政主管部门（人防、环保、消防、交通、市政、通信、卫生等）批准文件或取得的有关协议
建设工程规划许可证与施工许可证的关系	两证发放的管理部门不同，建设工程规划许可证是由项目所在地城乡规划行政管理部门颁发的，建设工程施工许可证是由项目所在地城乡建设行政管理部门颁发的。此外，从两证的作用看，建设工程规划许可证是在项目建设前期阶段代表政府有关部门对工程建设项目的要求、批准和许可的证书，而建设工程施工许可证则是项目所在地建设行政部门，对项目实施阶段各种必备条件审核后，对工程项目是否具备施工条件的批准、许可的证件，即二者发挥作用的阶段性有明显的区别
分包单位资格报审表（A3表）	A3表必须附营业执照、资质证明及业绩资料
设计交底与图纸会审	内容同施工准备阶段的文件要求
会议纪要	监理会议纪要等
施工组织设计（方案）报审表（A2表）	（1）施工组织设计报审。 （2）重点部位、关键工序的施工方案报审。 （3）采用新材料、新工艺、新技术、新设备的报审
工程开工、复工、延期报审及工程暂停令	（1）工程开工/复工报审表。 （2）工程临时延期申请表。 （3）工程暂停令。 （4）工程临时延期审批表。 （5）工程最终延期审批表。 （6）建设用地规划许可证。 （7）建设工程规划许可证。 （8）建设工程质量监督书。 （9）建筑工程安全报监书。 （10）建筑工程施工许可证

续表

项次	内　容
测量核验资料	(1) 报验申请表。 (2) 建设用地钉桩通知单。 (3) 工程定位测量检查记录。 (4) 施工放线检查记录。 (5) 建筑高程检查记录。 (6) 沉降观测记录
工程进度计划	(1) 项目监理部总控制计划。 (2) 施工方编制的分阶段施工进度计划（如需审批使用 A2 表）。 (3) 项目监理部对进度控制的检查、分析报告
工程材料、构（配）件、设备的质量证明文件	必须附数量清单、质量证明文件及自检结果
检查试验资料	(1) 建筑原材料试样检验委托书。 (2) 砂、石、砖、水泥、钢筋、防水材料、轻集料、外加剂、沥青等施工材料试验报告。 (3) 土壤（素土、灰土）的干密度、击实试验报告。 (4) 砂浆、混凝土配合比通知单。 (5) 砂浆试块、混凝土试块抗压强度试验报告。 (6) 混凝土抗渗试验报告。 (7) 钢筋接头试验报告。 (8) 商品混凝土出厂合格证及有关试验资料
工程变更资料	(1) 设计变更通知单。 (2) 工程变更通知单
隐蔽工程验收资料	(1) 报验申请表。 (2) 隐蔽工程检查记录
工程计量单和工程款支付证书	(1) 工程计量核验单。 (2) 工程款支付申请表。 (3) 工程款支付证书
监理工程师通知单	(1) 监理工程师通知单。 B1 表应按质量控制、造价控制、进度控制、合同管理及其他工作的内容分别通知，以便于分类归档。 (2) 监理工程师通知回复单

续表

项次	内　　容
监理工作联系单	C1 表所载各类工程联系单
报验单申请表（A4 表）	A4 表主要用于测量核验、隐蔽工程验收和检验批、分项、分部工程质量验收的申请
会议纪要	（1）第一次工地会议纪要。 （2）《工地例会》纪要。 （3）专题会议纪要。 （4）会议记录
来往函件	监理与建设单位、施工单位及政府工程项目管理部门之间的往来函件
监理日志	（1）监理日志。 （2）巡视记录。 （3）旁站记录
监理缺陷及事故的处理文件	（1）质量缺陷及不合格项目通知。 （2）质量事故报告及处理意见
分部工程、单位工程等验收资料	（1）检验批、分项、分部（子分部）施工质量验收资料。1）报验申请表；2）施工现场质量管理检查记录；3）检验批质量验收记录；4）分项工程质量验收记录；5）分部（子分部）工程质量验收记录；6）基础、主体工程验收记录；7）工程桩承载力检验报告；8）工程桩桩身质量检验报告；9）混凝土浇筑审批表；10）混凝土浇筑施工记录；11）商品混凝土供应记录。 （2）单位（子单位）工程质量竣工验收资料。1）A10 表-《工程竣工报验单》；2）单位（子单位）工程质量竣工验收记录；3）单位（子单位）工程质量控制资料核查记录；4）单位（子单位）工程安全和功能检验资料核查及主要功能抽查记录；5）单位（子单位）工程观感质量检查记录
索赔文件资料	（1）费用索赔申请表。 （2）费用索赔审批表
竣工结算审核意见书	附在竣工结算审核报告前
工程项目施工阶段质量评估报告等专题报告	施工单位提交备查的资料

续表

项次	内 容
监理工作总结	工程项目竣工后,项目监理部向监理单位和施工单位提交的总结报告
工程照片	(1) 开工前原地貌。 (2) ±0.00m 以下基础完工。 (3) 主体封顶。 (4) 工程施工过程重要部位情况。 (5) 隐蔽的重要结构。 (6) 工程、安全事故的现场及处理情况。 (7) 施工过程的重要图、表。 (8) 竣工后的建筑工程外貌及标牌

2. 监理资料的立卷与管理

监理资料的立卷和管理的规定见表 2-30。

监理资料的立卷和管理的规定 表 2-30

项次	内 容
监理资料的立卷	(1) 有关监理资料的立卷方法、资料排列、案卷编目及装订,由公司总工办会同各项目监理部按所监理工程的特点和实际情况分别确定。 (2) 列入城建档案馆(室)接收范围的工程,监理资料按其规定要求整理、立卷
监理资料的管理	(1) 按照《建设工程监理规范》(GB/T 50319)规定,各监理项目监理资料的管理由总监理工程师负责,并指定专人按规范要求具体实施和保管。 (2) 工程竣工归档的监理资料经公司总工办审核后,由各项目监理部填写移交目录,向公司总工办办理移交,双方签字、盖章后交接,交接后由公司总工办资料档案室负责保管。 (3) 归档后的监理资料,经总工办主任或副主任签字同意,可在资料档案室查阅;经公司主管副总经理签字同意可以外借查阅,但外借时间不得超过一周,到期由资料档案室负责催还,逾期不归还,应及时向主管副总经理汇报,否则追究资料档案室专职保管人员的责任

第3章 土建工程资料

3.1 土建工程管理资料

3.1.1 工程概况

1. 工程概况（C0-1）表

工程概况表见表 3-1。

工程概况表　　　　　　表 3-1

表 C0-1　　　　　　　　　　　　　　　　　　　　　　　　　编号××××

一般情况	工程名称		建设单位	
	建设用途		设计单位	
	建设地点		监理单位	
	总建筑面积		施工单位	
	开工日期		竣工日期	
	结构类型		基础类型	
	层数		建筑檐高	
	地上面积		地下室面积	
	人防等级		抗震等级	
构造特征	地基与基础			
	柱、内外墙			
	梁、板、楼盖			
	外墙装饰			
	内墙装饰			
	楼地面装饰			
	屋面构造			
	防火设备			
	其他			

注：本表由施工单位填写，施工单位、城建档案馆各保存一份。

2. 填写说明

（1）资料流程：本表由施工单位填写，施工单位、城建档案馆各保存一份。

（2）相关规定与要求：工程概况表是对工程基本情况的简述，应包括单位工程的一般情况、构造特征。

（3）注意事项：1)"一般情况"栏内，工程名称应填写全称，与建设工程规划许可证、建设工程施工许可证及施工图纸中的工程名称一致。2)"构造特征"栏内应简要描述工程结构构造和本工程结构方面与常见工程不同的特点。3)"其他"栏内可填写本工程的独特特征，或采用的新技术、新产品、新工艺等。

3.1.2 工程质量事故报告

1. 建筑工程质量事故调（勘）查记录（表C0-2）

工程质量事故调（勘）查记录见表3-2。

建筑工程质量事故调（勘）查记录 表3-2

表C0-2　　　　　　　　　　　　　　　　　　　编号：××××

工程名称		日期		
调（勘）查时间				
调（勘）查地点	×××区××路××号（工程项目所在地）			
参加人员	单位	姓名	职务	电话
被调查人	×××建筑工程公司	×××	项目经理	×××××××××
陪同调（勘）查人员	×××	×××	质检员	×××
	×××	×××	质检员	×××
调（勘）查笔录				
现场证物照片	□有　□无　　共　张　　共　页			
事故证据资料	□有　□无　　共　张　　共　页			
被调查人签字		调（勘）查人		

注：本表由调查人填写，各有关单位均保存一份。

2. 填写说明

(1) 资料流程：本表由调查人填写，各有关单位均保存一份。

(2) 相关规定与要求：建筑工程质量事故调（勘）查记录是工程发生质量事故后，调查人员对工程质量事故进行初步调查了解和现场勘查所形成的记录。

(3) 注意事项：1) 填写时应注明工程名称、调查时间、地点、参加人员及所属单位、联系方式等。2) "调（勘）查笔录"栏应填写工程质量事故发生时间、具体部位、原因等，并初步估计造成的损失。3) 应采用影像的形式真实记录现场情况，作为分析事故的依据。4) 应本着实事求是的原则填写，严禁弄虚作假。

3.1.3 建筑工程质量事故报告书

1. 建筑工程质量事故报告书（表 C0-3）

建筑工程质量事故报告书见表 3-3。

建筑工程质量事故报告书　　表 3-3

表 C0-3　　　　　　　　　　　　　　　　　编号：××××

工程名称		建设地点	
建设单位		设计单位	
施工单位		建筑面积（m^2）工作量（元）	
结构类型		事故发生时间	
上报时间		经济损失（元）	

事故经过、后果与原因分析：

事故发生后采取的措施：

事故单位、责任人及处理意见：

责任人		报告人		日期	

注：本表由调查人填写，各有关单位均保存一份。

2. 填写说明

(1) 资料流程：本表由调查人填写，各有关单位均保存一份。

(2) 相关规定与要求：凡工程发生重大质量事故，应按表 3-2、表 3-3（表 C0-2、表 C0-3）的要求进行记载。其中发生事故的时间应记载年、月、日、时、分；估计造成的损失，指因质量事故导致的返工、加固等费用，包括人工费、材料费和一定数额的管理费；事故情况，包括倒塌情况（整体倒塌或局部倒塌的部位）、损失情况（伤亡人数、损失程度、倒塌面积）；事故原因，包括设计原因（计算错误、构造不合理）、施工原因（施工粗制滥造、材料、构配件或设备质量低劣等）、设计与施工的共同问题、不可抗力等；处理意见，包括现场处理情况、设计和施工的技术措施、主要责任者处理结果。

(3) 注意事项：本表应本着实事求是的原则填写，严禁弄虚作假。

3.1.4 施工现场质量管理检查记录

1. 施工现场质量管理检查记录（表 C1-1）

施工现场质量管理检查记录见表 3-4。

施工现场质量管理检查记录　　　　表 3-4

表 C1-1　　　　　　　　　　　　　　　　编号：××××

工程名称				
开工日期		施工许可证（开工证）		
建设单位		项目负责人		
设计单位		项目负责人		
监理单位		总监理工程师		
施工单位		项目经理		项目技术负责人

序号	项目	内容
1	现场质量管理制度	
2	质量责任制	
3	主要专业工种操作上岗证书	

续表

序号	项目	内容
4	分包方资质与分包单位的管理制度	
5	施工图审查情况	
6	地质勘察资料	
7	施工组织设计、施工方案及审批	
8	施工技术标准	
9	工程质量检验制度	
10	搅拌站及计量制度	
11	现场材料、设备存放与管理	
12		

检查结论：

总监理工程师：

（建设单位负责人）　　　　　年　月　日

注：本表由施工单位填写，施工单位、监理单位各保存一份。

2. 填写说明

（1）资料流程：本表由施工单位填写，施工单位、监理单位各保存一份。

（2）相关规定与要求：1）建筑工程项目经理部应建立质量责任制及现场管理制度；健全质量管理体系；制定施工技术标准；审查资质证书、施工图、地质勘探资料和事故技术文件等。2）施工单位应按规定填写《施工现场管理检查记录》（表C1-1），报项目总监理工程师（或建设单位项目负责人）检查，并作出检查结论。3）当项目管理有重大调整时，应重新填写。

（3）注意事项：1）表中各单位名称应填写全称，与合同或协议书中名称一致。2）检查结论应明确，不应采用模糊用语。

3.1.5 施工日志

1. 施工日志（表C1-2）

施工日志见表3-5。

表 C1-2	施工日志		表 3-5 编号：××××	
时间	天气状况	风力	最高最低气温	备注
白天				
夜间				

生产情况记录：（施工单位、施工内容、机械作业、班组工作、生产存在的问题等）

技术质量安全工作记录：（技术质量安全活动、检查判定验收、技术质量安全问题等）

记录人		日期	

2. 填写说明

（1）资料流程：本表由施工单位填写并保存。

（2）相关规定与要求：1）施工日志是施工过程的原始记录，是编制施工文件、积累资料、总结施工经验的重要依据，由项目技术负责人具体负责。2）施工日志应以单位工程为记载对象。从工程开始起到工程竣工止，按专业指定专人逐日记载，并保证内容真实、连续和完整。3）施工日志可以采用计算机录入、打印，也可按规定式样手工填写，并装订成册，必须保证字迹清楚、内容齐全，由各专业负责人签字。

（3）注意事项：施工日志填写内容应根据工程实际情况确

定，一般应含工程概况、当日生产情况、技术质量安全情况、施工中发生的问题及处理情况、各专业配合情况、安全生产情况等。

3.1.6 见证取样和送检资料

1. 有见证取样和送检见证人备案书

有见证取样和送检见证人备案书示例见表3-6。

有见证取样和送检见证人备案书　　　　表 3-6

××　市建设工程质量监督站：

××××试验室：

我单位决定由　×××　担任　×××大厦　工程有见证取样和送检见证人。有关印章和签字如下，请查收备案。

有见证取样和送检印章	见证人签字
×××监理公司 有见证取样和送检印章	×××
建设单位名称（公章）：	年　月　日
监理单位名称（公章）：	年　月　日
施工单位负责人签字：	年　月　日

2.《有见证取样和送检见证人备案书》填写说明

（1）相关规定与要求：1）见证人一般由施工现场监理人员担任，施工单位和材料、设备供应单位人员不得担任。2）工程见证人确定后，由建设单位向该工程的监督机构递交备案书进行备案，如见证人更换须办理变更备案手续。3）所取试样必须送到有相应资质的检测单位。

(2) 注意事项：见证人员必须由责任心强、工作认真的人担任。

3.1.7 见证记录

1. 见证记录范例

见证记录范例见表 3-7。

见证记录　　　　　　　　　表 3-7

编号：×××

工程名称：×××大厦工程
取样部位：
样品名称：　　　　　　　　取样数量：
取样地点：　　　　　　　　取样日期：　　年　月　日
见证记录：

见证取样取自施工现场实物。试件上已做好标志。

有见证取样和送检印章

××监理公司
有见证取样和送检印章

取样人签字：×××　　×　××　　　×××
见证人签字：×××　　×　××　　　×××

2.《见证记录》填写说明

（1）相关规定与要求：1）施工过程中，见证人应按照事先编写的见证取样和送检计划进行取样及送检。2）试样上应做好样品名称、取样部位、取样日期等标志。3）单位工程有见证取样次数不得少于实验总数的 30%，试验总次数在 10 次以下的不得少于两次。4）送检试样应在工程现场随机抽取，不得另外制作。

（2）注意事项：见证人员及检查人员必须对所取试样实事求是，不许弄虚作假，否则应承担相应的法律责任。

3.1.8 有见证试验汇总表

1. 有见证试验汇总表

有见证试验汇总表见表3-8。

有见证试验汇总表　　　　　　　　表3-8

工程名称：_____
施工单位：_____
建设单位：_____
监理单位：_____
见证人：_____
试验室名称：_____

试验项目	应送试总次数	有见证试验次数	不合格次数	备注

制表人：
填制日期：　年　月　日

2.《有见证试验汇总表》填写说明

（1）相关规定与要求：1）本表由施工单位填写并纳入工程档案。2）见证取样和送检资料必须真实、完整，符合规定，不得伪造、涂改和丢失。3）如试样不合格，应加倍取样复试。

（2）注意事项：1）"试验数目"指规范规定的应进行见证取样的某一数目。2）"应送试总次数"，指该项目按照设计、规范、相关标准要求及试验计划送检的总次数。3）"有见证取样次数"，指该项目取样要求的实际试验次数。

3.2 土建工程施工技术资料

3.2.1 施工组织设计（方案）报审表

1. 施工组织设计（方案）报审表（表A2）

施工组织设计（方案）报审表见表3-9。

施工组织设计（方案）报审表　　表3-9

表 A2　　工程名称：×××　　　　　　　　　编号：×××

致：××××监理公司（监理单位）：
　　我方已根据施工合同的有关规定完成了×××工程施工组织设计（方案）的编制。并经我单位上级技术负责人审查批准，请予审查。
　　附：施工组织设计（方案）

　　　　　　　　　　承包单位（章）×××建筑公司

　　　　　　　　　　　　　　　项目经理　×××
　　　　　　　　　　　　　　　日　期　　年　月　日

专业监理工程师审查意见：
　　（施工组织设计（方案）合理、可行，且审批手续齐全，拟同意承包单位按该施工组织设计（方案）组织施工，请总监理工程师审批。
　　若不符合要求，专业监理工程师审批意见应简要指出不符合要求之处，并提出修改补充意见后签署"暂不同意（部分或全部指明），承包单位应该按施工组织设计（方案）组织施工待修改完善后再报"。）

　　　　　　　　　　　　　项目监理工程师　×××
　　　　　　　　　　　　　日　期　　年　月　日

总监理工程师审查意见：
　　（同意专业监理工程师审查意见，同意承包单位按该施工组织设计（方案）组织施工。
　　如不同意专业监理工程师的审查意见，应简要指明与专业监理工程师审查意见中的不同之处，签署修改意见；并签认最终结论"不同意承包单位按施工组织设计（方案）组织施工（修改后再报）"。）

　　　　　　　项目监理机构××××监理公司×××项目监理部

　　　　　　　　　　　　　　总监理工程师　×××
　　　　　　　　　　　　　　日　期　　年　月　日

2.《施工组织设计（方案）报审表》填写说明
（1）附件收集：所报审的施工组织设计、专项施工方案等，

对重要方案还应附加施工单位公司级技术负责人审批意见。

(2) 资料流程：由总承包单位编制或对分包单位的方案进行审批之后报送监理单位，经监理单位审批后返还总承包单位，各相关单位存档。

(3) 相关规定与要求：施工单位应编写工程技术文件，经施工单位技术部门审查通过，填写《施工组织设计（方案）》报项目监理部。总监理工程师组织专业监理工程师审核、填写审核意见，由总监理工程师签署审定结论。

(4) 注意事项：1)"编制单位名称"填写直接编制方案且负责该工程的施工单位。如果是分包单位，首先填写此栏，后经总承包单位审核并在"施工单位审核意见"栏写出意见后再报送监理单位。2)"监理单位审核意见"栏若空间不足时，可另附页。

3.2.2 技术交底记录

1. 技术交底记录（表C2-1）

技术交底记录见表3-10。

技术交底记录 表3-10

表C2-1 编号：×××

工程名称		交底日期	
施工单位		分项工程名称	
交底摘要			

交底内容：

审核人		交底人		接受交底人	

注：1. 本表由施工单位填写，交底单位与接受交底单位各存一份。
　　2. 当作分项工程技术交底时，应填写"分项工程名称"，其他技术交底可不填写。

2. 《技术交底记录》填写说明

(1) 附件收集：必要的图纸、图片、"四新"（新材料、新工艺、新产品、新技术）的相关文件。

(2) 资料流程：本表由施工单位填写，交底单位与接受交底单位各存一份，也应报送监理（建设）单位

(3) 相关规定与要求。1) 技术交底记录包括施工组织设计交底、专项施工方案技术交底、分项工程施工技术交底。各项交底应有文字记录，交底双方签认应齐全。2) 重大和大型工程施工组织设计交底由施工企业的技术负责人把主要设计要求、施工措施以及重要事项对项目主要管理人员进行交底。其他工程施工组织设计交底应由项目技术负责人进行交底。3) 专项施工方案技术交底应由项目专业技术负责人负责，根据专项施工方案对专业工长进行交底。4) 分项工程技术交底应由专业工长对专业施工班组（或专业分包）进行交底。5) "四新"技术交底应由项目技术负责人组织有关专业人员编制。6) 设计变更技术交底应由项目技术部门根据变更要求并结合具体施工步骤、措施及注意事项对专业工长进行交底。

(4) 注意事项：交底内容应有可操作性和针对性，能够切实地指导施工，不允许出现"详见××规程"之类的语言表述。技术交底记录应对安全事项重点单独说明。

3.2.3 图纸会审记录

1. 图纸会审记录（表C2-2）

图纸会审记录见表3-11。

图纸会审记录　　　　表 3-11

表 C2-2　　　　　　　　　　　　　　编号：×××

工程名称			日期	
地点			专业名称	
序号	图号	图纸问题	图纸问题交底	
1				

续表

序号	图号	图纸问题	图纸问题交底
2			
3			
4			

签字栏	建设单位	监理单位	设计单位	施工单位

注：1. 本记录表由施工单位整理、汇总，建设单位、监理单位、施工单位、城建档案馆各保存一份。
2. 图纸会审记录应根据图纸专业（建筑、结构、给水排水及采暖、电气、通风空调智能系统等）汇总、整理。
3. 设计单位应由专业设计负责人签字，其他相关单位应由项目技术负责人或相关专业负责人签字。

2.《图纸会审记录》填写说明

（1）资料流程：由施工单位整理、汇总，建设单位、监理单位、施工单位、城建档案馆各保存一份。

（2）相关规定与要求：1）监理单位、施工单位应将各自提出的问题及意见，按专业整理汇总后报建设单位，由建设单位提交设计单位做交底准备。2）图纸会审应由建设单位组织设计单位、监理单位和施工单位技术负责人及有关人员参加，设计单位对各专业问题进行交底，施工单位负责将设计交底内容按专业汇总、整理，形成图纸会审记录。3）图纸会审记录，应由建设、设计、监理和施工单位的项目负责人签认，形成正式图纸会审记录。不得擅自在图纸会审记录上涂改或变更其内容。

（3）注意事项：图纸会审要根据专业（建筑、结构、给水排水及采暖、电气、通风空调、智能系统等）汇总、整理。图纸会审记录一经各方签字确认后即成为设计文件的一部分，是现场施工的依据。

3.2.4 设计变更通知单

1. 设计变更通知单（C2-3）

设计变更通知单见表3-12。

设计变更通知单　　　　　　　表 3-12

表 C2-3　　　　　　　　　　　　　　　　　　编号：×××

工程名称			专业名称	
设计单位名称			日期	
序号	图号	变更内容		
签字栏	建设（监理）单位		设计单位	施工单位

注：1. 本表由建设单位、监理单位、施工单位、城建档案馆各保存一份。
　　2. 涉及图纸修改的必须注明应修改的图纸号。
　　3. 不可将不同专业设计变更办理在同一份变更上。
　　4. "专业名称"栏应按专业填写，如建筑、结构、给水排水及采暖、电气、通风空调等。

2.《设计变更通知单》填写说明

（1）附件收集：所附的图纸及说明文件等。

（2）资料流程：由设计单位发出，转签后建设单位、监理单位、施工单位、城建档案馆各保留一份。

（3）相关规定与要求：设计单位应及时下达设计变更通知单，内容翔实，必要时应附图，并逐条注明修改图纸的图号。设计变更通知单由设计专业负责人以及建设（监理）和施工单位相关负责人签认。

（4）注意事项：设计变更是施工图纸的补充和修改的记载，是现场施工的依据。由建设单位提出设计变更，必须经设计院同意。不同专业的设计变更应分别办理，不得办理在同一份变更通知单上。

3.2.5 工程洽商记录

1. 工程洽商记录（表C2-4）

工程洽商记录见表3-13。

工程洽商记录　　　　　　　　　　表3-13

表C2-4　　　　　　　　　　　　　　　　　　　编号：×××

工程名称		专业名称	
提出单位名称		日期	
内容摘要			

序号	图号	洽商内容		

签字栏	建设单位	监理单位	设计单位	施工单位

注：1. 本表由建设单位、监理单位、施工单位、城建档案馆各保存一份。
　　2. 涉及图纸修改的必须注明应修改的图纸号。
　　3. 不可将不同专业设计变更办理在同一份变更上。
　　4. "专业名称"栏应按专业填写，如建筑、结构、给水排水及采暖、电气、通风空调等。

2.《工程洽商记录》填写说明

（1）附件收集：所附的图纸及说明文件等。

（2）资料流程：由建设单位、监理单位、施工单位其中一方发出经各方签认后存档。

（3）相关规定与要求：1）工程洽商记录应分专业办理，内容翔实，必要时应附图，并逐条注明修改图纸的图号。工程洽商记录应由设计专业负责人以及建设、监理和施工单位的相关负责人签认。2）设计单位如委托建设（监理）单位办理确认，应办理委托手续。

（4）注意事项：不同专业的洽商不得办理在同一份变更通知单上。签字齐全，签字栏内只能填写人员姓名，不得另写其他意见。

3.3 土建工程施工测量记录

3.3.1 施工测量放线报验申请表

1. 施工测量放线报验申请表（表A4）

施工测量放线报验申请表见表3-14。

施工测量放线报验申请表　　　　表3-14

表A4　　工程名称：×××工程　　　　　　　　编号：×××

致：×××监理公司（监理单位）：

我单位已完成了×××工程施工测量放线工作，现报上该工程报验申请表，请予以审查和验收。

附件：

（1）测量放线的部位及内容：

序号	工程部位名称	测量放线内容	专职测量员（岗位证书编号）	备注

（2）放线的依据材料＿＿页；
（3）放线成果＿＿页。

承包单位（章）×××建筑工程公司
项目经理×××
日期　年　月　日

续表

审查意见：
经检查，符合工程施工图设计要求，达到了《工程测量规范》的进度要求。

项目监理机构×××监理公司×××项目经理部
总/专业监理工程师×××
日期 年 月 日

注：本表由施工单位填报，建设单位、监理单位、施工单位各存一份。

2.《施工测量放线报验申请表》填写说明

（1）附件收集：放线的依据材料，如"工程定位测量记录"、"楼层平面放线记录"等施工测量记录。

（2）资料流程：由施工单位填写后报送监理单位，经审批后返还，建设单位、监理单位、施工单位各存一份。

（3）相关规定及要求：施工单位应将在完成施工测量方案、红线桩的校核成果、水准点的引测成果及施工过程中各种测量记录后，填写《施工测量放线申请表》，报监理单位审核。

（4）注意事项："专职测量员"必须由具有相应资格的技术人员签字，并填写岗位证书号。

3.3.2 工程定位测量记录表

1. 工程定位测量记录（表 C3-1）

工程定位测量记录见表 3-15。

工程定位测量记录　　　　　　表 3-15

表 C3-1　　　　　　　　　　　　编号：×××

工程名称		委托单位	
图纸编号		施测日期	
平面坐标依据		复测日期	
高程依据		使用仪器	
允许偏差		仪器校验日期	

续表

定位抄测示意图：

复测结果：

签字栏	建设（监理）单位	施工（测量）单位	×××建筑公司	测量人员岗位证书号	
		专业技术负责人	测量负责人	复测人	施测人
	×××	×××	×××	×××	×××

注：本表由建设单位、监理单位、施工单位、城建档案馆各保存一份。

2.《工程定位测量记录》填写说明

（1）附件收集：可随水准原始记录。

（2）资料流程：由施工单位填写，随相应的测量放线报验表进入资料流程。

（3）相关规定与要求：1）测绘部门根据建设工程规划许可证（附件）批准的建筑工程位置及标高依据，测定出建筑物的红线桩。2）施工测量单位依据测绘部门提供的放线成果、红线桩及场地控制网（或建筑物控制网）、测定建筑物位置、主轴线及建筑物尺寸、建筑物±0.000m绝对高程，并填写《工程定位测量记录》报监理单位审核。3）工程定位测量完成后，应由建设单位报请具有相应资质的测绘部门申请验线，填写《建筑工程验线申请表》，报请政府测绘部门验线。

（4）注意事项：1）"委托单位"填写建设单位或总承包单位。2）"平面坐标依据、高程依据"由测绘院或建设单位提供，应以市规划管理部门钉桩坐标为准，在填写时应注明点位编号，且与交桩资料中的点位编号一致。

3.3.3 基槽验线记录表

1. 基槽验线记录表（C3-2）

基槽验线记录表见表 3-16。

基槽验线记录表　　　　　　　　　　表 3-16

表 C3-2　　　　　　　　　　　　　　　　　　编号：×××

工程名称		日期	

验线依据及内容：
　　依据：(1) 施工图纸（图号××）设计变更/洽商（编号××）；
　　　　　(2) 本工程《施工测量方案》；
　　　　　(3) 定位轴线控制网

　　内容：根据主轴线和基层平面图，检验建筑物基底外轮廓线、集水坑（电梯井坑）、垫层标高、基槽断面尺寸及边坡坡度等

基槽平面、剖面简图：

检查意见：

签字栏	建设（监理）单位	施工测量单位	××××建筑工程公司	
		专业技术负责人	专业质检员	施测人
	×××	×××	×××	×××

注：本表由建设单位、监理单位、施工单位各存一份。

2.《基槽验线记录》填写说明

（1）附件收集："普通测量成果"及基础平面图等。

（2）资料流程：由施工单位填写，随相应部位的测量放线报验表进入资料流程。

（3）相关规定与要求：施工测量单位应根据主控轴线和基

槽底平面图，检验建筑物基底外轮廓线、集水坑、电梯井坑，垫层底标高（高程）、基槽断面尺寸和坡度等，填写《基槽验线记录》（表 C3-2）并报监理单位审核。

（4）注意事项：重点工程或大型工业厂房应有测量原始记录。

3.3.4 楼层平面放线记录表

1. 楼层平面放线记录表（C3-3）

楼层平面放线记录表见表 3-17。

楼层平面放线记录表　　　　表 3-17

表 C3-3　　　　　　　　　　　　　　　　编号：×××

工程名称		日期	
放线部位		放线内容	

放线依据：
　（1）施工图纸（图号××），设计变更/洽商（编号××）；
　（2）本工程《施工测量方案》；
　（3）地下二层已经放好的控制桩点

放线简图：

检查意见：

签字栏	建设（监理）单位	施工测量单位	××××建筑工程公司	
		专业技术负责人	专业质检员	施测人
	×××	×××	×××	×××

注：本表由施工单位填写并保存。

2.《楼层平面放线记录》填写说明

（1）附件收集：可附平面图。

（2）资料流程：由施工单位填写，随相应部位的测量放线报验表进入资料流程。

（3）相关规定与要求：楼层平面放线内容包括轴线竖向投测控制线，各层墙柱轴线、墙柱边线、门窗洞口位置、垂直度偏差等，应在施工单位完成楼层平面放线后，填写《楼层平面放线记录》（表C3-3），并报监理单位审核。

（4）注意事项："放线部位"及"放线依据"应详细、准确。

3.3.5 楼层标高抄测记录表

1. 楼层标高抄测记录表（表C3-4）

楼层标高抄测记录表见表3-18。

楼层标高抄测记录表　　　　表3-18

表C3-4　　　　　　　　　　　　　　　　　编号：×××

工程名称		日期	
抄测部位		抄测内容	

抄测依据：
(1) 施工图纸（图号××），设计变更/洽商（编号××）;
(2) 本工程《施工测量方案》;
(3) 地上七层已放好的控制桩点

检查说明：

检查意见：

签字栏	建设（监理）单位	施工测量单位	××××建筑工程公司	
		专业技术负责人	专业质检员	施测人
	×××	×××	×××	×××

注：本表由施工单位填写并保存。

2.《楼层标高抄测记录》填写说明

（1）资料收集：可附平面图和立面图。

（2）资料流程：由施工单位填写，随相应部位的测量放线报验表进入资料流程。

（3）相关规定与要求：楼层报告抄测内容包括+0.500m（或+1.000m）水平控制线、皮数杆等，施工单位应在完成楼层标高抄测记录后，填写《楼层标高抄测记录》（表C3-4），报监理单位审核。

（4）注意事项：基础、砖墙必须设皮数杆，以此控制标高，用水准仪校核（允许偏差±3mm）。

3.3.6 建筑物垂直度、标高测量记录表

1. 建筑物垂直度、标高测量记录（表C3-5）

建筑物垂直度、标高测量记录见表3-19。

建筑物垂直度、标高测量记录　　　表3-19

表C3-5　　　　　　　　　　　　　　　　编号：×××

工程名称			
施工阶段		观测日期	

观测说明（附观测示意图）：

垂直度测量（全高）		标高测量（全高）	
观测部位	实测偏差（mm）	观测部位	实测偏差（mm）

续表

观测部位	实测偏差（mm）	观测部位	实测偏差（mm）
结论			

签字栏	建设（监理）单位	施工测量单位	××××建筑工程公司	
		专业技术负责人	专业质检员	施测人
	×××	×××	×××	×××

注：本表由建设单位、施工单位各保存一份。

2.《建筑物垂直度、标高测量记录》填写说明

（1）资料流程：由施工单位填写，随相应部位测量放线报验表进入资料。

（2）相关规定与要求：施工单位应在结构工程完成和工程完工竣工时，对建筑物进行垂直度测量记录，填写《建筑物垂直度、标高测量记录》（表 C3-5）报监理单位审核。超过允许偏差且影响结构性能的部位，应由施工单位提出技术处理方案，并经建设（监理）单位认可后进行处理。

（3）注意事项："专业技术负责人"栏内填写项目总工，"专业质检员"栏内填写现场质量检查员，"施测人"栏内填写具体测量人员。

3.4 土建工程施工物资资料

3.4.1 施工物资资料的概念及管理原则

施工物资文件资料、进场检验的要求及分级管理的原则见表 3-20。

对施工物资文件资料、进场检验的要求及分级管理的原则

表 3-20

项次	内　　容
施工物资资料定义	施工物资资料是反映工程所用物资质量和性能指标等的各种证明文件和相关配套文件（如使用说明书、安装维修文件等）的统称
对文件资料的要求	（1）工程物资包括建筑材料、成品、半成品、构配件、设备等，建筑工程所用的工程物资均应有出厂质量证明文件（包括产品合格证、出厂检验（试验）报告、产品生产许可证和质量保证书等）。质量证明文件应反映工程物资的品种、规格、数量、性能指标等，并与实际进场物资相符。 当无法或不便提供质量证明文件原件时，复印件亦可。复印件必须清晰可辨认，其内容应与原件一致，并应加盖原件存放单位公章、注明原件存放处，有经办人签字和时间。 （2）涉及结构安全和功能的材料需要代换且改变了设计要求时，必须有设计单位签署的认可文件。涉及安全、卫生、环保的物资应有相应资质等级检测单位的检测报告，如压力容器、消防设备、生活供水设备、卫生洁具等。 （3）凡使用新材料、新产品，应由具备鉴定资格的单位或机构出具鉴定证书，同时具有产品质量标准和试验要求，使用前因按其质量标准和试验要求进行试验和检验。新材料、新产品还应提供安装、维修、使用和工艺标准等相关技术文件。 （4）进口设备和材料应有商检证明（国家认证委员会公布的强制性［CCC］产品除外）、中文版的质量证明文件、性能检测报告以及中文版的安装、维修、试验、试验要求等技术文件
对进场检验的要求	建筑工程采用的主要测量、半成品、成品、构（配）件、器具、设备等宜实行进场验收，做好进场检验记录；涉及安全、功能的有关物资应按工程施工质量验收规范及相关规定进行复试和有见证取样送检，及时提供相应试（检）验报告
分级管理的原则	供应单位或加工单位负责收集、整理和保存所供物资原材料的质量证明文件，施工单位则需收集、整理和保存供应单位或加工单位的质量证明文件和进场后进行的试（检）验报告。各单位应对各自范围内工程资料的汇集、整理结果负责，并保证工程资料的可追溯性

3.4.2 施工物资分级管理的要求

施工物资分级管理的要求见表 3-21。

施工物资分级管理的要求　　　　　表 3-21

项次	内　　容
钢筋资料的分级管理	钢筋采用场外委托加工形式时，加工单位应保存钢筋的原材出厂质量证明、复试报告、接头连接试验报告等资料，并保证资料的可追溯性；加工单位必须向施工单位提供《半成品钢筋出厂合格证》（表C4-5），半成品钢筋进场后，施工单位还应进行外观质量检查，如对质量产生怀疑或有其他约定时可进行力学性能和工艺性能的抽样复试
混凝土资料的分级管理	（1）预拌混凝土供应单位必须向施工单位提供以下资料：1）配合比通知单（表C6-10）；2）预拌混凝土运输单（表C5-9）；3）预拌混凝土出厂合格证（32d内提供）（表C4-8）；4）混凝土氯化物和碱总量计算书。 （2）预拌混凝土供应单位除向施工单位提供上述资料外，还应保证以下资料的可追溯性：试配记录、水泥出厂合格证和试（检）验报告、砂和碎（卵）石试验报告、轻集料试（检）验报告、外加剂和掺合料产品合格证和试（检）验报告、开盘鉴定、混凝土抗压强度报告（出厂检验混凝土强度值应填入预拌混凝土出厂合格证）、抗渗试验报告（试验结果应填入预拌混凝土出厂合格证）和原材料有害物含量检验报告。 （3）施工单位应形成以下资料：1）混凝土浇筑申请书（表C5-8）；2）混凝土抗压强度报告（现场检验）（表C6-11）；3）抗渗试验报告（现场检验）（C6-13）；4）混凝土试块强度统计评定记录（现场）（表C6-12）。 （4）采用现场搅拌混凝土方式的，施工单位应收集、整理上述资料中预拌混凝土出厂合格证（表C4-8）、预拌混凝土运输单（表C5-9）之外的所有资料
预制构件资料分级管理	施工单位使用预制构件时，预制构件加工单位要保存各种原材料（如钢筋、钢材、钢丝、预应力筋、木材、混凝土组成材料）的质量合格证明、复试报告等资料以及混凝土、钢构件、木构件的性能试验报告和有害物含量检测报告等资料，并保证各种资料的可追溯性；施工单位必须保存加工单位提供的《钢构件出厂合格证明》（表C4-7）以及其他构件合格证和进场后的试（检）验报告

3.4.3　工程材料（构配件、设备）报审

工程材料（构配件、设备）报审表（表A9）见表3-22

工程材料（构配件、设备）报审表　　表 3-22

表 A9　　　　　　　　　　　　　　　　　　　　　　编号：×××

致：×××监理公司（监理单位）：

　　我方于＿＿＿＿年　月　日进场的工程材料（构配件、设备）数量如下（见附件）。现将质量证明文件及自检结果报上，拟用于下述部位：
　　　　①＿＿＿＿＿＿＿＿＿＿＿＿＿＿＿＿＿＿＿；
　　　　②＿＿＿＿＿＿＿＿＿＿＿＿＿＿＿＿＿＿＿。
　　请予以审核。
　　附件
　　（1）数量清单

工程材料（构配件、设备）名称	主要规格	单位	数量	取样报审编号

　　（2）质量证明文件：
　　1）出厂合格证明 6 页（如出厂合格证无原件。有抄件或原件复印件亦可。但抄件或复印件上要注明存放单位，抄件人和抄件、复印件单位签名并盖公章）。
　　2）厂家质量检验报告 6 页
　　3）进场复试报告 6 页（复试报告一般应提供原件）。
　　（3）自检结果
　　工程材料质量证明资料齐全，观感质量及进场复试检验结果合格。

承包单位（章）×××建筑工程公司
项目经理×××
日　期　年 月 日

审查意见：
　　经检验上述工程材料（构配件、设备）符合设计文件和规范要求。准许进场，同意用于拟定部位。
　　　　项目监理机构×××监理公司×××项目经理部
　　　　　　　　　　总/专业监理工程师×××
　　　　　　　　　　日　期　年 月 日

注：本表由事故单位填报，建设单位、监理单位、施工单位各保存一份。

3.4.4 材料、构（配）件进场检验记录

1. 材料、构（配）件进场检验记录

材料、构（配）件进场检验记录见表3-23。

材料、构（配）件进场检验记录　　　　表 3-23

表 C4-1　　　　　　　　　　　　　　　　　　　　　　　　　编号：×××

工程名称					检验日期	年　月　日	
序号	名称	规格型号	进场数量	生产厂家合格证号	检验项目	检验结果	备注
1							
2							
3							
4							
5							
6							

签字栏	建设（监理）单位	施工单位	×××建筑工程公司	
		专业质检员	专业工长	检验员

注：本表由施工单位填写并保存。

2. 填写说明

（1）附件收集：1）物资进场报验需附资料应根据具体情况（合同、规范、施工方案等要求）由监理、施工单位和物资供应单位预先协商确定。2）由施工单位负责人收集附件（包括产品出厂合格证、性能检测报告、出厂试验报告、进场复试报告、材料、构（配）件进场检验记录、产品备案文件、进口产品中文说明和商检证等）。

（2）资料流程：由直接使用所检查的材料、配件的施工单位填写，作为工程物资进场报验表进入资料流程。

（3）相关规定与要求：工程物资进场后，施工单位应及时组织相关人员检查外观、数量及供货单位提供的质量证明文件

等，合格后填写本表。

(4) 注意事项：1) 工程名称填写应准确、统一，日期应准确。2) 物资名称、规格、数量、检验项目和结果等填写应规范、准确。3) 检验结论及相关人员签字应清晰、可辨认，严禁其他人代签。4) 按规定应进场复试的工程物资，必须在进场检查验收合格后取样复试。

3.4.5 材料试验报告

1. 材料试验报告（通用）

材料试验报告（通用）见表 3-24 所示。

材料试验报告（通用） 表 3-24

表 C4-2				编号：×××	
工程名称及部位				试样编号	
委托单位				试验委托人	
材料名称及规格				产地、厂别	
代表数量		来样日期		试验日期	
要求试验项目及说明：					
试验结果：					
结论：					
批准		审核		试验	
试验单位					
报告日期					

注：本表由试验单位提供，建设单位、施工单位各保存一份。

2. 钢材试验报告

钢材试验报告见表 3-25。

钢材试验报告　　　　　表 3-25

表 C4-9　　　　　　　　　　　　　　　　　　　　　　编号：×××

工程名称					试件编号		
委托单位					试验委托人		
钢材种类		规格或牌号			生产厂		
代表数量		来样日期			试验日期		
公称直径（厚度）					公称面积		

	力学性能试验结果					弯曲性能		
	屈服点（MPa）	抗拉强度（MPa）	伸长率（％）	$\sigma_{b实}/\sigma_{s实}$	$\sigma_{s实}/\sigma_{b标}$	弯心直径	角度（°）	结果
试验结果								

	化学分析						
分析编号	化学成分（％）						其他
	C	Si	Mn	P	S	Ceq	

结论：

批准		审核		试验	
试验单位					
报告单位					

注：本表由试验单位提供，建设单位、施工单位、城建档案馆各保存一份。

3. 水泥试验报告

水泥试验报告见表 3-26 所示。

水泥试验报告　　　　表 3-26

编号：×××
试验编号：×××
委托编号：×××

表 C4-10

工程名称		试样编号			
委托单位		试验委托人			
品种及强度等级		出厂编号及日期		厂别牌号	
代表数量（t）		来样日期		试验日期	

<table>
<tr><td rowspan="11">试验结果</td><td colspan="2" rowspan="2">一、细度</td><td colspan="4">1. 8μm 方孔筛余量（%）</td></tr>
<tr><td colspan="4">2. 比表面积（m³/kg）</td></tr>
<tr><td colspan="2">二、标准稠度用水量（P）</td><td colspan="4">％</td></tr>
<tr><td colspan="2">三、凝结时间</td><td>初凝</td><td>h　min</td><td>终凝</td><td>h　min</td></tr>
<tr><td colspan="2">四、安定性</td><td>雷氏法</td><td>mm</td><td>饼法</td><td></td></tr>
<tr><td colspan="2">五、其他</td><td colspan="4"></td></tr>
<tr><td colspan="2">六、强度（MPa）</td><td colspan="4"></td></tr>
<tr><td colspan="3">抗折强度</td><td colspan="3">抗压强度</td></tr>
<tr><td colspan="2">3d</td><td colspan="2">28d</td><td>3d</td><td>28d</td></tr>
<tr><td>单块值</td><td>平均值</td><td>单块值</td><td>平均值</td><td>单块值　平均值</td><td>单块值　平均值</td></tr>
<tr><td></td><td></td><td></td><td></td><td></td><td></td></tr>
</table>

结论：

批准		审核		试验	
试验单位					
报告日期					

注：本表由试验单位提供，建设单位、施工单位、城建档案馆各保存一份。

为了节约篇幅这里不再将砂石试验报告（表C4-11）、碎（卵）石试验报告（表C4-12）、混凝土外加剂试验报告（C4-13）、混凝土掺合料试验报告（表C4-14）、防水涂料试验报告（C4-15）、防水卷材试验报告（表C4-16）、砖（砌块）试验报告（表C4-17）、轻集料试验报告（表C4-18）等一一列举。

3.4.6 主要施工物资应具备的资料及注意事项

1. 钢筋（钢材）应具备的资料及注意事项

钢筋（钢材）应具备的资料及注意事项见表3-27。

钢筋（钢材）应具备的资料及注意事项　　　表 3-27

项次	内　　容
资料准备	（1）钢筋、钢材及相关资料（如钢筋用机械连接套筒）必须有质量证明文件。 （2）钢筋及主要钢材应按现行规范规定的取样，做力学性能复试，承重结构钢筋及重要结构钢材应实行有见证取样和送检。 （3）当使用进口钢材、钢筋脆断、焊接性能不良或力学性能显著不正常时，应进行化学成分检验和其他专项检验，有相应检验报告
注意事项	钢筋对混凝土结构的承载力至关重要，应加强进场物资的验收和复验。有下列情况之一的钢筋，应视为不合格品。 （1）出厂证明文件不齐全。 （2）品种、规格与设计文件上的品种、规格不一致。 （3）机械性能检验项目不齐全或某一机械性能指标不符合标准规定； （4）进口钢材使用前未做化学成分检验和可焊性试验。 《混凝土结构工程施工质量验收规范》（GB 50204—2015）规定，对有抗震设防要求的框架结构，其纵向受力钢筋的强度应满足设计要求；当设计无具体要求时，对一、二级抗震等级，检验所得的强度实测值应符合下列规定： （1）钢筋的抗拉强度实测值与屈服强度实测值的比值不应小于1.25； （2）钢筋的屈服强度实测值与强度标准值的比值不应大于1.3。检查数量：按进场的批次和产品的抽样检验方案确定。检验方法：检查进场复验报告。 本条文是强制性条文，应严格执行，在使用过程中如果发现钢筋性能异常，应立即停止使用，并对同批钢筋进行专项检验

2. 水泥应具备的资料及注意事项

水泥应具备的资料及注意事项见表3-28。

水泥应具备的资料及注意事项 表 3-28

项次	内　容
资料准备	（1）水泥生产厂家必须提供有出厂质量合格证明文件，内容有厂别、品种、出厂日期、出厂编号和必要的试验数据，水泥生产单位应在水泥出厂 7d 内提供 28d 强度以外的各项试验结果，28d 强度结果应在水泥发出日期 32d 内补报。 （2）用于承重结构的水泥、用于使用部位有强度等级要求的水泥、水泥出厂超过 3 个月（快硬硅酸盐水泥为 1 个月）和进口水泥在使用前必须进行复试，应具有相应试验报告；混凝土和砌筑砂浆用水泥应实行有见证取样和送检
注意事项	（1）用于钢筋混凝土结构、预应力混凝土结构中的水泥，检测（验）报告应含有害物含量检测内容，混凝土和砌筑砂浆用水泥应实行有见证取样和送检。 （2）用于钢筋混凝土结构、预应力混凝土结构中的水泥，检验报告应有氯化物含量检测内容

3. 砖与砌块应具备的资料及注意事项

砖与砌块应具备的资料及注意事项见表 3-29。

砖与砌块应具备的资料及注意事项 表 3-29

项次	内　容
资料准备	砖与砌块生产厂家必须提供有出厂质量合格证明文件
注意事项	（1）用于承重结构、产品无合格证和出厂试验项目不齐全的砖与砌块，应做进场取样复试，应有复试报告。 （2）用于承重墙的砖和混凝土小型砌块应实行有见证取样和送检

4. 装饰装修物资应具备的资料及注意事项

装饰装修物资应具备的资料及注意事项见表 3-30。

装饰装修物资应具备的资料及注意事项 表 3-30

项次	内　容
资料准备	（1）装饰、装修物资主要包括抹灰材料、地面材料、门窗材料、吊顶材料、轻质隔墙材料、饰面板（砖）、涂料、裱糊与软包材料和细部工程材料等。 （2）装饰、装修所用的主要物资均应有出厂质量证明文件，包括出厂合格证、检验（测）报告和质量保证书等

续表

项次	内 容
注意事项	（1）进场后需要进行复验复试的物资（如建筑外墙板、人造模板、室内花岗石、外墙面砖和安全玻璃等），应按照现行有关规范规定执行进场复试，并具有相应的复试报告。 （2）建筑外墙应具有抗风压性能、空气和雨水渗透性能检验报告。 （3）有隔声、隔热、防火阻燃、防水、防潮和防腐等特殊要求的物资，应有相应的性能检测报告。 （4）当规范或合同约定应对材料做见证检验（测）时，或对材料质量发生争议或异议时应进行见证检验，并具有相应的检验（测）报告

5. 预应力工程物资应具备的资料及注意事项

预应力工程物资应具备的资料及注意事项见表 3-31。

预应力工程物资应具备的资料及注意事项　　表 3-31

项次	内 容
资料准备	（1）预应力混凝土工程物资主要包括预应力筋、锚（夹）具和连接器，水泥和预应力筋用螺旋管等。 （2）主要物资应有出厂质量合格证明文件，包括出厂合格证、检验（测）报告等
注意事项	（1）预应力筋、锚（夹）具和连接器等应有进场复试报告。涂包层和套管、孔道灌浆用水泥及外加剂应按照规定取样复试，并有复试报告。 （2）预应力筋用涂包层和套管、孔道灌浆用水泥及外加剂应按照规定取样复试。 （3）预应力混凝土结构所使用的外加剂的检测报告应有氯化物含量的检测内容报告，严禁使用含氯化物的外加剂

6. 防水材料应具备的资料及注意事项

防水材料应具备的资料及注意事项见表 3-32。

防水材料应具备的资料及注意事项　　表 3-32

项次	内 容
资料准备	（1）防水材料主要包括防水涂料、防水卷材、胶粘剂、止水带、膨胀胶条、密封膏、水泥基渗透型、结晶型防水材料等。 （2）防水材料必须有出厂质量合格证，法定相应资质等级检验检测部门出具的检测报告，产品性能和使用说明书。 （3）防水材料进场后应进行外观检查，合格后按规定取样复试，并实行有见证取样和送检

续表

项次	内 容
注意事项	（1）如使用新型防水材料，应有法定资质相关部门、单位的鉴定资料文件，使用过程中，应具有专门的施工工艺操作规定规程和有代表性的抽样试验记录。 （2）对于止水条、密封膏、胶粘剂等辅助性防水材料。属于用量较小的一般工程，当供货方提供有效的试验报告及出厂质量证明，且进行外观检查合格，可不做进场复验

7. 钢结构工程物资应具备的资料及注意事项

钢结构工程物资应具备的资料及注意事项见表3-33。

钢结构工程物资应具备的资料及注意事项 表3-33

项次	内 容
资料准备	（1）钢结构工程主要物资包括钢材、钢构件、焊接材料、连接用紧固件及配件、防火防腐材料、焊接（螺栓）球、封板、锥头、套筒和金属板等。 （2）主要物资应有出厂合格证明文件，包括出厂合格证、检验（测）报告和中文标志等
注意事项	（1）钢材、钢构件应有性能检验报告，其品种、规格、性能应符合现行国家标准、设计和合同规定标准的要求。按规定应复验复试的钢材必须有复验复试报告，并按规定实行有见证取样和送检。 （2）重要钢结构采用焊接材料应有复试报告，并按规定实行有见证取样和送检。焊接材料应有性能检验报告。重要钢结构采用焊接材料应进行抽样复验，具有复验报告并按规定实行有见证取样和送检。 （3）高强度大六角头螺栓连接副和扭剪型高强度螺栓应有扭矩系数和紧固轴力（预拉力）检验报告，并按规定进行复试复验，实行有见证取样和送检。 （4）防火涂料应有相应资质等级国家法定检测机构出具法人检测报告

8. 幕墙工程物资应具备的资料及注意事项

幕墙工程物资应具备的资料及注意事项见表3-34。

幕墙工程物资应具备的资料及注意事项 表3-34

项次	内 容
资料准备	（1）幕墙工程物资主要包括玻璃、石材、铝塑金属板、铝合金型材、钢材、胶粘剂及密封材料、五金件及配件、连接件和涂料等。 （2）主要物资应有出厂质量合格证明文件，包括产品合格证、检测报告、商检证等

续表

项次	内 容
注意事项	（1）按规定应复试的幕墙物资必须有复试报告。幕墙工程用玻璃、石材和铝塑板应有法定检测机构出具的性能检验报告。 （2）幕墙应有抗风压性能、空气渗透性能、雨水渗透性能及平面变形性能的检验报告。 （3）硅酮结构胶应有国家指定检测机构出具的相容性和玻璃粘结性检测报告。 （4）玻璃、石材和金属板应有法定相应资质等级检测机构出具的性能检测报告。应复验的幕墙物资须按现行规范要求，在正式使用前取样复试，具有复试报告。 （5）幕墙应使用安全玻璃，具有应有的安全性能检验报告，并按有关规定取样复试（凡获得中国强制认证标志［CCC］的安全玻璃可免做现场复试）。 （6）幕墙用铝合金型材应有涂膜厚度的检测，并符合设计和规范要求。 （7）幕墙用防火材料应有相应资质等级国家法定检验机构出具的耐火性能检验报告

3.5 土建工程施工记录

3.5.1 隐蔽工程检查记录

1. 隐蔽工程检查记录（表 C5-1）

隐蔽工程检查记录见表 3-35。

隐蔽工程检查记录　　　　　　表 3-35

表 C5-1　　　　　　　　　　　　　　　编号：×××

工程名称			
隐检项目		隐检日期	
隐检部位			

隐检依据：工程图号＿＿＿＿＿＿＿＿＿＿＿＿＿，设计变更/洽商（编号＿＿＿＿＿＿）及有关国家现行标准等。
主要材料名称及规格/型号：＿＿＿＿＿＿＿＿＿＿＿＿＿＿＿＿＿＿＿＿

隐检内容：

续表

检查意见：

复查结论：

复查人： 复查日期

签字栏	建设（监理）单位	施工测量单位	××××建筑工程公司	
		专业技术负责人	专业质检员	专业工长
	×××	×××	×××	×××

注：本表由施工单位填报，建设单位、施工单位、城建档案馆各保存一份。

2.《隐蔽工程检查记录》填写说明

（1）附件收集：该隐蔽工程部位所涉及的施工试验报告等。

（2）资料流程：由事故单位填写后随各相应检验批进入资料流程，无对应检验批的直接送监理单位审批后各相关单位存档。

（3）相关规定与要求：1）工程名称、隐检项目、隐检部位及日期必须填写准确。2）隐检依据、主要材料名称及规格型号应准确，尤其对设计变更、洽商等容易遗漏的资料应填写完全。3）隐检内容应填写规范，必须符合各种规程规范的要求。4）签字应完整，严禁他人代签。

（4）注意事项：1）审核意见应明确，隐检内容是否符合要求，表述清楚。2）复查结论主要是针对上一次隐检出现的问题进行复查，因此，要对质量问题整改的结果描述清楚。

3.5.2 主要隐检项目及内容

主要隐检项目及内容见表3-36。

主要隐检项目及内容　　　　　　　　　　　　　　　表 3-36

项次	内　　容
土方工程	土方基槽、房心回填前检查基底清理、基底标高情况等
支护工程	锚杆、土钉的品种、规格、数量、位置、插入长度、钻孔直径、深度和角度等；地下连续墙的成槽宽度、深度、倾斜度及垂直度、钢筋笼规格、位置、槽底清理、沉渣厚度等
桩基工程	钢筋笼规格、尺寸、沉渣厚度、清空情况等
地下防水工程	混凝土变形缝、施工缝、后浇带、穿墙套管、埋设件等设置的形式和构造；人防出口止水做法；防水层基层、防水材料规格、厚度、铺设方式、阴阳角处理、搭接密封处理等
结构工程（基础、主体）	用于绑扎的钢筋品种、规格、数量、位置、锚固和接头位置、搭接长度、保护层厚度和除锈、除污情况、钢筋代用变更及胡子筋处理等；钢筋焊（连）接形式、焊（连）接种类、接头位置、数量及焊条、焊剂、焊口形式、焊缝长度、厚度及表面清渣和连接质量等
预应力工程	检查预留孔道的规格、数量、位置、形状、端部的预埋垫板；预应力筋的下料长度、切断方法、竖向位置偏差、固定、护套的完整性；锚具、夹具、连接点的组装等
钢结构工程	地脚螺栓规格、位置、埋设方法、紧固等
砌体工程	外墙内、外保温构造节点做法
地面工程	各基层（垫层、找平层、隔离层、防水层、填充层、地龙骨）材料品种、规格、铺设厚度、方式、坡度、表面情况、节点密封处理、粘结情况
抹灰工程	具有加强措施的抹灰应检查其加强构造的材料规格、铺设、固定、搭接等
门窗工程	预埋件和锚固件、螺栓等的位置、数量、间距、埋设方式、与框的连接方式、防腐处理、缝隙的嵌填、密封材料的粘结等
吊顶工程	吊顶龙骨及吊顶材质、规格、间距、连接方式、固定、表面防火、防腐处理，外观情况、接缝和边缝情况、填充和吸声材料的品质、规格及铺设、固定等
轻质隔墙工程	预埋件、拉结件、拉结筋的位置、数量、连接方法、与周边墙体及顶棚的连接、龙骨连接、间距、防火、防腐处理、填充材料设置等
饰面板（砖）工程	预埋件（后置埋件）、连接件规格、数量、位置、连接方式、防腐处理等。有防水构造部位应检查找平层、防水层的构造做法，检查方法同地面基层

续表

项次	内　　容
幕墙工程	构件之间，以及构件与主体结构的连接节点的安装及防腐处理；幕墙四周、幕墙与主体结构之间间隙节点处理、封口的安装；幕墙伸缩缝、沉降缝、防震缝及墙面转角节点的安装；幕墙防雷接地节点的安装等
细部工程	预埋件和后置埋件的数量、规格、位置、连接方式、防腐处理等
建筑屋面工程	基层、找平层、保温层、防水层、隔离层情况，材料品种、规格、厚度、铺设方式、搭接宽度、接缝处理、粘结情况；附加层、天沟、檐沟、泛水和变形缝细部做法、隔离层设置、密封处理部位等

3.5.3 预检记录

1. 预检记录（表 C5-2）

预检记录见表 3-37。

预检记录　　　　　　　　　　　表 3-37

表 C5-2　　　　　　　　　　　　　　　　　　　　　编号：×××

工程名称		预检项目	
预检部位		检查日期	

依据：施工图纸（编号＿＿＿＿＿＿＿＿＿＿＿＿＿＿＿＿＿＿＿＿＿＿＿）、
设计变更/洽商（编号＿＿＿＿＿＿＿＿＿＿＿＿＿＿）和有关规范、规程。
主要材料或设备：＿＿＿＿＿＿＿＿＿＿＿＿＿＿＿＿＿＿＿＿＿＿＿＿＿＿
规格/型号：＿＿＿＿＿＿＿＿＿＿＿＿＿＿＿＿＿＿＿＿＿＿＿＿＿＿＿＿＿

预检内容：

检查意见：

复查意见：

复查人：　　　　　　　　　　　　　　　　复查日期：　　年　月　日

施工单位			
专业技术负责人	专业质检员	专业工长	

注：本表由施工单位填写并保存。

2.《预检记录》填写说明

（1）资料流程：由施工单位填写，随相应检验批进入资料流程。

（2）相关规定与要求：依据现行施工规范，对于其他涉及结构安全、实体质量、建筑观感、人身安全须做质量预控的主要工序，应做质量预控，并填写预检记录。

（3）注意事项：1）检查意见应明确，一次验收未通过的要注明质量问题，并提出复查要求。2）复查意见主要是针对上一次验收的问题进行的，故应把质量问题改正的情况表述清楚。

3. 预检项目及内容

预检项目及内容见表 3-38。

预检项目及内容　　表 3-38

项目	内　　容
模板工程	几何尺寸、轴线、标高、预埋件及预留孔位置、模板牢固性、接缝严密性、起拱情况、清扫口预留、模内清理、隔离剂涂刷、止水要求等；节点做法，放样检查
设备基础和预制构件安装	设备基础位置、混凝土强度、标高、几何尺寸、预留孔、预埋件等
地上混凝土结构施工	留置方法、位置、标高等
管道预留孔洞	位置、标高、做法
管道预埋套管（预埋件）	预埋套管（预埋件）的规格、形式、尺寸、位置、标高等

3.5.4 施工检查记录

1. 施工检查记录（表 C5-3）

施工检查记录见表 3-39。

表 C5-3	施工检查记录		表 3-39
			编号：×××
工程名称		检查项目	
检查部位		检查日期	

检查依据：（1）施工图纸（编号：_____）。
　　　　　（2）检查项目的工程施工质量规范。

检查内容：

检查结论：

复查意见：

复查人：　　　　　　　　　　　　　　　复查日期：　年 月 日

施工单位		
专业技术负责人	专业质检员	专业工长

注：1. 本表由移交、接收和见证单位各保存一份。
　　2. 见证单位应根据实际检查情况并汇总移交和接收单位意见，形成见证单位意见。

2.《交接检查记录》填写说明

（1）附相关图片、照片及说明文件等。

（2）资料流程：由施工单位填写并保存。

（3）相关规定与要求：按照现行规范要求进行施工检查的主要工序，且无与其相适应的施工记录表格的，《施工检查记录（通用）》适用于各专业。

（4）注意事项：对隐蔽检查记录和预验不适用的重要工序，应按现行规范要求进行施工质量检查，填写《施工检查记录（通用）》。

3.5.5 交接检查记录

1. 交接检查记录（表 C5-4）

交接检查记录见表 3-40。

交接检查记录　　　　　　　　　　表 3-40

表 C5-4　　　　　　　　　　　　　编号：×××

工程名称			
移交单位名称		接收单位名称	
交接部位		检查日期	

检查结果：

复查意见：

复查人：　　　　　复查日期：　年　月　日

见证单位意见：

见证单位名称			
签字栏	移交单位	接收单位	见证单位

注：本表有施工单位填写并保存。

2.《交接检查记录》填写说明

（1）资料流程：由施工单位填写，移交、接收和见证单位各保存一份。

（2）相关规定与要求：分项（分部）工程，在不同专业施工单位之间应进行工程交接，并应做专业交接检查，填写《交接检查记录》。移交单位、接收单位和见证单位共同对移交过程进行验收,并对质量情况、遗留问题、工序要求、成品保护、注意事项等进行记录,填写《专业交接检查记录》。

(3) 注意事项:"见证单位"栏内应填写施工总承包单位质量技术部门,参与移交接收的部门不得作为见证单位。

3.5.6 地基基础检查记录

1. 地基验槽检查记录(表 C5-5)

地基验槽检查记录见表 3-41。

地基验槽检查记录　　　　表 3-41

表 C5-5　　　　　　　　　　　　　　　　　编号:×××

工程名称		验槽日期	
验槽部位			

验槽依据:(1) 基槽开挖至勘探报告第_____层,持力层为_____层。
　　　　　(2) 基底绝对高程_____,相对高程_____。
　　　　　(3) 土层情况_____。
　　　　　(4) 桩位置_____、桩类型_____、数量_____、承载力满足收集要求。(附□施工记录　□桩检测记录)
　　注:若建筑工程无桩基和人工支护,则相应在第 4 条填写处画"/"线

检查意见:

检查结论:□无异常可进行下道工序　　□需要地基处理

签字盖章栏	建设单位	监理单位	设计单位	勘察单位	施工单位

　　注:本表由施工单位填写,建设单位、施工单位、城建档案馆各保存一份。

2. 《地基验槽检查记录》填写说明

(1) 附件收集:相关图纸、设计变更、洽商及地质勘察报告。

(2) 资料流程:由总包单位填报,经各相关单位转签后存档。

（3）相关规定与要求：1）新建建筑物应进行施工验槽，检查内容包括基坑位置、平面尺寸、基底绝对高程、标高（相对高程和绝对标高）、持力层核查、基坑土质及地下水位等，有基础桩、桩支护或桩基的工程还应有工程桩的检查。2）地基验槽检查记录由建设、勘察、设计、监理、施工单位验收签认。3）地基需处理时，应由勘察设计部门提出处理意见。

（4）注意事项：对于进行地基处理的基槽，还应再办理一次地基验槽记录，并将地基处理的洽商编号、处理方法等注明。

3.5.7 地基处理记录

1. 地基处理记录（表 C5-6）

地基处理记录见表 3-42。

表 C5-6

地基处理记录　　　　　表 3-42

编号：×××

工程名称		日期	

处理依据及方式：
处理依据：

处理方式：

处理部位及深度（或用简图表示）

□有　　　　□无　　附页（图）

续表

| 工程名称 | | 日期 | |

处理结果：

处理意见：

检查日期： 年 月 日

签字栏	监理单位	设计单位	勘察单位	施工单位		
				专业技术负责人	专业质检员	专业工长

注：本表由施工单位填写，建设单位、施工单位、城建档案馆各保存一份。

2. 《地基处理记录》填写说明

（1）附件收集：相关图纸、设计变更、洽商及地质勘察报告。

（2）资料流程：由总包单位填报，经各相关单位转签后存档。

（3）相关规定与要求：地基需处理时，应由勘察、设计部门提出处理意见，施工单位应依据勘察、设计部门提出处理意见进行地基处理，完工后填写《地基处理记录》，内容包括地基处理方式、处理部位、深度及处理结果等。地基处理完成后，应报勘察、设计、监理部门检查验收。

（4）注意事项：1）当地基处理范围较大、内容较多，用文字描述比较困难时，应附简图示意。2）如勘察、设计单位委托监理单位进行复查时，应有书面的委托记录。

3.5.8 混凝土浇筑申请书

混凝土浇筑申请书（表C5-8）见表3-43。

混凝土浇筑申请书

表 3-43

表 C5-8 编号：×××

工程名称		申请浇筑日期	
申请浇筑部位		申请方量（m³）	
技术要求		强度等级	
搅拌方式 （搅拌站名称）		申请人	

依据：（1）施工图纸（施工图纸编号：_____）。
　　　（2）设计变更/洽商（编号_____）和相关规范、规程。

施工准备检查	专业工长 （质量员）签字	备注
1. 隐检情况：□　□未完成隐检		
2. 预检情况：□　□未完成预检		
3. 水电预埋情况：□　□未完成并未经检查		
4. 施工组织情况：□　□未完备		
5. 机械设备准备情况：□　□未准备		
6. 保温及有关准备：□　□未准备		

审批意见：

审批结论：□同意浇筑　　□整改后自行浇筑　　□不同意，整改后重新申请
审批人：　　　　　　　　　审批日期　　　年　月　日
施工单位：

注：1. 本表由施工单位填报并保存，并交给监理一份。
　　2. "技术要求"栏应根据混凝土合同的具体要求填写。

3.5.9 混凝土拆模申请单

1. 混凝土拆模申请单（表 C5-11）

混凝土拆模申请单见表 3-44。

混凝土拆模申请单

表 C5-11　　　　　　　　　　　　　　　　　　　　　　表 3-44

编号：×××

工程名称				
申请拆模部位				
混凝土强度等级		混凝土浇筑完成时间		申请拆模日期

构件类型
（注：在构件所选类型的□内打"√"）

□墙	□柱	板 □$L \leqslant 2m$ □$2m < L \leqslant 8m$ □$L > 8m$	梁 □$L \leqslant 8m$ □$L > 8m$	□悬臂构件
拆模时混凝土强度要求	龄期（d）	同条件混凝土抗压强度（MPa）	达到设计强度的要求（%）	强度报告编号
应达到设计强度的75%（或_____MPa）	18	20	80	

审批意见：

批准拆模日期：　　年　　月　　日

施工单位		
专业技术负责人	专业质检员	申请人

注：1. 表中"L"为对应构件的计算跨度。
　　2. 本表由施工单位填报并保存。
　　3. 拆模时混凝土强度规定：当设计有要求时，按设计要求；当设计无要求时，应按现行设计规范要求。
　　4. 如果结构形式复杂（结构跨度变化较大）或平面不规则，则附拆模平面示意图。

2.《混凝土拆模申请单》填写要求

（1）附件收集：混凝土试块抗压强度试验报告。

（2）拆模流程：由施工单位填写、保存，在拆模前报送监理单位审核。

（3）相关规定与要求：在拆除现浇混凝土结构板、梁、悬臂构件等底模和柱墙侧模前，应填写混凝土拆模申请单，并附同条件养护混凝土强度等级报告，报项目专业负责人审批后报监理单位审核，通过后方可拆模。

3.5.10 地下工程防水效果检查记录

1. 地下工程防水效果检查记录（表 C5-17）

地下工程防水效果检查记录见表 3-45。

地下工程防水效果检查记录　　表 3-45

表 C5-17　　　　　　　　　　　　　　　　　编号：×××

工程名称			
检查部位		检查日期	

检查方法及内容：

检查结果：

复查意见：

复查人：　　　　　　　　　复查日期：

签字栏	建设（监理）单位	施工单位		
		专业技术负责人	专业质检员	专业工长

注：本表由施工单位填报，建设单位、施工单位各保存一份。

2. 《地下工程防水效果检查记录》填写说明

(1) 附件收集：背水内表面结构工程展开图、相关照片、图片及说明书。

(2) 资料流程：由施工单位填写，报送建设单位和监理单位，各相关单位保存。

(3) 相关规定与要求：地下工程验收时，应对地下工程有无渗漏现象进行检查，并填写《地下工程防水效果检查记录》（表C5-17），主要检查内容应包括裂缝、渗漏水部位和处理意见等。发现渗漏水现象应制作、标示好"背水内表面结构工程展开图"。

(4) 注意事项："检查方法及内容"栏内按《地下防水工程质量验收规范》相关内容及技术方案填写。

3.5.11 防水工程试水检查记录

1. 防水工程试水检查记录（表C5-18）

防水工程试水检查记录见表3-46。

防水工程试水检查记录　　　　　　　　表 3-46

表 C5-18　　　　　　　　　　　　　　　　　　　编号：×××

工程名称				
检查部位			检查日期	
检查方式	□第一次蓄水	□第二次蓄水	蓄水日期	从_____时 至_____时
	□淋水	□雨季观察		

检查方法及内容：

续表

检查结果：

复查意见：

复查人：　　　　　　　　　　　复查日期：

签字栏	建设（监理）单位	施工单位		
		专业技术负责人	专业质检员	专业工长

注：本表由施工单位填写，建设单位、施工单位各保存一份。

2.《防水工程试水检查记录》填写说明

（1）附件收集：相关照片、图片及文字说明书。

（2）资料流程：由施工单位填写后报送建设单位和监理单位保存。

（3）相关规定与要求：1）凡有防水要求的房间应有防水层及装修后蓄水检验记录。检查内容包括蓄水方式、蓄水时间、蓄水深度、水落口及边缘封堵情况和有无渗漏现象等。2）屋面工程施工完工后，应对细部构造（屋面天沟、檐沟、檐口、泛水、水落口、变形缝、伸出屋面的管道等）、接缝处和保护层进行下雨观察或淋水、蓄水检查。淋水试验储蓄时间不少于2h；做蓄水检查的屋面，蓄水时间不得少于24h。

3.5.12　通风（烟）道、垃圾道检查记录

1. 通风（烟）道、垃圾道检查记录（表C5-19）

通风（烟）道、垃圾道检查记录见表3-47。

表 C5-19	通风（烟）道、垃圾道检查记录					表 3-47 编号：×××		
工程名称						检查日期		
检查部位	检查部位和检查结果						检查人	复查人
	主烟（风）道		副烟（风）道					
	烟道	风道	烟道	风道				
施工单位								
专业技术负责人			专业质检员			专业工长		

说明：(1) 主烟（风）道可先检查，检查部位按轴线记录；副烟（风）道可按户门编号记录。
(2) 检查合格记"√"，检查不和合格记"×"。
(3) 第一次检查不合格记录（×），复查合格后再（×）后面记（√）

注：本表由施工单位填写保存。

2. 《通风（烟）道、垃圾道检查记录》填写说明

(1) 附件收集：相关照片、图片及文字说明书。

(2) 资料流程：由施工单位填写并保存，按监理单位要求报送。

(3) 相关规定与要求：1) 建筑通风（烟）道应做全数通（抽）风、串风试验，要求100％检查，并做好检查记录。2) 垃圾

道应做全数检查其是否通畅,要求100%检查,并做好检查记录。

注:由于篇幅所限,地基钎探记录(表C5-7)、预拌混凝土运输单(表C5-9)、混凝土开盘鉴定(表C5-10)、混凝土搅拌、养护测温记录(表C5-12)、大体积混凝土养护测温记录(表C5-14)、构件吊装记录(表C5-15)、焊接材料烘培记录(表C5-16)等从略。

3.6 土建工程施工试验记录

3.6.1 施工试验记录(通用)

1. 施工试验记录(通用)(表C6-1)

施工试验记录见表3-48。

施工试验记录(通用)　　　　表3-48

表C6-1　　　　　　　　　　　　　　　　　编号:×××

工程名称		施工部位	
试验日期		规格、材质	

试验项目:

(根据具体施工试验如实填写)

试验内容:

(根据具体施工试验如实填写)

结论:

批准		审核		试验	
试验单位					
报告日期					

注:本表由建设单位、施工单位各保存一份。

2.《施工试验记录(通用)》填写说明

(1) 填写单位:由具备相应资质等级的检验检测单位出具后,随相关资料进入资料流程(后续各种专用试验记录与此相同)。

(2) 相关规定与要求:1) 在完成检验批的过程中,由施工单位试验负责人负责制作施工试验试件,之后送至具备相应资质等级的检测单位进行试验。2) 检测单位根据相关标准对送检的试件进行试验后,出具试验报告并将报告返还施工单位。3) 施工单位将施工试验记录作为检验批报验附件,随检验批资料进入审批程序(后续各种专用试验记录形式、流程相同)。

(3) 注意事项:按照设计要求和规范规定应做施工试验,且本规程无相应试验表格的,应填写施工试验记录(通用);采取新技术、新工艺及特殊工艺时,对施工试验方法和试验数据进行记录,应填写《施工试验记录(通用)》。

3.6.2 回填土试验报告

1. 回填土试验报告

回填土试验报告见表3-49。

回填土试验报告　　　　表3-49

编号:×××
试验编号:×××
委托编号:×××

表C6-5

工程名称								
施工部位								
委托单位					试验委托人			
要求压实系数(λ_c)					回填土种类			
控制干密度(ρ_d)					试验日期			
点号	1	2	3					
项目	实测干密度							
	实测压实系数							

续表

步数	1							
	2							
	3							
	4							

取样位置简图（附图）

见附图

结论

批准		审核		试验	
试验单位					
报告日期					

注：本表由建设单位、施工单位、城建档案馆各保存一份。

2.《回填土试验报告》填写说明

（1）填写单位：由具备相应资质的检测单位出具后随相关资料进入资料流程。

（2）相关规定与要求：1）土方工程应测定土的最大干密度和最优含水量，确定最小密度控制值，由试验单位出具《土方击实试验报告》。2）应按规范要求绘制回填土取点平面示意图，分段、分层（步）取样做回填土试验。

（3）注意事项：按照设计要求和规范规定应做施工试验，且本规程无相应试验表格的，应填写《施工试验记录（通用）》。

3.6.3 钢筋连接试验报告

1. 钢筋连接试验报告

钢筋连接试验报告见表3-50。

钢筋连接试验报告　　　　　表 3-50

表 C6-6　　　　　　　　　　　　　　　　　　　　编号：×××

工程名称及部位						试验编号		
委托单位						试验委托人		
接头类型						检验形式		
设计要求接头性能等级						代表数量		
连接钢筋种类及牌号		公称直径				原材试验编号		
操作人		来样日期				试验日期		
接头试件			母材试件		弯曲试件			备注
公称面积（mm²）	抗拉强度（MPa）	断裂特征及部位	实测面积（mm²）	抗拉强度（MPa）	弯心直径	角度	结果	

结论：

批准		审核		试验	
试验单位					
报告日期					

注：本表由建设单位、施工单位、城建档案馆各保存一份。

2.《钢筋连接试验报告》填写说明

（1）填写单位：由具备相应资质的检测单位出具后随相关资料进入资料流程。

（2）相关规定与要求：1) 用于焊接、机械连接钢筋的力学性能和工艺性能应符合现行国家标准规定。2) 正式焊（连）接过程开始前及施工过程中，应对每批进场钢筋在现场条件下进行工艺检验，工艺检验合格后方可进行焊接或机械连接的施工。

3) 钢筋焊接接头或焊接制品、机械连接接头应按焊（连）接类型和验收批的划分进行质量验收并进行现场取样复试，钢筋连接验收批的划分及取样数量和必试项目符合规范规定。4) 承重结构中的钢筋连接接头应按规定实行有见证取样和送检。5) 采用机械连接接头形式时，技术提供单位应提交由相应资质等级的检测机构出具的型式检验报告。6) 焊（连）接工人必须具有符合要求的有效的岗位证书。

（3）主要事项：试验报告中应写明工程名称、钢筋级别、接头类型、规格、代表数量、检验形式、实验数据、试验日期以及试验结果。

3.6.4 钢筋连接试验项目、组批原则及规定

钢筋连接试验项目、组批原则及规定见表3-51。

钢筋连接试验项目、组批原则及规定 表3-51

材料名称及相关标准、规范代号	试验项目 / 必试项目	组批原则及取样规定
钢筋电阻点焊	抗拉强度、抗剪强度、弯曲试验	班前焊（工艺性能试验），在工程开工或每批钢筋正式焊接前，应进行现场条件下的焊接性能试验： （1）钢筋焊接骨架。1) 凡钢筋级别、直径及尺寸相同的焊接骨架应视为同一类制品，且每200件为同一检验批、一星期内不足200件的也按同一检验批计。2) 试验应从成品中切取，当所取试件的尺寸小于规定的试件尺寸时，或受力钢筋直接大于8mm时，可在生产过程中焊接试验网片中切取试件。3) 由几种钢筋直径组合的焊接骨架，应对某种组合做力学性能检验；热轧钢筋焊点，应做抗剪试验，试件数量3件；冷拔低碳钢丝焊点，应做抗剪试验及对较小的钢筋做拉伸试验，试件数量3件。 （2）钢筋焊接网。1) 要求同上述（1）中1) 的要求。2) 试件应从成品中切取，冷轧带肋钢筋和冷拔低碳钢丝焊点应做拉伸试验，试件数量1件，横向试件数量1件。冷轧带肋钢筋焊点应作弯曲试验，纵向数量1件，横向数量1件；热轧钢筋、冷轧带肋钢筋或冷拔钢丝的焊点应做抗剪试验，试件数量3件

续表

材料名称及相关标准、规范代号	试验项目 / 必试项目	组批原则及取样规定
钢筋闪光对焊接头	抗拉强度、弯曲试验	(1) 同一台班内由同一焊工完成的 300 个同级别、同直径钢筋焊接接头应作为同一批，当同一台班内，可在一星期内累计计算；累计仍不足 300 个接头，也按一批计算。 (2) 力学性能试验时，试件应从成品中随机切取 6 个试件，其中 3 个做拉伸试验，3 个做弯曲试验。 (3) 焊接等长预应力钢筋（包括螺丝杆与钢筋）可按生产条件做模拟试件。 (4) 螺丝端杆接头可只做拉伸试验。 (5) 若初试结果不符合要求时，可随机再取双倍数量的试件进行复试。 (6) 当模拟试件试验结果不符合要求时，复试应从成品中切取，其数量和要求与初试时相同
钢筋电弧焊接头	抗拉强度	(1) 工厂焊接条件下：同级别钢筋接头 300 个为一个检验批。 (2) 在现场安装条件下：每一至二层楼同接头形式、同级别钢筋的接头 300 个为一个检验批，不足 300 个接头也按一批计。 (3) 试件应从成品中随机抽取 3 个接头进行拉伸试验。 (4) 装配式结构节点焊接接头可按生产条件制造模拟试件。 (5) 当初试结果不符合要求时，应再取 6 个试件进行复试
钢筋电渣压力焊接头	抗拉强度	(1) 一般构筑物中以 300 个同级别钢筋接头作为一个检验批。 (2) 在现浇钢筋混凝土多层结构中，应以每一楼层或施工区段中 300 个同级别钢筋接头作为一个检验批，不足 300 个接头也按一批计。 (3) 试件应从成品中随机抽取 3 个接头进行拉伸试验。 (4) 当初试结果不符合要求时，应再取 6 个试件进行复试
钢筋气压焊接头	抗拉强度；弯曲试验（梁、板的水平筋连接）	(1) 试件应从成品中随机抽取 3 个接头进行拉伸试验；在梁、板的水平钢筋连接中，应另切取 3 个试件做弯曲试验。 (2) 其他同"钢筋电渣压力焊接头"规定第 (1)、(2)、(4) 款

续表

材料名称及相关标准、规范代号	试验项目 / 必试项目	组批原则及取样规定
预埋件钢筋T形接头	抗拉强度	（1）预埋件埋弧压力焊，同类型预埋件一星期内累计每300件时为一检验批，不足300个接头也按一批计，每批随机抽取3个接头进行拉伸试验。 （2）当初试结果不符合要求时，应再取6个试件进行复试
机械连接（锥螺纹连接、套筒挤压接头、镦粗直螺纹钢筋接头）	抗拉强度	（1）工艺检验：在正式施工前，按同批钢筋、同种机械连接形式的接头试件不少于3根，同时对应截取接头试件的母材，进行抗拉强度试验。 （2）现场检验：接头的现场检验按检验批进行，同一个条件下采用同一批材料的同等级、同形式、同规格的接头每500个为一验收批，不足500个也按同一验收批计，每一验收批必须在工程结构中随机抽取3个试件做单项拉伸试验，在现场连续检验10个检验批，其全部单项拉伸试件一次抽样合格时，验收批接头数量可扩大一倍

3.6.5 砌筑砂浆配合比申请单

砌筑砂浆配合比申请单见表3-52。

砌筑砂浆配合比申请单　　　　表3-52

表C6-7　　　　　　　　　　　　　　　　　编号：×××
　　　　　　　　　　　　　　　　　　　　委托编号：×××

工程名称			
委托单位		实验委托人	
砂浆种类		强度等级	
水泥品种		厂别	
水泥进场日期		试验编号	
砂产地	粉细级别	实验强度等级	
掺合料种类		外加剂种类	
申请日期		要求使用日期	

3.6.6 砂浆配合比通知单

砂浆配合比通知单见表 3-53。

砂浆配合比通知单　　　　表 3-53

表 C6-7　　　　　　　　　　　　　　　　　　　　　编号：×××
　　　　　　　　　　　　　　　　　　　　　　　　　委托编号：×××

强度等级			试验日期		
配合比					
材料名称	水泥	砂	白石灰	掺合料	外加剂
每立方米用量					
比例	1	6.6	0.4		
注：砂浆稠度为 70~100mm，白灰稠度为 120±5mm					
批准		审核		试验	
试验单位					
报告日期					

注：本表由施工单位保存。

3.6.7 砌筑砂浆试块强度统计、评定记录

砌筑砂浆试块强度统计、评定记录见表 3-54。

砌筑砂浆试块强度统计、评定记录　　　　表 3-54

表 C6-9　　　　　　　　　　　　　　　　　　　　　编号：×××

工程名称			强度等级	
施工单位			养护方法	
统计期			结构部位	
试块组数	强度标准值 f_2 (MPa)	平均值 $f_{2,m}$ (MPa)	最小值 $f_{2,\min}$ (MPa)	$0.75 f_2$
每组强度值				

续表

判定式	$f_{2,\mathrm{m}}>f_2$	$f_{2,\min}>0.75f_2$
结果		

结论：

批准	审核	统计
报告日期		

注：本表由建设单位、施工单位、城建档案馆各保存一份。

3.6.8 混凝土配合比申请单

混凝土配合比申请单见表 3-55。

混凝土配合比申请单 表 3-55

表 C6-10
编号：×××
委托编号：×××

工程名称及部位					
委托单位			试验委托人		
设计强度等级			要求坍落度、扩展度		
其他技术要求					
搅拌方法	机械	浇筑方法		养护方法	标养
水泥品种及强度等级		厂别牌号		试验编号	
砂产地及种类				试验编号	
石子产地及种类				试验编号	
外加剂名称				试验编号	
掺合料名称				试验编号	
申请日期		使用日期		联系电话	

3.6.9 混凝土配合比通知单

混凝土配合比通知单见表 3-56。

混凝土配合比通知单　　　　　表 3-56

强度等级		水胶比		水灰比		砂率	
材料名称 项目	水泥	水	砂	石	外加剂	掺合料	其他
每立方米用量（kg/m³）							
每盘用量（kg）							
混凝土碱含量 （kg/m³）		注：此栏只有在有关规范及要求需要填写时才填写					
批准		审核			试验		
报告日期							

注：1. 本表由施工单位保存。
　　2. 本配合比所使用材料均为干材料，试验单位应根据材料含水量随时调整

3.6.10 混凝土试块强度统计、评定记录

混凝土试块强度统计、评定记录见表 3-57。

混凝土试块强度统计、评定记录　　　表 3-57

表 C6-12　　　　　　　　　　　　　　　　　　　　编号：×××

工程名称			强度等级				
施工单位			养护方法				
统计期			结构部位				
试块组数 n	强度标准值 $f_{cu,k}$（MPa）	平均值 mf_{cu}（MPa）	标准值 sf_{cu}（MPa）	最小值 $f_{cu,min}$（MPa）	合格评定系数			
					λ_1	λ_2	λ_3	λ_4
每组强度值（MPa）								

续表

评定界限	☐ 统计方法（二）			☐ 统计方法	
	$\lambda_1 s f_{cu}$	$f_{cu,k} + \lambda_1 s f_{cu}$	$\lambda_2 f_{cu,k}$	$\lambda_3 f_{cu,k}$	$\lambda_4 f_{cu,k}$
判定式	$m f_{cu} \geq f_{cu,k} + \lambda_1 s f_{cu}$		$f_{cu,min} \geq \lambda_2 f_{cu,k}$	$m f_{cu} \geq \lambda_3 f_{cu,k}$	$f_{cu,min} \geq \lambda_4 f_{cu,k}$
结果					

结论：

批准	审核	试验
报告日期		
报告日期		

注：本表建设单位、施工单位、城建档案馆各保存一份。

3.6.11 支护工程施工试验记录

支护工程施工试验记录见表3-58。

支护工程施工试验记录　　表3-58

现次	内　容
填写单位	试验报告由具备相应资质等级的检测单位出具后，随相关资料进入资料流程
相关规定与要求	锚杆应按设计要求进行抽样试验，有锁定力（抗拔力）试验报告；支护工程使用的混凝土，应有混凝土配合比通知单和混凝土强度试验报告，有抗渗要求的还应有抗渗试验报告；支护工程使用的砂浆，应有砂浆配合比通知单和砂浆强度试验报告

3.6.12 桩基（地基）工程施工试验记录

桩基（地基）工程施工试验记录见表3-59。

桩基（地基）工程施工试验记录　　表3-59

现次	内　容
填写单位	试验报告由具备相应资质等级的检测单位出具后，随相关资料进入资料流程

续表

现次	内容
相关规定与要求	地基基础设计规范要求进行承载力检验，有承载力检验报告；桩基应按照设计要求和相关规范、标准规定进行承载力和桩体质量检验，由有相应资质的检测单位出具检测报告；桩基（地基）工程使用的混凝土，应有混凝土配合比通知单和混凝土强度试验报告，有抗渗要求的还应有抗渗试验报告

3.6.13 预应力工程施工试验记录

预应力工程施工试验记录见表3-60。

预应力工程施工试验记录　　　　表3-60

现次	内容
填写单位	试验报告由具备相应资质等级的检测单位出具后，随相关资料进入资料流程
相关规定与要求	（1）预应力工程用混凝土试件应按规范要求留置、标养，同条件试块有相应抗压强度试验报告。 （2）后张法有粘结预应力工程灌浆用水泥砂浆应有性能试验报告

3.6.14 木结构工程施工试验记录

木结构工程施工试验记录见表3-61。

木结构工程施工试验记录　　　　表3-61

现次	内容
填写单位	试验报告由具备相应资质等级的检测单位出具后，随相关资料进入资料流程
相关规定与要求	（1）胶合木工程的层板胶缝应有脱胶试验报告、胶缝抗剪强度试验报告和层板接长弯曲强度试验报告。 （2）轻型木结构工程木基结构板材应有力学性能试验报告。 （3）木构件防护剂的保护量和渗入度应有检验报告

3.6.15 幕墙工程施工试验记录

幕墙工程施工试验记录见表3-62。

幕墙工程施工试验记录 表 3-62

现次	内　容
填写单位	试验报告由具备相应资质等级的检测单位出具后，随相关资料进入资料流程
相关规定与要求	(1) 幕墙用双组分硅酮结构胶应有混匀性和拉断试验报告。 (2) 后置埋件应有现场拉拔试验报告

3.6.16 饰面砖粘结强度试验报告

1. 饰面砖粘结强度试验报告

饰面砖粘结强度试验报告见表 3-63。

饰面砖粘结强度试验报告 表 3-63

工程名称				试验编号		
委托单位				实验委托人		
饰面砖品种及牌号				粘结层次		
基本材料		粘结材料		胶粘剂		
抽样部位		龄期（d）		施工日期		
检验类型		环境温度		试验日期		
仪器及编号						

序号	试件尺寸（mm）		受力面积（mm²）	拉力（kN）	粘结强度（MPa）	破坏状态（序号）	平均强度（MPa）
	长	宽					
1							
2							
3							

结论：

批准		审核		试验	
试验单位					
试验日期					

注：本表由建设单位、施工单位各保存一份。

2.《饰面砖粘结强度试验报告》填写说明

（1）填写单位：试验报告由具有相应资质等级的检测单位

出具后,随相关资料进入资料流程。

(2)相关规定与要求:1)装饰装修工程使用的砂浆和混凝土应有配合比通知单和强度试验报告;有抗渗要求的还应有抗渗试验报告。2)外墙饰面砖粘结前和施工过程中,应在相同基层上做样板件并对样板件的饰面砖粘结强度进行试验,有饰面砖粘结强度试验报告,检验方法和结果判定应符合相关标准规定。3)后置埋件应有现场拉拔试验报告。

3.6.17 钢结构工程超声波探伤报告

钢结构工程超声波探伤报告见表3-64。

钢结构工程超声波探伤报告　　表3-64

表C6-15

编号:_____
试验编号:_____
委托编号:_____

工程名称及施工部位			
委托单位		试验委托人	
构件名称		检测部位	
材质		板厚(mm)	
仪器型号		试块	
耦合剂		表面补偿	
表面状况		执行处理	
探头型号		探伤日期	

探伤结果及说明:

批准		审核		试验	
试验单位					
报告日期					

注:本表由建设单位、施工单位、城建档案馆各保存一份。

3.6.18 钢构件射线探伤报告

1. 钢构件射线探伤报告

钢构件射线探伤报告见表 3-65。

钢构件射线探伤报告 表 3-65

表 C6-17

编号：_____
试验编号：_____
委托编号：_____

工程名称					
委托单位		试验委托人			
检测单位		检测部位			
构件名称		构件编号			
材质		焊缝型式		板厚	
仪器型号		增感方式		像质型号	
胶片型号		像质指数		黑度	
评定标准		焊缝全长		探伤比例与长度	

探伤结果：

底片编号	黑度	灵能度	主要缺陷	评级	
					示意图 备注
批准		审核		试验	
试验单位					
报告日期					

注：本表由建设单位、施工单位、城建档案馆个保存一份。

2.《钢结构工程施工试验记录》填写说明

(1) 试验报告:由具有相应资质等级的检测单位出具后,随相关资料进入资料流程。

(2) 相关规定与要求:1) 高强度螺栓连接应有摩擦面抗滑移系数检验报告及复试报告,并实行有见证取样和送检。2) 施工首次使用的钢材、焊接材料、焊接方法、焊后热处理等应进行焊接工艺评定,有焊接工艺评定报告。3) 设计要求的一、二级焊缝应做缺陷检验,由有相应资质等级的检测单位出具超声波、射线探伤检验报告或磁粉探伤检验报告。4) 建筑安全等级为一级、跨度40m以上的公共建筑钢网架结构,且设计有要求的,应对其焊接(螺栓)球节点进行节点承载力试验,并实行有见证取样和送检。5) 钢结构工程所使用的防腐、防火涂料应做涂层厚度检测,其中防火涂层应有相应资质的检测单位出具的检测报告。6) 焊(连)接工人必须持有效的岗位证书。

第4章 安装工程资料管理（C2类）

4.1 安装工程物资资料

4.1.1 常用物资质量证明文件及要求

常用物资质量证明文件及要求见表4-1。

常用物资质量证明文件及要求　　表4-1

序号	物资名称	供应单位提供的质量证明文件	检测报告应含基本检测项目
1	镀锌钢管	质量证明书	
2	无缝镀锌钢管	质量证明书	
3	焊接钢管	证明证明书	
4	二次镀锌管道及附件	质量证明书、检验报告	锌层厚度、附着强度、外观
5	建筑给水塑料管道	质量证明书、检验报告	生活饮用水高度的卫生性能，纵向回缩率
6	建筑排水塑料管	质量证明书、检验报告	纵向回缩率、维卡软化温度等，螺旋消声管材要有消声检验证明
7	铜管道及配件	证明证明书，检验报告	生活饮用水高度的卫生性能
8	柔性接口排水铸铁管	质量证明书、产品合格证、备案证明	
9	不锈钢管	质量证明书、检验报告	生活饮用水高度的卫生性能
10	钢管外涂塑料管（室外景观）	质量证明书	涂覆材料、涂层颜色、外观质量、涂层厚度、针孔检测、附着力
11	法兰	产品合格证或质量证明书、检验报告	国标或行标

续表

序号	物资名称	供应单位提供的质量证明文件	检测报告应含基本检测项目
12	沟槽连接件	质量证明书、检验报告	用于生活饮用水系统应有胶圈卫生性能
13	快速接头	质量证明书、检验报告	壳体试验、密封试验、上密封试验、连接尺寸、标志包装、铸铁质量、表面质量、装配质量、阀体壁厚
14	刚性密封套管	质量证明书（外购）	
15	柔性防水套管	质量证明书（外购）	
16	人防密封套管	质量证明书（外购）	
17	型钢（角钢、槽钢、扁钢、工字钢）	质量证明书	
18	电焊条	质量证明书、检验报告	
19	水表、热量表	质量证明书、检验报告	
20	压力表温度计	产品合格证	
21	各种阀类（截止阀、闸阀、蝶阀、球阀等）	质量证明书、检验报告	强度、严密度
22	安全阀、减压阀	产品合格证、调试报告及定压合格证书	
23	消防供水设备、消火栓箱	质量证明书、检验报告	强制检验
24	消火栓、灭火器、消防接口、消防枪炮、防火阻燃材料	质量证明书、检验报告	型式认可

续表

序号	物资名称	供应单位提供的质量证明文件	检测报告应含基本检测项目
25	洒水喷头、湿式报警阀、水流指示器、消防用压力开关、消防水带	质量证明书、检验报告	强制认证
26	散热器	质量证明书、检验报告	耐压强度、热工性能
27	整体或拼装水箱	质量证明书、检验报告（生活水箱）	卫生性能
28	卫生洁具	质量证明书、检验报告、备案证明	冲压性能、吸水率、抗龟裂试验、水封试验、污水排放试验、环保检测
29	疏水器、过滤器、除污器	质量证明	
30	地漏、清扫口	产品合格证	
31	金属波纹补偿器	产品合格证、检验报告、成品补偿器预拉伸证明	外观、尺寸偏差、形位偏差、补偿量、刚度检测、应变、耐压力、气密性、稳定性
32	绝热材料	产品合格证、检验报告	容重、导热性、燃烧性能
33	布基胶带	产品合格证、检验报告	总厚度、初粘、持粘、剥离力、抗拉强度
34	锅炉、压力容器	质量证明书、检验报告、安装使用说明书	焊缝无损探伤
35	热交换器	质量证明书、安装使用说明书	
36	水泵变频供水设备	产品合格证或质量证明书、安装使用说明	

4.1.2 通风与空调工程常用物资质量证明文件及要求

通风与空调工程常用物资质量证明文件及要求见表 4-2。

通风与空调工程常用物资质量证明文件及要求　　表 4-2

序号	物资名称	供应单位提供的质量证明文件	检测报告应含基本检测项目
1	冷水机组	质量监督检验、证明书、安装使用说明书	
2	各类水泵	合格证或质量证明书、安装使用说明书	
3	热交换器	证明证明书、安装使用说明书	
4	空调箱、新风机组	检测报告、合格证书、安装使用说明书	外观、主要零部件检查、启动与运转、风量、出口全压、输入功率、漏风量、振动速度
5	风机盘管	合格证、质量证明书、安装使用说明书	
6	冷却塔	质量证明书、安装使用说明书	—
7	减压阀、水位差浮球阀、浮球阀	检验报告、合格证	
8	气压罐、分水器、低压硅磷晶加药设备、紫外线消毒器、集水器、综合水处理器	合格证、CCC 认证、设备保修卡、质量证明书、安装使用说明书	—
9	金属风管	质量证明书、型式检验报告	漏风量
10	金属风管及配件	质量证明书	
11	镀锌钢管	质量证明书	
12	无缝钢管	质量证明书	
13	焊接钢管	质量证明书	
14	钢板卷管	质量证明书、焊缝射线探伤报告	—

续表

序号	物资名称	供应单位提供的质量证明文件	检测报告应含基本检测项目
15	各类管件	合格证或质量证明书	—
16	各类法兰	合格证或质量证明书	—
17	刚性密封套管	出厂检验报告、合格证	—
18	柔性防水套管	质量证明书、合格证	—
19	型钢（角钢、槽钢、扁钢、工字钢、C型钢）	质量证明书	—
20	各种阀类（密封阀、闸阀、蝶阀）	质量证明书、合格证	—
21	各类水箱	质量证明书	—
22	各类波纹补偿器	产品合格证、检验报告	外观、尺寸偏差、形位偏差、补偿量、刚度检测、应变、耐压力、气密性、稳定性
23	保温材料	合格证、检验报告	燃烧性能
24	布基胶带	合格证、检测报告	总厚度、初粘、剥离力、抗拉强度
25	消声静压箱	合格证、检测报告	—
26	液体消声器	合格证	
27	电动调节阀	合格证、检验报告	严密性检查（工作压力大于1000Pa应有1.5倍压力下自由开关强度测试报告）
28	防火调节阀	合格证、检验报告	严密性检查（工作压力大于1000Pa应有1.5倍压力下自由开关强度测试报告）
29	排烟阀	合格证、检验报告	严密性检查
30	多叶调节阀	合格证、检验报告	严密性检查
31	防火风管	合格证、质量证明书	—

续表

序号	物资名称	供应单位提供的质量证明文件	检测报告应含基本检测项目
32	橡胶减震垫	合格证、质量证明书	—
33	管道支架底部减震垫	合格证、质量证明书	—
34	橡塑吊架减震器	合格证、质量证明书	—
35	橡胶剪切减震器	质量证明书	—
36	电动阀、定流量阀	设备进场验收报告	—
37	消声设备	合格证	—
38	橡胶软接头	质量证明书	—
39	金属软管	检测报告	外观检查、尺寸检查、压力试验、气密性

4.1.3 建筑电气、电梯与智能建筑工程常用物资质量证明文件及要求

建筑电气、电梯与智能建筑工程常用物资质量证明文件及要求可参照表4-1。

4.1.4 工程材料、构（配）件、设备报审表

工程材料、构（配）件、设备报审表见表4-3。

工程材料、构（配）件、设备报审表　　表4-3

工程名称：×××
编　　号：×××

致：×××监理公司（监理单位）：
（报告正文根据工程实际填写）

请予以审核。
附件：
（1）数量清单

工程材料/构（配）件/设备名称	主要规格	单位	数量	取样报审表编号

续表

（2）质量证明文件
（根据规范和规程要求，据实填写）

　　　　　　　　　　承包单位（章）×××建筑工程公司
　　　　　　　　　　　　　　　　　项目经理×××
　　　　　　　　　　　　　　　　　日期　　年 月 日

审核意见：
（根据审核结果据实填写）

　　　　　　　　项目经理机构×××监理公司××项目经理部
　　　　　　　　　　　　　　总/专业监理工程师×××
　　　　　　　　　　　　　　　　日期　　年 月 日

4.1.5 材料、配件进场检验记录

1. 材料、配件进场检验记录

材料、配件进场检验记录见表4-4。

材料、配件进场检验记录　　　　表4-4

表C4-1　　　　　　　　　　　　　　　　　编号：×××

工程名称					检验日期		
序号	名称	规格型号	进场数量	生产厂家合格证号	检验项目	检验结果	备注

检验结论：
（根据检验结果据实填写）

签字栏	建设（监理单位）	施工单位	×××建筑工程公司	
		专业质检员	专业工长	检验员
	×××监理公司			

2.《材料、配件进场检验记录》填写说明

(1) 资料流程：材料、配件进场后，应由建设、监理单位汇总同施工单位共同对进场物资进行检验，填写《材料、配件进场检验记录》。

(2) 相关规定与要求：1) 对进场物资进行检查验收，主要检验项目包括：①物资出厂质量证明文件及检测报告是否齐全；②实际进场物资数量、规格和型号是否满足设计要求和施工计划要求；③物资外观质量是否满足设计要求或规范要求；④按规定须抽检的材料、构（配）件是否及时抽检。2) 工程采用总承包模式的，签字人员应为施工承包单位的相关人员。

(3) 注意事项：1) 按规定进场复试的工程物资，必须在进场检查验收合格后取样复试。2) 抽样比例应遵守相关规范的规定要求。

4.1.6 设备开箱检验记录

1. 设备开箱检验记录

设备开箱检验记录见表4-5。

设备开箱检验记录　　　　表4-5

表C4-3　　　　　　　　　　　　　　　　编号：×××

	设备名称		检查日期	
	规格型号		总数量	
	装箱单号		经验数量	
检验记录	包装情况			
	随机文件			
	备件及附件			
	外观情况			
	测试情况			
检验结果	缺、损附（备）件明细表					
	序号	名称	规格	单位	数量	备注

续表

结论：（据实填写）

签字栏	建设（监理）单位	施工单位	供应单位

注：本表由施工单位保存。

2.《设备开箱检验记录》填写说明

（1）资料流程：设备进场后，由建设（监理）单位、施工单位、供货单位共同开箱检验并做好记录，填写《设备开箱检验记录》。

（2）相关规定与要求：1）设备必须有中文质量合格证明文件，规格、型号及性能检验报告应符合国家技术标准或设计要求，进场时应做检查验收。2）主要器具和设备必须有完整的安装使用说明书。3）在运输、保管和施工过程中，应采取有效的措施防止损坏或腐蚀。

（3）注意事项：1）由于检验结果出现的缺损附件、备件要列出明细，待供应单位更换后重新验收。2）测试情况的填写应根据专项施工及验收规范相关条目完成。

4.1.7 设备及管道附件试验记录

设备及管道附件试验记录见表4-6。

设备及管道附件试验记录　　表4-6

表C4-4　　　　　　　　　　　　　　　编号：×××

工程名称					使用部位			
设备及管道附件名称	型号	规格	编号	介质	强度试验		严密性试验	试验结果
					压力(MPa)	停压时间		
闸阀								
蝶阀								

续表

工程名称 设备及管道附件名称	型号	规格	编号	介质	使用部位 强度试验		严密性试验	试验结果
					压力（MPa）	停压时间		
施工单位				试验			试验日期	

注：本表由施工单位填写，建设单位、施工单位各保存一份。

4.1.8 供应单位提供质量证明文件的管理要点

供应单位提供质量证明文件的管理要点见表4-7。

供应单位提供质量证明文件的管理要点　　表4-7

项次	内　　容
管理要点	（1）供应单位应提供营业执照复印件（有厂家签章，并有年审记录）等资质文件。 （2）材料、设备一般为按规定标准（国际标准、地方标准、行业标准或通过备案的企业标准）生产的产品，并具有出厂质量证明文件（包括产品合格证、质量合格证、检验报告、试验报告、产品生产许可证和质量保证书等）。 （3）产品合格证或质量合格证应具有产品名称、产品型号、产品规格、数量、质量标准代号或地方（地区）、企业代号、出厂日期、厂名、厂址、产品出厂检验证明（盖检验章）或代号等。其中原材料及辅料合格证，同种材料、相同规格、同批生产的保存一份合格证即可。主要设备、器具合格证要全部保存，并将合格证编号同设备铭牌对照保证一致。取得合格证后施工单位统一编号。 （4）检验报告由具有相应资质等级的检验单位提供。主要设备、器具安装使用说明书由供应单位提供。 （5）质量证明文件的复印件应与原件的内容一致，加盖原件存放单位公章，注明原件存放处，并有经办人签字和时间。复印件要求字迹清楚，项目填写及投入手续完整

4.2 隐蔽工程验收记录

4.2.1 隐蔽工程检查记录

1. 隐蔽工程检查记录表

隐蔽工程检查记录表见表 4-8。

隐蔽工程检查记录表　　　　　　　表 4-8

表 C5-1　　　　　　　　　　　　　　　　　　　编号：×××

工程名称			
隐检项目		隐检日期	
隐检部位			

隐检依据：施工图号＿＿＿＿＿＿＿＿＿＿＿＿＿＿，设计变更/洽商（编号＿＿＿＿／＿＿＿＿）及国家有关规定和标准。
主要材料名称及规格/型号，＿＿＿＿＿＿＿＿＿＿＿＿。

　　　　　　　　　　　　　　　　　　　　　申报人：×××

检查意见：

检查结论：□同意隐蔽　　　　　□不同意，修改后进行复查

复查结论：

复查人：　　　　　　　　　　　　复查日期：

签字栏	建设（监理）单位	施工单位	×××建筑工程公司	
		专业技术负责人	专业质检员	专业工长
	×××监理公司			

注：本表由施工单位填报，建设单位、施工单位、城建档案馆各保存一份。

2.《隐蔽工程检查记录》填写说明

(1) 形成流程：隐蔽工程检查记录为通用施工记录，适用于各专业。按规范规定必须进行隐检的项目，施工单位应填写《隐蔽工程检查记录》。

(2) 相关规定与要求：1) 检查直埋于地下或结构中，暗敷设于沟槽、管井、进入吊顶内的给水、排水、雨水、采暖消防管道和相关设备，以及有防水要求的套管：检查管材、管件、阀门、设备的材质与型号、安装位置、标高、坡度；防水套管的定位尺寸；管道连接做法及质量；附件使用，支架固定，以及是否按照设计要求和规定完成强度、严密性、冲洗等试验。2) 有绝热、防腐要求的给水、排水、采暖、消防、喷淋管道和相关设备，检查绝热方式、绝热材料的材质与规格、绝热管道与支吊架之间的防结露措施、防腐处理材料及做法等。3) 埋地的采暖、热水管道，在保温层、保护层完成后，所在部位进行回填之前，应进行隐检，检查安装部位、标高、坡度；支架做法；保温层、保护层设置等。

(3) 注意事项：1) 隐检内容依据规程要求将内容填写翔实。2) 隐检项目和预检项目在规程上已有不同界定，办理施工记录时应区分把握，隐检和预检不用重复办理。3) 工程采用施工总承包管理模式的，签字人员应为总承包单位的相关人员。4) 有防水要求的套管的隐蔽工程检查记录应在施工完成后，及时报监理验收，其他工程的隐蔽工程检查记录一般与检验批验收一同向监理报验，作为其附件。

4.2.2 预检记录

1. 预检记录表

预检记录表见表4-9。

2.《预检记录》填写说明

(1) 形成流程：预检记录是对施工主要工序进行的预先质量控制检查记录，为通用施工记录，适用于各专业。

(2) 相关规定与要求：1) 设备基础和预制构件安装：检查

设备基础位置、混凝土强度、报告、几何尺寸、预留孔、预埋件等。2）管道预留洞：检查预留孔洞的尺寸、位置、标高等。3）管道预埋套管（预埋件）：检查预埋套管（预埋件）的规格、尺寸、位置、标高等。4）机电各系统的明装管道（包括进入吊顶内）、设备安装、检查位置、标高、坡度、材质、防腐、接口方式、支架形式、固定方式等。5）机电器具（包括风口、卫生器具等）：检查位置、标高、规格、型号、外观效果等。

预检记录表　　　　　　　　　表 4-9

表 C5-2　　　　　　　　　　　　　　　　　　　编号：×××

工程名称		预检项目	
遇见部位		检查日期	

依据：施工图纸（施工图纸号　　　　　　　　），设计变更/洽商（编号＿＿＿＿＿＿／＿＿＿＿＿＿＿）及国家有关规定和标准。
主要材料名称及规格/型号，＿＿＿＿＿＿＿＿＿＿＿。

预检内容：

复查意见：

复查人：　　　　　　　　　　　　　复查日期：

建设（监理）单位	建设（监理）单位	
×××监理公司	×××监理公司	×××监理公司

注：本表由施工单位填写并保存。

(3) 注意事项：1) 预检内容依据规程要求将内容填写翔实。2) 预检项目与隐检项目在规程上已有不同规定，办理施工记录时应有所区分（即隐检项目与隐检项目不用重复办理）。3) 工程采用施工总承包管理模式的，签字人员应为总承包单位的相关人员。4) 设备基础和预制构件安装、管道预留孔洞和管道预埋套管（预埋件）等项目的预检记录应在施工完成后，及时报监理单位验收；其他项目的预检记录一般与检验批验收一同向监理报验，作为其附件。

4.2.3 交接检查记录

1. 交接检查记录表

交接检查记录表见表4-10。

交接检查记录表 表4-10

表C5-4　　　　　　　　　　　　　　　　　　　编号：×××

工程名称			
移交单位名称		接收单位名称	
交接部位		检查日期	

交接内容：

检查结果：

复查意见：

复查人：　　　　　　　　　　　　　　复查日期：

见证单位意见：

见证单位名称：　　　　　　　　　××××监理公司

签字栏	移交单位	接收单位	见证单位

2.《交接检查记录》填写说明。

(1) 形成流程：不同施工单位之间工程交接，应进行交接检查，填写《交接检查记录》。

(2) 相关规定与要求：移交单位、接收单位和见证单位共同对移交工程进行验收，并对质量情况、遗留问题、注意事项、成品保护等进行记录。

(3) 注意事项：1) 交接内容、检查结果应将内容填写完整。2) 除依据施工图纸和验收规范以外，双方也可根据事先达成的约定进行验收。3) 只有交接双方和见证单位全部签字认可后，交接才算完成，再进入后续工作。

4.3 安装工程施工记录

4.3.1 设备单机试运转记录

1. 设备单机试运转记录表

设备单机试运转记录表见表 4-11。

设备单机试运转记录表　　　　　　表 4-11

表 C6-2　　　　　　　　　　　　　　　　编号：×××

工程名称			试运转时间		
设备部位图号		设备名称		规格型号	
试验单位		设备所在系统		额定数据	
序号	试验项目		实验记录		试验结论
1					
2					
3					
4					
5					
6					
7					

试运转结论：

签字栏	建设（监理）单位	施工单位		
		专业技术负责人	专业质检员	专业工长

注：本表由施工单位填写，建设单位、施工单位、城建档案馆各保存一份。

2.《设备单机试运转记录》填写说明

(1) 形成流程：系统各种设备应进行单机试运转，并做好记录。

(2) 相关规定与要求：试运行设备运行中各有关参数符合相关规定，检验的方法符合操作规程的规定。

(3) 注意事项：1) 以设计要求和规范规定为依据，适用条目要准确。2) 根据试运转的实际情况填写实测数据，记录准确，内容齐全，不得漏项。设备试运转后逐台填写记录，一台（组）设备填写一张表格。3) 设备单机试运转是系统试运转调试的基础工作，一般情况下如设备的性能达不到设计要求，系统试运行调试也不会达到要求。4) 工程采用施工总承包管理模式的，签字人员应为施工总承包单位的相关人员。

4.3.2 系统试运转调试记录

1. 系统试运转调试记录表

系统试运转调试记录表见表 4-12。

系统试运转调试记录表 表 4-12

表 C6-3　　　　　　　　　　　　　　　　　　编号：×××

工程名称		试运转调试时间	
试运转调试项目		试运转调试部位	

试运转、调试内容：

试运转、调试结论：

建设单位	监理单位	施工单位

注：1. 附必要的试运转调试测试表；
　　2. 本表由施工单位填写，建设单位、施工单位、城建档案馆各保存一份。

2.《系统试运转调试记录》填写说明

(1) 形成流程:系统各组成分系统试运转及调试,并做好记录。

(2) 相关规定与要求:1) 各分系统应分别进行试运转和调试。2) 当不具备运转调试条件时,应延期进行。

(3) 注意事项:1) 以设计要求和规范规定为依据,适用条目要准确。2) 根据试运转调试的实际情况填写实测数据,记录准确,内容齐全,不得漏项。3) 工程采用施工总承包管理模式的,签字人员应为施工总承包单位的相关人员。

4.3.3 通水试验记录

1. 通水试验记录表

通水试验记录表见表4-13。

通水试验记录表　　　　表4-13

表C6-20　　　　　　　　　　　　　　　　　　　编号:×××

工程名称		试验日期	
试验项目		试验部位	
通水压力(MPa)		通水流量(m^3/h)	

试验系统简述:

试验记录:
供水方式:
通水情况:

试验结论:

签字栏	建设(监理)单位	施工单位		
		专业技术负责人	专业质检员	专业工长

注:本表由施工单位填写并保存。

2.《通水试验记录》填写说明

(1) 形成流程:室内外给水(冷、热)、中水及游泳池水系统、卫生洁具、地漏及地面清扫口和室内外排水系统应分系统（区、段）进行通水试验，并做好记录。

（2）相关规定及要求：1）给水系统交付使用前必须进行通水试验并做好记录。检验方法包括观察和开启阀门、水嘴等放水。2）卫生器具交工前应做满水和通水试验。检验方法包括满水后连接件不渗不漏，通水试验给水、排水畅通。

（3）注意事项：1）以设计要求和规范规定为依据，适用条目要准确。2）根据试验的实际情况填写实测数据，记录准确，内容齐全，不得漏项。3）通水试验为系统试验，一般在系统完成后统一进行。4）工程采用施工总承包管理模式的，签字人员应为施工总承包单位的相关人员。5）表格中通水流量（m³/h）按卫生器具供水管径核算确定。

4.3.4 通球试验记录

1. 通球试验记录表

通球试验记录表见表4-14。

通球试验记录表　　　　　　　表4-14

表C6-20　　　　　　　　　　　　　　　　编号：×××

工程名称		试验日期	
试验项目		试验部位	
管径（mm）		球径（mm）	

试验要求：

试验记录：

试验结论：

签字栏	建设（监理）单位	施工单位		
		专业技术负责人	专业质检员	专业工长

注：本表由施工单位填写，建设单位、施工单位各保存一份。

2.《通球试验记录》填写说明

(1) 形成流程:室内排水水平管、主立管应按规定进行通球试验,并做好记录。

(2) 相关规定及要求:排水主立管及水平干管管道均应做通球试验,通球球径不小于排水管道管径的 2/3,通球率必须达到 100%。检查方法为通球检查。

(3) 注意事项:1) 以设计要求和规范规定为依据,适用条目要准确。2) 根据试验的实际情况填写实测数据,记录准确,内容齐全,不得漏项。3) 通水试验为系统试验,一般在系统完成后统一进行。4) 工程采用施工总承包管理模式的,签字人员应为施工总承包单位的相关人员。5) 通球试验用球宜为硬质空心塑料球,投入时做好标记,以便同排出的试验球核对。

4.3.5 补偿器安装记录

1. 补偿器安装记录表

补偿器安装记录表见表 4-15。

补偿器安装记录表 表 4-15

表 C6-23　　　　　　　　　　　　　　　　　　　编号:×××

工程名称		日期	
设计压力(MPa)		补偿器安装部位	
补偿器规格型号		补偿器材质	
固定支架间距(m)		管内介质温度(℃)	
计算预拉值(mm)		实际预拉值(mm)	

补偿器安装记录及说明:

结论:

签字栏	建设(监理)单位	施工单位		
		专业技术负责人	专业质检员	专业工长

注:本表由施工单位填写并保存。

2.《补偿器安装记录》填写说明

(1) 形成流程：各类补偿器安装时应按要求做好补偿器安装记录。

(2) 相关规定及要求：1) 补偿器形式、规格、位置应符合设计要求，并按有关规定进行预拉伸。检验方法，为对照设计图纸检查。2) 补偿器的型号、安装位置及与拉伸及固定支架的构造及安装位置应符合设计要求。检验方法，为对照图纸，现场观察，并查验预拉伸记录。3) 室外供热管网安装补偿器必须符合设计要求，并按设计要求或产品说明书进行预拉伸，管道支架的位置和构造必须符合设计要求。检验方法，为对照图纸，现场观察，并查验预拉伸记录。

(3) 注意事项：1) 补偿器预拉伸数值应根据设计给出的最大补偿量得出（一般为其数值的50%），要注意不同部位的补偿器由于管段长度、运行温度、安装温度不同而有所不同。2) 根据试验的实际情况填写实测数据，记录准确，内容齐全，不得漏项。3) 工程采用施工总承包管理模式的，签字人员应为施工总承包单位的相关人员。4) 热伸长可通过公式 $\Delta L = \alpha L \Delta t$ 计算。式中各字母的含义：ΔL——热伸长 (m)；α——管道线膨胀系数，碳素钢 $\alpha = 1.2 \times 10^{-5}$ (m·℃)；L——为管道长 (m)；Δt——管道在运行时的温度与安装时的温度之差值 (℃)。

4.3.6 消火栓试射记录

1. 消火栓试射记录表

消火栓试射记录表见表 4-16。

消火栓试射记录表 表 4-16

表 C6-24　　　　　　　　　　　　　　　　　　　　　　编号：×××

工程名称		试射日期	
试射消火栓位置		启泵按钮—	□合格　□不合格
消火栓组件	□合格　□不合格	栓口安装	□合格　□不合格
栓口水枪型号	□合格　□不合格	卷盘间距、组件	□合格　□不合格
栓口静压（MPa）		栓口动压（MPa）	

续表

试验要求：

试验情况记录：

试验结论：

签字栏	建设（监理）单位	施工单位		
		专业技术负责人	专业质检员	专业工长

注：本表由施工单位填写，建设单位、施工单位、城建档案馆各保存一份。

2.《消火栓试射记录》填写说明

（1）形成流程：室内消火栓在安装完后，应按设计要求及规范规定进行消火栓试射试验，并做好记录。

（2）相关规定及要求：室内消火栓在安装完后应取屋顶层（或水箱间内）试验消火栓和首层取两处消火栓做试射试验，达到设计要求为合格。检查方法，为实地试射检查。

（3）注意事项：1）以设计要求和规范规定为依据，适用条目要准确。2）试验前应对消火栓组件、栓口安装（含减压稳压装置）等进行系统检查。3）根据试验的实际情况填写实测数据（测试栓口动压、静压应填写实测数值，要符合消防检测要求，不能超压或压力不足），记录准确，内容齐全，不得漏项。4）消火栓试射为系统试验，一般在系统完成、消防水泵运行合格后进行。5）工程采用施工总承包管理模式的，签字人员应为施工总承包单位的相关人员。

4.3.7 锅炉煮炉试验记录

1. 锅炉煮炉试验记录表

锅炉煮炉试验记录表见表4-17。

锅炉煮炉试验记录表　　　　　表 4-17

表 C6-27　　　　　　　　　　　　　　　　　　编号：×××

工程名称		安装位号	
锅炉型号		煮炉日期	

试验要求：

试验记录						
工作压力、温度						
炉水容量			炉水碱度			
煮水	时间					
	压力					
	药品	投放时间	药品名称	规格	单位	投放量
		年、月、日、时				

煮炉效果、检查记录：

试验结论：

签字栏	建设（监理）单位	施工单位		
		专业技术负责人	专业质检员	专业工长

注：本表由施工单位填写，建设单位、施工单位、城建档案馆各保存一份。

2.《锅炉煮炉试验记录》填写说明

（1）形成流程：锅炉安装完成后，在试运行前，应进行煮炉试验，并做好记录。

（2）相关规定与要求：煮炉时间一般应为2～3d，如蒸汽压力较低，可适当延长煮炉时间。非砌筑或浇筑保温材料保温的锅炉，安装后可直接进行煮炉。煮炉结束后，锅筒和集箱内壁应无油垢，擦去附着物后金属表面应无锈斑。检验方法：打开锅筒和集箱检查孔检查。

（3）注意事项：1）以设计要求和规范规定为依据，适用条目要准确。2）根据试验的实际情况填写实测数据，记录准确，内容齐全，不得漏项。3）工程采用施工总承包管理模式的，签字人员应为施工总承包单位的相关人员。

4.3.8 锅炉试运行记录

1. 锅炉试运行记录表

锅炉试运行记录表见表 4-18。

锅炉试运行记录表　　　　　　　表 4-18

表 C6-28　　　　　　　　　　　　　　　编号：×××

工程名称	
施工单位	

试运行情况记录：

试运行情况检查结论：

建设单位（签章）	监理单位（签章）	管理单位（签章）	施工单位（签章）

注：本表由施工单位填写，建设单位、施工单位、城建档案馆各保存一份。

2.《锅炉试运行记录》填写说明

（1）形成流程：锅炉烘炉、煮炉合格后，应进行 48h 的带负荷连续运行，同时进行安全阀的热状态定压检验和调整，并做好记录。

（2）相关规定与要求：检验方法：检查烘炉、煮炉及试运行全过程。

（3）注意事项：1）以设计要求和规范规定为依据，适用条目要准确。2）根据试验的实际情况填写实测数据，记录准确，内容齐全，不得漏项。3）工程采用施工总承包管理模式的，签字人员应为施工总承包单位的相关人员。

4.3.9 电气接地电阻试验记录

1. 电气接地电阻试验记录表

电气接地电阻试验记录见表 4-19。

电气接地电阻试验记录表　　　　　　　　表 4-19

表 C6-29　　　　　　　　　　　　　　　　　　　编号：×××

工程名称		测试日期			
仪表型号		天气情况		气温（℃）	
接地类型	□防雷接地　　□保护接地　　□重复接地		□计算机接地　　□防静电接地　　□综合接地		□工作接地　　□逻辑接地　　□医疗设备接地
设计要求	□≤100Ω　　□≤0.1Ω		□≤4Ω　　□≤　Ω		□≤1Ω

测试结论：

签字栏	建设（监理）单位	施工单位		
		专业技术负责人	专业质检员	专业工长

注：本表由施工单位填写，建设单位、施工单位、城建档案馆各保存一份。

2. 《电气接地电阻试验记录》填写说明

(1) 电气接地电阻测试记录应由建设(监理)单位及施工单位共同进行检查。

(2) 检测阻值结果和结论齐全。

(3) 电气接地电阻测试应及时,测试必须在接地装置敷设后隐蔽之前进行。

(4) 应绘制建筑物及接地装置示意图表,并应遵守电气接地装置隐检与平面示意图表的填写要求。

(5) 编号栏的填写应参照隐蔽工程检查记录编号填写,但表式不同时顺序号应重新编号。

(6) 要求无未了事项:1) 表格中凡需填空的地方,实际已发生的如实填写,未发生的,则在空白处画"/"线。2) 对于选择框,有此项内容画"√"号,若无此项内容,可空着,不必画"×"号。

4.3.10 电气器具安全检查记录

1. 电气器具安全检查记录表

电气器具通电安全检查记录表见表 4-20。

电气器具通电安全检查记录表　　表 4-20

表 C6-32　　　　　　　　　　　　　　　　编号:×××

工程名称						检查日期											
楼门单元或区域场所规程																	
层数	开关						灯具						插座					
	1	2	3	4	5	6	1	2	3	4	5	6	1	2	3	4	5	6
段层																		

续表

工程名称							检查日期												
楼门单元或区域场所规程																			
层数	开关						灯具						插座					
	1	2	3	4	5	6	1	2	3	4	5	6	1	2	3	4	5	6

检查结论：

签字栏	施工单位		
	专业技术负责人	专业质检员	专业工长

2.《电气器具通电安全检查记录》填写说明

（1）电气器具通电安全检查记录应由建设（监理）单位及施工单位共同进行检查。

（2）检测阻值结果和结论齐全。

（3）检查正确、符合要求时填写"√"号，反之，则填写"×"号。当检查不符合要求时，应进行修复，并在检查结论中说明修复结果。当检查部位为同一楼门单元（或区域场所），检查点很多又同一天检查时，本表格填写不下，可续表格填写，但编号应一致。

（4）编号栏的填写应参照隐蔽工程检查记录表编号填写，但表式不同时，顺序号应重新编写。

（5）要求无未了事项：表格中需填空的地方，实际已发生的，如实填写；未发生的，则在空白处画"/"线。

4.3.11 建筑物照明通电试运行记录

1. 建筑物照明通电试运行记录表

建筑物照明通电试运行记录表见表 4-21 所示。

建筑物照明通电试运行记录表　　表 4-21

表 C6-34　　　　　　　　　　　　　　　　　　　编号：×××

工程名称						公建□/住宅□	
试运行项目				填表日期			
试运行时间							

运行负荷记录	运行时间	运行电压（V）			运行电流（A）			温度（℃）
		L_1-N (L_1-L_2)	L_2-N (L_2-L_3)	L_3-N (L_3-L_1)	L_1 相	L_2 相	L_3 相	

试运行情况记录：

签字栏	建设（监理）单位	施工单位		
		专业技术负责人	专业质检员	专业工长

注：本表由施工单位填写，建设单位、施工单位各保存一份。

2.《建筑物照明通电试运行记录》填写说明

（1）建筑物照明通电试运行记录应由建设（监理）单位及施工单位共同进行检查。

（2）试运行情况记录应详细：1）照明系统通电，灯具回路控制应与照明配电箱及回路的标识一致。2）开关与灯具控制的顺序相对应，风扇的转向及调速开关应正常。3）记录电流、电压、温度及运行时间等有关数据。4）配电箱内电气线路连接节点处应进行温度测量，且温升值稳定，不大于设计值。5）配电箱内电气线路连接节点测温应使用远红外线摇表测量仪，并在检定有效期内。

(3) 除签字栏必须亲自签字外,其余项目栏均须打印。

(4) 当测试线路的相对零电压时,应把相间电压划掉。

(5) 编号栏的填写应参照隐蔽工程检查记录表编号编写,但表式不同的顺序号应重新编号。

(6) 要求无未了事项:1) 表格中凡需填空的地方,实际已发生的如实填写,未发生的,则在空白处画"/"线。2) 对于选择框,有此项内容,在选择框处打"√"号,若无此项内容,可空着,不必画"×"号。

4.3.12 漏电开关模拟试验记录

1. 漏电开关模拟试验记录表

漏电开关模拟试验记录表见表 4-22。

漏电开关模拟试验记录表　　　　表 4-22

工程名称					
试验器具				试验日期	
安装部位	型号	设计要求		实际测试	
		动作电流(mA)	动作时间(ms)	动作电流(mA)	动作时间(ms)
首层					
二层					
三层					

测试结论:

签字栏	建设(监理)单位	施工单位		
		专业技术负责人	专业质检员	专业工长

注:本表由施工单位填写,建设单位、施工单位各保存一份。

2.《漏电开关模拟试验记录》填写说明

(1) 漏电开关模拟试验记录应由建设(监理)单位及施工单位共同进行检查。

(2) 若当天内检查点很多时,本表格填写不下,可续表格进行填写,但编号应一致。

(3) 测试结论应齐全。

(4) 编号栏的填写应参照隐蔽工程检查记录编号编写,但表式不同时顺序号应重新编号。

(5) 要求无未了事项:表格中凡需填写的地方,实际发生的,如实填写;未发生的,则在空白处画"/"线。

4.3.13 避雷带支架拉力测试记录

1. 避雷带支架拉力测试记录表

避雷带支架拉力测试记录表见表 4-23。

避雷带支架拉力测试记录表　　表 4-23

表 C6-38　　　　　　　　　　　　　　　　　编号×××

工程名称					
测试部位		屋面避雷器		测试日期	
序号	拉力(kg)	序号	拉力(kg)	序号	拉力(kg)

检查结论:

签字栏	建设(监理)单位	施工单位		
		专业技术负责人	专业质检员	专业工长

注:本表由施工单位填写,建设单位、施工单位各保存一份。

2.《避雷带支架拉力测试记录》填写说明

(1) 避雷带支架拉力测试记录应由建设（监理）单位及施工单位共同进行检查。

(2) 若当天内检查点很多时，本表格填写不下，可续表格进行填写，但编号应一致。

(3) 测试结论应齐全。

(4) 编号栏的填写应参照隐蔽工程检查记录编号编写，但表式不同时顺序号应重新编号。

(5) 要求无未了事项：表格中凡需填写的地方，实际发生的，如实填写；未发生的，则在空白处画"/"线。

4.3.14 通风与空调工程设备单机试运转记录

1. 设备单机试运转记录表

设备单机试运转记录表见表 4-24。

设备单机试运转记录表　　表 4-24

表 C6-2　　　　　　　　　　　　　　　　　　编号×××

工程名称		试运转时间			
设备部位图号		设备名称		规格型号	
试验单位		设备所在系统		额定数据	
序号	试验项目		实验记录		试验结论
1					
2					
3					
4					
5					
6					
7					
8					
9					
10					
11					

试运转结论：

签字栏	建设（监理）单位	施工单位		
		专业技术负责人	专业质检员	专业工长

注：本表由施工单位填写，建设单位、施工单位、城建档案馆各保存一份。

2.《设备单机试运转记录》填写说明

(1) 形成流程：水处理系统设备、通风与空调系统的各类水泵、风机、冷水机组、冷却塔、空调机组、新风机组等设备在安装完毕后，应进行单机试运转，并做好记录。

(2) 水泵试运转的轴承温升必须符合设备说明书的规定。检验方法：通电、操作和温升计测温检查。水泵试运转，叶轮与泵壳不应相碰，进、出口部位阀门应灵活。

(3) 注意事项：1）工程名称与施工文件一致，且与其他专业相互统一。2）应根据试验的情况真实填写。内容齐全，不得漏项，应以规程、规范为依据，结论要准确。3）签字栏必须本人手签，不得打印或他人代签。

4.3.15 通风与空调工程系统试运转调试记录

1. 通风与空调工程系统试运转调试记录表

通风与空调工程系统试运转调试记录表见表 4-25。

通风与空调工程系统试运转调试记录表 表 4-25

表 C6-3　　　　　　　　　　　　　　　　　　　编号×××

工程名称		试运转调试时间	
试运转调试项目		试运转调试部位	

试运转、调试内容：

试运转、调试结论：

建设单位	监理单位	施工单位

注：1. 附必要的试运转调试测试表。
　　2. 本表由施工单位填写，建设单位、施工单位、城建档案馆各保存一份。

2.《通风与空调工程系统试运转调试记录》填写说明

（1）形成流程：水处理系统、通风与空调系统、净化空调系统等应进行系统试运转及调试，并做好记录。

（2）系统试运转及调试内容：包括全过程中各种试验数据、控制参数以及运行情况。

（3）注意事项：1）系统试运转及调试前必须编制专项系统运转及调试方案，系统试运转前应完成各项设备的单机试运转并进行纪录。2）工程名称与施工文件一致，且与其他专业相互统一。3）应根据试验的情况真实填写，内容要齐全，不得漏项。应以规程、规范为依据，结论要准确。4）签字栏必须本人手签，不得打印或他人代签。

4.3.16 空调系统试运转调试记录

1. 空调系统试运转调试记录表

空调系统试运转调试记录表见表 4-26。

空调系统试运转调试记录表　　　　表 4-26

表 C6-44　　　　　　　　　　　　　　　　　　编号×××

工程名称		试运转调试日期	
系统名称		系统所在位置	
实测总风量（m^3/h）		设计总风量（m^3/h）	
风机全压（Pa）		实测风机全压（Pa）	

调试内容：

调试结论：

签字栏	建设（监理）单位	施工单位		
		专业技术负责人	专业质检员	专业工长

注：本表由施工单位填写，建设单位、施工单位、城建档案馆各保存一份。

2.《空调系统试运转调试记录》填写说明

(1) 形成流程:通风与空调工程进行无生产负荷联合试运转调试时,应对空调系统总风量进行测量调整,并做好记录。

(2) 系统实际风量与设计风量的相对偏差不应大于10%,为调试合格。

(3) 注意事项:1)工程名称与施工文件一致,且与其他专业相互统一。2)应根据试验的情况真实填写,内容要齐全,不得漏项。应以规程、规范为依据,结论要准确。3)签字栏必须本人手签,不得打印或他人代签。

4.3.17 制冷系统气密性试验记录

1. 制冷系统气密性试验记录表

制冷系统气密性试验记录表(见表4-27)。

制冷系统气密性试验记录表　　　　表4-27

表C6-46　　　　　　　　　　　　　　　　　　　编号×××

工程名称			试验时间	
试验项目			试验部位	
管道编号	气密性试验			
	试验介质	试验压力(Pa)	停压时间	试验结果
管道编号	真空试验			
	设计真空度(kPa)	试验真空度(kPa)	试验时间	试验结果
管道编号	充注制冷剂试验			
	充注制冷剂压力(MPa)	检漏仪器	补漏位置	试验结果

续表

试验结论：

签字栏	建设（监理）单位	施工单位		
		专业技术负责人	专业质检员	专业工长

2.《制冷系统气密性试验记录》填写说明

（1）形成流程：应对制冷系统的工作性能进行试验，并做好记录。

（2）组装式制冷机组和现场充注制冷剂的机组，必须进行吹污。

（3）气密性试验，真空试验和充注制冷剂检漏试验，其相应技术数据必须符合产品技术文件和现行国家标准、规范的规定。

（4）注意事项：1）工程名称与施工文件一致，且与其他专业相互统一。2）应根据试验的情况真实填写，内容要齐全，不得漏项。应以规程、规范为依据，结论要准确。3）签字栏必须本人手签，不得打印或他人代签。

4.4 智能建筑工程质量检测验收记录

4.4.1 《智能建筑工程质量监测验收专用记录表》一般规定

（1）《智能建筑工程质量检测验收专用记录表》是《智能建筑工程制冷验收规范》（GB 50339）（以下简"规范"）的配套表格。

（2）"规范"第 3.1.1 条规定，"智能建筑工程质量验收要包括工程实施及质量控制、系统检测和竣工验收"，以下所列表格适用于检测验收和竣工验收阶段，工程实施及质量验收阶段的表格可参考使用。

（3）本书所列表格中的内容，为智能建筑工程中子分部工程及分项工程中的质量控制点，检测验收时应严格遵照执行。

因不同的工程中分项工程不同或分项工程的内容有所不同,在检测验收时,可根据工程中的实际情况和需要有所调整。

(4) 表格的编号。表格的编号布置在表格右上部,具体格式如下:

编号:×.0.×——× × × ×,横线前端"×.0.×"指规范"附录"中表格编号,横线后端紧挨的前面两个"× ×"为规范中各章排号,最后两个"× ×"表示表格序号。

(5) 在工程实施及质量控制阶段,工程质量由施工单位、监理(建设)单位负责组织工程自检,自检内容可参考本记录。但自检时应逐项检查,不得改为抽检。自检项在表格编号的序号后加上"(自检)"字样。

(6) 全部验收记录表均为整个工程的重要文档,要认真填写,检测验收负责人应对表格填写内容签字并负责。

4.4.2 设备材料进场检验

设备材料进场检验表见表 4-28。

设备材料进场检验表 表 4-28

表 B.0.1 编号×××

序号	产品名称	规格、型号、产地	主要性能/功能	数量	包装及外观	检测结果		备注
						合格	不合格	

施工单位人员签名:	监理工程师(建设单位现场管理人员)签名:	检测日期:

注:1. 在"检测"结果栏,按实际情况在相应空格内打"√"号,左列打"√"视为合格,右列打"√"视为不合格。
   2. "备注"栏内写产品的检测报告和记录是否齐备。

4.4.3 隐蔽工程（随工检查）验收

隐蔽工程（随工检查）验收表见表 4-29。

隐蔽工程（随工检查）验收表　　表 4-29

表 B.0.2　　　　　　　　　　　　　　　　　　　　编号：×××

系统名称：

建设单位	施工单位	监理单位

隐蔽工程内容与检查	检查内容	检查结果		
		安装质量	楼层部位	图号

验收意见：

建设单位/总包单位	施工单位	监理单位
验收人：	验收人：	验收人：
日期：　年　月　日	日期：　年　月　日	日期：　年　月　日
盖章：	盖章：	盖章：

注：

4.4.4 工程安装质量及观感质量验收记录

工程安装质量及观感质量验收记录见表4-30。

工程安装质量及观感质量验收记录 表4-30

表B.0.4　系统（工程）名称：　　　　施工单位：　编号：×××

设备名称	项目	要求	方法	主观评价	检查结果 合格	检查结果 不合格	抽查百分比
检查结果				安装质量检查结论			
施工单位人员签名：				监理工程师（建设单位）签名：		验收日期： 年　月　日	

注：
1. 在检查结果栏，按实际情况在相应空格内打"√"号，（左列打"√"视为合格，右列打"√"视为不合格）。
2. 检查结果：K_s（合格率）＝合格数/项目检查数（项目检查数如无要求或实际缺项未检查的，不计在内）。
3. 检查结论：$K_s \geqslant 0.8$，判为合格；$K_s < 0.8$，判为不合格；必要时作简要说明。
4. 主观评价栏内填写主观评价意见，分"符合要求"和"不符合要求"，不符合要求者注明主要问题

4.4.5 智能建筑工程分项工程质量检测记录表

智能建筑工程分项工程质量检测记录表见表 4-31。

智能建筑工程分项工程质量检测记录表　　表 4-31

表 C.0.1　　　　　　　　　　　　　　　　　　　　　　　编号：×××

单位（子单位）工程名称		子分部工程	
分项工程名称		验收部位	
施工单位		项目经理	
施工执行标准名称及编号			
分包单位			分包项目经理
检测项目及抽验数量	检测记录		备注
1			
2			
3			
4			

检测意见：

监理工程师签字：　　　　　　　　　检测机构负责人签字：
（建设单位项目专业技术负责人）
日期：　年　月　日　　　　　　　　日期：　年　月　日

4.4.6 系统（分部工程）监测汇总表

（1）系统（分部工程）监测汇总表见表 4-32。

系统（分部工程）监测汇总表　　表 4-32

表 C.0.4　　　　　　　　　　　　　　　　　　　　编号：×××

序号	子系统名称	内容及问题	检测结果	
			合格	不合格

检测机构项目负责人签名：　　　　　检查结论

检测人员签名：　　　　　　　检测日期：　年　月　日

注：在检测结果栏，按实际情况在相应栏内打"√"号（左列打"√"视为合格，右列打"√"视为不合格）。

（2）《系统（分部工程）监测汇总表》填写说明请参照《智能建筑工程质量验收规范》（GB 50339）第 8.3.5、8.3.6、8.3.7、8.3.8 条及第 8.3.9 条的内容。

4.4.7 资料审查表

资料审查表见表 4-33。

资料审查表   表 4-33

表 D.0.1　　　　　　　　　　　　　　　　　　　　编号：×××
系统名称：

序号	审查内容	审查结果				备注
		完整性		准确性		
		完整（或有）	不完整（或无）	合格	不合格	
1	工程合同技术文件					
2	设计更改审核文件					
3	工程实施及质量控制检验报告及记录					
4	系统检测报告及记录					
5	系统的技术、操作和维护手册					
6	竣工图及竣工文件					
7	重大施工事故报告及处理文件					
8	监理文件					

审查结果统计：
共 8 项，全部合格

审查结论：合格

审查人员签字：　　　　　日期：　　年　月　日

注：1. 在审查结果栏，按实际情况在相应栏内打"√"号（左列打"√"号视为合格，右列打"√"号视为不合格）。
2. 存在的问题在备注栏内注明。
3. 根据行业要求，验收组可增加竣工验收要求的文件，填在空白表格内。
4. 本表由验收机构负责填写。

4.4.8 竣工验收结论汇总表

竣工验收结论汇总表见表 4-34。

竣工验收结论汇总表　　　　　　表 4-34

表 D.0.2　系统名称：　　　施工单位：　　　编号：×××

工程实施及质量检验结论		验收人签字： 年　月　日
系统检测结论：		验收人签字： 年　月　日
观感质量验收：		验收人签字： 年　月　日
资料审查结论：		验收人签字： 年　月　日
人员培训考评结论：		验收人签字： 年　月　日
运行管理队伍及规章制度审查：		验收人签字： 年　月　日
设计等级要求评定：		验收人签字： 年　月　日
系统验收结论：		验收人签字： 年　月　日

建议与要求：

验收组组长、副组长（主任、副主任）签名：

注：1. 本汇总表须附《智能建筑工程质量验收规范》（GB 50339）附录 D 中所有表格，行业要求的其他文件及出席验收会议与验收机构人员名单（签到）。
　　2. 验收结论一律写"通过"或"不通过"。

第 5 章 检验批质量验收记录

5.1 检验批质量验收记录表填写

5.1.1 表的名称及编号

（1）检验批由监理工程师或建设单位技术负责人组织项目专业质量检查员等进行验收，表的名称应在制作专用表格时就印好，前边印上分项工程的名称。表的名称下边注上"质量验收规范的编号"。

（2）检验批的编号按全部施工质量验收规范系列的分部工程、子分部工程统一为9位数字的数码编号，写在表的右上角，前六位数字均印在表上，后留三个"□"，检查验收时填写检验批的顺序号。其编号规则为：1）前边两个数字为分部工程的代码（01～09）。地基与基础为01，主体结构为02，建筑装饰装修为03，建筑屋面为04，建筑给水排水及采暖为05，建筑电气为06，智能建筑为07，通风与空调为08，电梯为09。2）第3、4位数字是子分部工程的代码。3）第5、6位的数字是分项工程的代码。4）其顺序号见《建筑工程质量验收统一标准》附录B表B.0.1建筑工程分部（子分部）工程、分项工程划分表。5）第7、8位数字是各分项工程检验批验收的顺序号。由于在大体量高层或超高层建筑中，同一个分项工程会有很多检验批的数量，故留了两位数的空位置。6）如地基与基础分部工程、无支护土方子分部工程、土方开挖分项工程，其检验批表的编号为010101□□，第一个检验批的编号为010101⓪①。7）有些子分部工程中有些项目可能在两个分部工程中出现，这就要在同一个表上编两个分部工程及相应子分部工程的编号；如砖砌体分项工程在地基与基础和主体结构中都有，地基与基础砖砌体分项工程检验批的编号为010701□□，主体结构砖砌体分项工程检验批的编号为020301□□。8）有些分项工程可能在几个子分部工程中出现，这就应在同一个检验批表上编几个子分部工程及子分部工程的编号。如建筑电气的接地装置，室外电气安装等子分部工程编号为060109□□、变配电室安装等子分部工程060206□□、备用和不间断电源安装及防雷接地安装等子分部工程编号为060701□□。9）以上4个编号中的第5、6位数字分别是第一个09，是室外电气子分部工程的第9个分项工程，第2个编号中的06是变配电室子分部工程的第6个分项工程，其余类推。另外，有些规范的分项工程，在验收时也将其划分为几个不同的检验批来验收，如混凝土结构子分部工程的混凝土分项工程，分为原材料、配合比设计、混凝土施工3个检验批来验收。又如，精装装饰装修分部工程建筑地面子分部工程中的基层分项工程，其中有几种不同的检验批，故在其表名下标罗马数字（Ⅰ）、（Ⅱ）、（Ⅲ）等。

5.1.2 表头部分的填写

（1）检验批表编号的填写，在3个方框内填写检验批序号，如为第12个检验批则填为1 2。

（2）单位（子单位）工程名称，按合同文件上的单位工程名称填写，子单位工程标出该部分的位置。分部（子分部）工程的名称，按验收规范各订单分部（子分部）名称填写。验收部位是指一个分项工程中的验收的哪个检验批的抽样范围，要标注清楚，如二层①～⑥轴线的混凝土。

施工单位、分包单位应填写施工单位的全称，与合同盖章名称一致。项目经理填写合同中指定的项目负责人。在装饰、安装分部工程施工中，有分包单位时，也应填写分包单位全称，分包单位项目经理也应是分包合同中指定的项目负责人。这些人员由填表人员填写，不要本人签字，只是标明他是项目负责人。

（3）施工执行标准名称及编号。由于验收规范只列出验收的质量指标，其对工艺只提出了一个原则要求，具体的操作工艺就只能依据企业标准来要求了。只有按照不低于国家质量验收规范的企业标准操作，才能保证国家验收规范的实施。如果没有具体操作工艺标准，保证工程质量就无从谈起。企业必须制定企业标准（操作工艺、工艺标准、工法等），用来培训工人、技术交底，来规范工人班组的工艺操作。填写时只要将标准名称及编号填写上，就可以在企业标准系列中查到该标准，说明工人在施工中执行了这项标准。

5.1.3 质量验收规范的规定栏

质量验收规范的规定栏，填写具体的质量要求，在制表时就已填写好验收规范中主要项目、一般项目的全部内容。在有限的表格只能将质量指标归纳、简化描述或题目及条文号填写上，作为基础内容提示，以便查对验收规范的原文；对计数检验的项目，将数据直接写出来。这些项目的主要要求用注的形式放在表格的填写说明里。如果是将验收规范的主要项目、一般项目内容摘录在表的背面，这样方便查对验收条文的内容。根据以往的经验，这样做就会引起只看表格，不看验收规范的后果，规范上还有基本规定和一般规定的内容，它们虽然不是主控项目和一般项目的条文，但这些内容也是验收主控项目和一般项目的依据。所以验收规范的质量指标不宜全部抄过来，故只将其主要要求及如何判定注明。

5.1.4 主控项目、一般项目施工单位检查评定记录

填写方法分以下几种情况，判定验收不要受均按施工质量验收规范进行判定。

（1）对定量项目直接填写检查的数据。

（2）对定性项目，当符合验收规范规定时，采用打"√"号的方法标注，当不符合规范规定时，采用打"×"的方法标注。

（3）有混凝土、砂浆等级的检验批，按规定制取试件后，可填写试件编号，待试件试验报告出来后，对检验批进行判定，并在分项工程验收时进一步进行强度评定及验收。

（4）对既有定性又有定量的项目，各个子项目均符合规范

规定时，采用打"√"号来标注，不符合采用打"×"号来标注。无此项目内容的打"/"线来标注。

（5）对一般项目合格点有要求的项目，应是其中带有数据的定量项目；定性项目必须基本达到。定量项目其中每个项目必须有80%以上（混凝土保护层为90%）监测点的实测值达到规定。其余20%按各专业施工质量验收规范规定，不能大于150%，钢结构为120%，就是说有数据的项目，除必须达到规定的数值外，其余可放宽的，最大放宽到150%。

"施工单位检查评定记录"栏的填写，有数据的项目，将设计测量的数值填写在表格内，超企业标准的数字，而没有超过国家验收规范的用"○"将其圈住；对超过国家验收规范的用"△"圈住。

5.1.5　监理（建设）单位验收记录

通常监理人员应进行平行、旁站或巡回的方法进行监理，在施工过程中，对施工质量进行查看和测量，并参加施工单位的重要项目的检测。对新开工程和首件产品进行全面检查，以了解质量水平和控制措施的有效性及执行情况，在整个过程中随时可以测量等。在检验批验收时，对主控项目、一般项目应逐项进行验收。对符合验收规范规定的项目，填写"合格"或"符合要求"，对不符合验收规范规定的项目，暂不填写，待处理后再验收，但应做好标记。

5.1.6　施工单位检查评定结果

施工单位自行检查评定合格后，应注明"主控项目全部合格，一般项目满足规范规定要求"。

专业工长（施工员）和施工班组长栏内由本人填写，以示承担责任。专业质量检查员代表企业逐项检查评定合格，填写表格并写清楚结果，填写后交监理工程师或建设单位项目专业技术负责人验收。

5.1.7　监理（建设）单位验收结论

主控项目、一般项目验收合格后，混凝土、砂浆试件强度待试验报告出来后判定,其余项目全部验收合格,注明"同意验收"。逐页由监理工程师和建设单位的专业技术负责人签字。

5.2 单位(子单位)工程质量竣工验收记录

5.2.1 单位(子单位)工程质量竣工验收记录

1. 单位(子单位)工程质量竣工验收记录(见表5-1)。

单位(子单位)工程质量竣工验收记录　　表5-1

表D-4　　　　　　　　　　　　　　　　　　编号:_____

工程名称		结构类型		层数/建筑面积	
施工单位		技术负责人		开工日期	
项目经理		技术负责人		竣工日期	
序号	项目	验收记录			验收结论
1	分部工程	共 分部,经查 分部核定符合标准及设计要求 分部			
2	质量控制资料核查	共 项,经核查符合要求 项,经核定符合规范要求 项			
3	安全和主要使用功能检查及抽查结果	共核查 项,符合要求 项,共核查 项,符合要求 项,经返工处理符合要求 项			
4	观感质量验收	共抽查 项,符合要求 项,不符合要求 项			
5	综合验收结论				
参加验收单位	建设单位 (公章) 单位(项目) 负责人: 年 月 日	监理单位 (公章) 总监理工程师: 年 月 日		施工单位 (公章) 单位负责人: 年 月 日	设计单位 (公章) 单位(项目) 负责人: 年 月 日

2.《单位（子单位）工程质量竣工验收记录》填写说明

（1）资料流程：本表由调查人填写，各有关单位保存。

（2）相关规定与要求：1）单位工程完工，施工单位组织自检合格后，应报请监理单位进行工程预验收，通过后向建设单位提交工程竣工报告并填写《单位（子单位）工程质量竣工验收记录》。建设单位组织设计单位、监理单位、施工单位等进行工程质量竣工验收并记录，验收记录上各单位必须签字并加盖公章。2）凡列入报送城建档案馆的工程档案，应在单位工程验收前由城建档案馆对工程档案进行预验收，并出具《建筑工程竣工档案预验收意见》。3）单位工程质量竣工验收记录应由施工单位填写，验收结论由监理单位填写，综合验收结论应由参加验收各方共同商定，并由建设单位填写，主要对工程质量是否符合设计和规范要求及总体质量水平作出评价。4）进行单位（子单位）工程质量竣工验收时，施工单位应同时填报《单位（子单位）工程质量竣工验收记录》、《单位（子单位）工程观感质量检查记录》，作为单位（子单位）工程质量竣工验收记录的附表。

（3）注意事项：本报应本着实事求是的原则填写，严禁弄虚作假。

5.2.2 单位（子单位）工程质量控制核查记录

1. 单位（子单位）工程质量控制核查记录（见表5-2）。

单位（子单位）工程质量控制核查记录　　表5-2

表D-5　　　　　　　　　　　　　　　　　　　　　编号：

工程名称			施工单位		
序号	项目		份数	检查意见	核查人
1	建筑结构	图纸会审、设计变更、洽商记录			
2		工程定位、测量、放线记录			
3		原材料出厂合格证及进场检（试）验报告			
4		施工试验报告及见证检测报告			

续表

工程名称			施工单位		
序号	项目		份数	检查意见	核查人
5	建筑结构	隐蔽工程验收记录			
6		施工记录			
7		预制构件、预拌混凝土合格证			
8		地基、基础、主体结构检验及抽样检测资料			
9		分项、分部工程质量验收记录			
10		工程质量事故及事故调查处理资料			
11		新材料、新工艺施工记录			
12					
1	给水排水与采暖	图纸会审、设计变更、洽商记录			
2		材料、构（配）件出厂合格证书及进场检（试）验报告			
3		管道、设备强度试验、严密性试验记录			
4		隐蔽工程验收记录			
5		系统清洗、灌水、通水、通球试验记录			
6		施工记录			
7		分项、分部工程质量验收记录			
8					
1	建筑电气	图纸会审、设计变更、洽商记录			
2		材料、构（配）件出厂合格证书及进场检（试）验报告			
3		设备调试记录			
4		接地、绝缘电阻测试记录			
5		隐蔽工程验收记录			
6		施工记录			
7		分项、分部工程质量验收记录			
8					

续表

工程名称			施工单位		
序号	项目		份数	检查意见	核查人
1	通风与空调	图纸会审、设计变更、洽商记录			
2		材料、构（配）件出厂合格证书及进场检（试）验报告			
3		制冷、空调、水管道强度试验、严密性试验记录			
4		隐蔽工程验收记录			
5		制冷设备运行调试记录			
6		通风、空调系统调试记录			
7		施工记录			
8		分项、分部工程质量验收记录			
9					
1	电梯	图纸会审、设计变更、洽商记录			
2		设备出厂合格证及开箱检验记录			
3		隐蔽工程验收记录			
4		施工记录			
5		接地、绝缘电阻测试记录			
6		负荷试验、安全装置检查记录			
7		分项、分部工程质量验收记录			
8					
1	建筑智能化	图纸会审、设计变更、洽商记录、竣工图及设计说明			
2		材料、构（配）件出厂合格证书与技术文件及进场检（试）验报告			
3		隐蔽工程验收记录			
4		系统功能测定及设备调试记录			
5		系统技术、操作和维护手册			
6		系统管理、操作人员培训记录			
7		系统检测报告			
8		分项、分部工程质量验收记录			

续表

工程名称			施工单位		
序号	项目		份数	检查意见	核查人

结论：

施工单位项目经理：　　　　　　　总监理工程师：
　　　　　　　　　　　　　　　　（建设单位项目负责人）

　　年　月　日　　　　　　　　　　　年　月　日

2.《单位（子单位）工程质量控制核查记录》填写说明

（1）资料流程：本表由施工单位按照所列质量控制资料的种类、名称进行检查，并填写分数，然后提交给监理单位验收。

（2）相关规定与要求：1）单位（子单位）工程质量控制资料是单位工程综合验收的一项重要内容，是单位工程包含的有关分部工程中检验批主控项目、一般项目要求内容的汇总表。2）《建筑工程质量验收统一标准》（GB 50300）中规定了建筑结构11项，给水排水7项，建筑电气7项，通风与空调8项，电梯7项，建筑智能化8项标准。

（3）注意事项：1）本表其他各栏内容均由监理单位进行核查，独立得出核查结论。合格后填写具体核查意见，如齐全，具体核查人在"核查人"栏签字。2）总监理工程师在"结论"栏里填写综合性结论。3）施工单位项目经理在"结论"栏里签字确认。

5.2.3 单位（子单位）工程安全和功能检验资料核查及主要功能抽查记录

1. 单位（子单位）工程安全和功能检验资料核查及主要功能抽查记录（见表5-3）。

再重复检测，只检查检测报告是否符合有关规定。

5.2.4 单位（子单位）工程观感质量检查记录

1. 单位（子单位）工程观感质量检查记录（见表 5-4）。

单位（子单位）工程观感质量检查记录　　　表 5-4

表 D-7

工程名称			施工单位					
序号		项目	抽查质量状况				质量评价	
						好	一般	差
1	建筑结构	室外墙面						
2		变形缝						
3		水落管、屋面						
4		室外墙面						
5		室内顶棚						
6		室内地面						
7		楼梯、踏步、护栏						
8		门窗						
1	给水排水与采暖	管道口、坡度、支架						
2		卫生器具、支架、阀门						
3		检查口、清扫口、地漏						
4		散热器、支架						
1	建筑电气	配电箱、盘、板、接线盒						
2		设备器具、开关、插座						
3		防雷、接地						
1	通风与空调	风管、支架						
2		风口、风阀						
3		风机、空调设备						
4		阀门、支架						
5		水泵、冷却塔						
6		绝热						
1	电梯	运行、平层、开关门						
2		层门、信号系统						
3		机房						

续表

序号	项目		抽查质量状况	质量评价		
				好	一般	差
1	智能建筑	机房设备安装及布局				
2		现场设备安装				
3						
	观感质量综合评价					

检查结论	施工单位项目经理： 年　月　日	总监理工程师： （建设单位项目负责人） 年　月　日

注：质量评价为差的项目，应进行返修。

2.《单位（子单位）工程观感质量检查记录》填写说明

（1）资料流程：本表由总监理工程师组织参加验收的各方代表，按照表中所列内容，共同实际检查，协商得出质量评价、综合评价和验收结论。

（2）相关规定与要求：1）工程质量观感检查是工程竣工后进行的一项重要验收工作，是对工程的一个全面的检查。2）《建筑工程质量验收统一标准》（GB 50300）规定，单位工程的质量观感验收分为"好"、"一般"、"差"三个等级，检查的方法、程序及标准等与分部工程相同，属于综合性验收。

（3）注意事项：1）参加验收的各方代表，经共同检查确认没有影响结构安全和使用功能等问题，可共同商定评价意见。评价为"好"、"一般"的项目由总监理工程师在"检查结论"栏内填写验收结论。2）如有被评价为"差"的项目，属不合格项，应返工修理，并重新验收。3）"抽查状况"栏可填写具体数据。

5.3 分部（子分部）工程质量竣工验收记录

5.3.1 分部（子分部）工程质量竣工验收记录

1. 分部（子分部）工程质量竣工验收记录见表 5-5。

分部（子分部）工程质量竣工验收记录　　表 5-5

_____分部（子分部）工程质量验收记录表

单位（子单位）工程名称			结构类型及层数		
施工单位		技术部门负责人		质量部门负责人	
分包单位		分包单位负责人		分包技术负责人	
序号	子分部（分项）工程名称	分项工程（检验批）数	施工单位检查评定	验收意见	
1					
2	质量控制资料				
3	安全和功能检验（检测报告）				
4	观感质量验收				
验收单位	分包单位	项目经理：		年　月　日	
	施工单位	项目经理：		年　月　日	
	勘察单位	项目负责人：		年　月　日	
	设计单位	项目负责人：		年　月　日	
	监理（建设单位）	总监理工程师（建设单位项目专业技术负责人）		年　月　日	

注：地基基础、主体结构分部工程质量验收不填写"分包单位"、"分包单位负责人"和"分包单位技术负责人"。地基基础、主体结构分部工程质量验收勘察单位应签认，其他分部工程验收勘察单位可不签认。

2.《分部(子分部)工程质量竣工验收记录》填写说明

(1) 资料流程:本表由调查人填写,各有关单位保存。

(2) 相关规定与要求:1) 施工单位在完成一个检验批的施工,经过自检和施工试验合格后,报监理工程师查验,监理工程师应对检验批进行验收,并在验收记录上签字。2) 在完成分项工程后,施工单位应按分项工程进行报验,填写《分项/分部工程施工报验表》并附《_____分部工程质量验收记录表》和相关附件。3) 施工单位在完成分部工程施工,经过自检合格后,应填写《分项/分部工程施工报验表》并附《_____分部工程质量验收记录表》和相关附件,报监理部,总监理工程师应组织验收并签署意见。

(3) 注意事项:本表应本着实事求是的原则填写,严禁弄虚作假。

5.3.2 检验批质量验收记录

1. 土方开挖工程检验批质量验收记录表(见表5-6)。

土方开挖工程检验批质量验收记录表 表5-6
(GB 50202—2012)

工程名称		分项工程名称			验收部位		
施工单位			专业工长			项目经理	
施工执行标准名称及编号							
分包单位			分包项目经理			施工班组长	
施工质量验收规范的规定						施工单位检查评定记录	监理(建设)单位验收记录
项目		允许偏差或允许值(mm)					
		柱基基坑基槽	挖方场地平整		管沟	地(路)面基层	
			人工	机械			
主控项目	1	标高						
	2	长度、宽度(由设计中心线向两边量)						
	3	边坡	设计要求					

续表

一般项目	1	表面平整度					
	2	基地土性	设计要求				

施工单位检查评定结果	项目专业质量检查员： 年 月 日
监理（建设）单位验收结论	监理工程师： （建设单位项目专业技术负责人） 年 月 日

2.《土方开挖工程检验批质量验收记录表》填写说明

（1）资料流程：本表由施工单位在完成本工序后填写，并报送监理单位；监理单位审批后返还施工单位，各相关单位存档。后续各检验批流程同此。

（2）相关规定与要求：主控项目：1）标高。是指挖后的基地标高，用水准仪测量。检查测量记录。2）长度、宽度。是指基底的长度、宽度。用经纬仪、拉线尺量检查等。检查测量记录。3）边坡。符合设计要求。观察检查或用坡度尺检查。一般项目：1）表面平整度。主要是指基底，用2m靠尺和塞尺检查。2）基底土性。符合设计要求。观察检查或土样分析，通常请勘察、设计单位来验槽，形成验槽记录。

（3）注意事项：土方开挖前检查定位放线、排水和降低地下水位系统，合理安排土方运输车的行走线路及弃土场。施工过程中检查平面位置、水平标高、边坡坡度、压实度、排水、降低地下水位系统，并随时观察周围的环境变化。施工完成后，进行验槽。形成施工记录及检验报告，检查施工记录和验槽报告。

5.3.3 土方回填工程检验批质量验收记录

1. 土方回填工程检验批质量验收记录表（见表5-7）。

土方回填工程检验批质量验收记录表　　　表5-7

(GB 50202—2012)

工程名称			分项工程名称			验收部位	
施工单位				专业工长		项目经理	
施工执行标准名称及编号							
分包单位			分包项目经理			施工班组长	
施工质量验收规范的规定						施工单位检查评定记录	监理（建设）单位验收记录
项目		允许偏差或允许值（mm）					
		柱基基坑基槽	场地平整		管沟	地(路)面基层	
			人工	机械			
主控项目	1	标高					
	2	分层压实系数	设计要求				
一般项目	1	回填土料	设计要求				
	2	分层厚度及含水量	设计要求				
	3	表面平整度					
施工单位检查评定结果	项目专业质量检查员：　　　　　　　　　　年　月　日						
监理（建设）单位验收结论	监理工程师： （建设单位项目专业技术负责人）　　　　　年　月　日						

2.《土方开挖工程检验批质量验收记录表》填写说明

(1) 资料流程：本表由施工单位在完成本工序后填写，并报送监理单位；监理单位审批后返还施工单位，各相关单位存档。

(2) 相关规定与要求：主控项目：1) 标高。是指回填后的表面标高，用水准仪测量。检查测量记录。2) 分层压实系数。符合设计要求。按规定方法取样，试验测量，不满足要求时随时进行返工处理，直到达到要求。检查测量记录。一般项目：1) 回填土料，符合设计要求。取样检查或直观鉴别，做好记录。检查试验报告。2) 分层厚度及含水量。符合设计要求。用水准仪检查分层厚度，取样检测含水量。检查施工记录和试验报告。3) 表面平整度。用水准仪或靠尺检查，控制在允许偏差范围内。

(3) 注意事项：土方回填前，清除基底的垃圾、树根等杂物，去除积水、淤泥，验收基底标高。如在松土上填方，在基底压实后再进行。填方土料按设计要求验收。填施工中检查排水措施，每层填筑厚度、含水量控制、压实程度。填筑厚度及压实遍数应根据土质、压实系数及所用机械确定。检查施工记录和试验报告。

5.3.4 防水混凝土检验批质量验收记录

1. 防水混凝土检验批质量验收记录表（见表5-8）。

防水混凝土检验批质量验收记录表 表5-8
(GB 50208—2008)

工程名称		分项工程名称		验收部位	
施工单位			专业工长		项目经理
施工执行标准名称及编号					
分包单位		分包项目经理		施工班组长	

续表

		施工质量验收规范的规定		施工单位检查评定记录	监理（建设）单位验收记录
主控项目	1	原材料、配合比、坍落度			
	2	抗压强度、抗渗压力	设计要求		
一般项目	1	细部做法	设计要求		
	2	裂缝宽度	设计要求		
	3	防水混凝土结构层厚度≥250mm，迎水面保护层厚度50mm			

施工单位检查评定结果	项目专业质量检查员： 年 月 日
监理（建设）单位验收结论	监理工程师： （建设单位项目专业技术负责人） 年 月 日

2.《防水混凝土检验批质量验收记录表》填写说明

（1）资料流程：本表由施工单位在完成本工序后填写，并报送监理单位；监理单位审批后返还施工单位，各相关单位存档。

（2）相关规定与要求：主控项目：1）防水混凝土的原材料、配合比、坍落度必须符合设计要求。同时原材料按《混凝土结构工程施工质量验收规范》(GB 50204)相关条款进行检查。检查出厂合格证、质量检验报告、计量措施和现场抽样试验报告。2)防水混凝土的抗压强度和抗渗压力必须符合设计要求。检查混凝土抗压、抗渗试验报告。3)防水混凝土的变形缝、施工缝、后浇带、穿墙管道、埋设件等设置和构造,均须符合设计要求,严禁有漏洞。观察检查和检查隐蔽工程验收记录。一般项目:1)防水混凝土表面应坚实、平整,不得有漏筋、蜂窝等缺陷;埋设件位置应准确。观察和尺量检查。2)防水混凝土表面的裂缝宽度不得大于 0.2mm,并不得贯通。用刻度放大镜检查。3)防水混凝土结构厚度不得小于 250mm,其允许偏差为+15mm,-10mm;迎水面钢筋保护层厚度不应小于 50mm,其允许偏差为±10mm。尺量检查和检查隐蔽工程验收记录。

(3)注意事项:按混凝土外露面积每 100m² 作为一处,抽查每处 10m²,且不少于 3 处。

5.3.5 模板安装工程检验批质量验收记录表

1. 模板安装工程检验批质量验收记录(见表5-9)

模板安装工程检验批质量验收记录表　　表 5-9
(GB 50204—2015)

工程名称			分项工程名称		验收部位	
施工单位				专业工长		项目经理
施工执行标准名称及编号						
分包单位			分包项目经理		施工班组长	
施工质量验收规范的规定					施工单位检查评定记录	监理(建设)单位验收记录
主控项目	1	模板支撑、立柱位置和垫板		第4.2.1条		
	2	避免隔离剂污染		第4.2.2条		

续表

		项目	允许偏差/要求					
一般项目	1	模板安装的一般要求	第4.2.3条					
	2	用作模板的地坪、胎膜的质量	第4.2.4条					
	3	模板起拱高度	第4.2.5条					
	4 预埋件、预留孔允许偏差	预埋钢板中心线位置（mm）		3				
		预埋管、预留孔中心位置(mm)		3				
		插筋	中心线位置（mm）	5				
			外露长度（mm）	+10				
		预埋螺栓	中心线位置（mm）	2				
			外露长度（mm）	+10				
		预留洞	中心线位置（mm）	10				
			尺寸（mm）	+10				
	5 模板安装允许偏差	轴线位置		5				
		底模上表面标高（mm）		±5				
		截面内部尺寸（mm）	基础	±10				
			柱、墙、梁	+4，−5				
		层高垂直度（mm）	不大于5mm	6				
			大于5mm	8				
		相邻两板表面高低差（mm）		2				
		表面平整度（mm）		5				

施工单位检查评定结果	项目专业质量检查员：	年 月 日

监理（建设）单位验收结论	监理工程师： （建设单位项目专业技术负责人） 年 月 日

2.《模板安装工程检验批质量验收记录表》填写说明

（1）资料流程：本表由施工单位在完成本工序后填写，并报送监理单位；监理单位审批后返还施工单位，各相关单位存档。

（2）相关规定与要求。主控项目：1）安装现浇结构的上层模板及其支架时，下层楼板应具有承受上层荷载的承载力，或加设支架；上、下层支架的立柱应对准，并敷设垫板，对照设计观察检查。2）涂刷模板隔离剂时，不得污染钢筋和混凝土接茬处。观察检查。一般项目：1）模板安装的一般要求，观察检查。①模板的接缝不得漏浆；在浇筑混凝土前，木模板应浇水湿润，模板内无积水；②模板与混凝土的接触面应清理干净并涂刷隔离剂，但不得采用影响结构性能或妨碍装饰工程施工的隔离剂；③浇筑混凝土前，模板内的杂物应清除干净；④对清水混凝土工程及装饰混凝土工程，应使用能达到设计效果的模板。2）用作模板的地坪，胎膜等应平整光洁，不得产生影响构件质量的下沉、裂缝、起砂或起鼓。观察检查。3）对于跨度不小于4m的现浇混凝土梁、板，其模板应按设计要求起拱；当设计无具体要求时，起拱高度宜为跨度的1/1000～3/1000。水准仪、拉线或尺量检查。4）固定在模板上的预埋件、预留孔和预留洞，应安装牢固，其偏差符合规定。尺量检查。5）现浇结构模板安装的偏差符合规定。经纬仪、水准仪、2m靠尺、拉线和尺量检查。

5.3.6 预制构件模板拆除工程检验批质量验收记录

1. 预制构件模板拆除工程检验批质量验收记录（见表5-10）。

预制模板拆除工程检验批质量验收记录 表5-10

(GB 50204—2015)

工程名称			分项工程名称		验收部位	
施工单位				专业工长		项目经理
施工执行标准名称及编号						
分包单位			分包项目经理		施工班组长	
施工质量验收规范的规定					施工单位检查评定记录	监理（建设）单位验收记录
主控项目	1	避免隔离剂污染		第4.2.2条		

续表

				项目	允许偏差	
一般项目	1	模板安装的一般要求			第4.2.3条	
	2	用作模板的地坪、胎膜的质量			第4.2.4条	
	3	模板起拱高度			第4.2.5条	
	4	预埋件、预留孔允许偏差	预埋钢板中心线位置（mm）		3	
			预埋管、预留孔中心位置（mm）		3	
			插筋	中心线位置（mm）	5	
				外露长度（mm）	+10	
			预埋螺栓	中心线位置（mm）	2	
				外露长度（mm）	+10	
			预留洞	中心线位置（mm）	10	
				尺寸（mm）	+10	
	5	预制构件模板允许偏差（mm）	长度	板、梁	±5	
				薄腹梁、桁架	+10	
				柱	0,	−10
				墙板	0, −5	
			宽度	板、墙板	0, −5	
				梁、薄腹梁、桁架、柱	+2, −5	
			高（厚）度	板	+2, −3	
				板、墙板	0, −5	
				梁、薄腹梁、桁架、柱	+2, −5	
			侧向弯曲	梁、板、柱	1/1000且≤15	
				墙板、薄腹梁、桁架、	1/1500且≤15	

续表

一般项目	5	预制构件模板允许偏差（mm）	板的表面平整度	3	
			相邻两板表面高低差	1	
			对角线差 板	7	
			对角线差 墙板	5	
			翘曲 板、墙板	1/1500	
			设计起拱 薄腹梁、桁架梁	±3	

施工单位检查评定结果	
	项目专业质量检查员： 年 月 日

监理（建设）单位验收结论	
	监理工程师： （建设单位项目专业技术负责人） 年 月 日

2.《模板拆除工程检验批质量验收记录表》填写说明

（1）资料流程：本表由施工单位在完成本工序后填写，并报送监理单位；监理单位审批后返还施工单位，各相关单位存档。

（2）相关规定与要求：主控项目：在涂刷模板隔离剂时，不得沾污工具和混凝土接茬处。观察检查。一般项目：1）模板安装的一般要求。观察检查。①模板的接缝不得漏浆；在浇筑混凝土前，木模板应浇水湿润，模板内无积水；②模板与混凝土的接触面应清理干净并涂刷隔离剂，但不得采用影响结构性能或妨碍装饰工程施工的隔离剂；③浇筑混凝土前，模板内的杂物应清除干净；④对清水混凝土工程及装饰混凝土工程，应使用能达到设计效果的模板。2）用作模板的地坪，胎膜等应平整光洁，不得产生影响构件质量的下沉、裂缝、起砂或起鼓。观察检查。3）对于跨度不小于4m的现浇混凝土梁、板，其模板应按设计要求起拱；当设计无具体要求时，起拱高度宜为跨度的 1/1000～3/1000。水准仪、拉线或尺量检查。4）固定在模板上的预埋件、预留孔和预留洞，应安装牢固，其偏差符合规定。尺量检查。5）预制构件模板安装的偏差，2m 靠尺和塞尺检查，拉线和尺量检查。

5.3.7 模板拆除工程检验批质量验收记录

1. 模板拆除工程检验批质量验收记录（见表 5-11）。

模板拆除工程检验批质量验收记录　　　表 5-11

(GB 50204—2015)

工程名称		分项工程名称		验收部位	
施工单位		专业工长		项目经理	
施工执行标准名称及编号					
分包单位		分包项目经理		施工班组长	
施工质量验收规范的规定				施工单位检查评定记录	监理（建设）单位验收记录
主控项目	1	底模及其支架拆除时的混凝土强度	第 4.3.1 条		
	2	后张法预应力混凝土构件侧模和底模的拆除时间	第 4.3.2 条		
	3	后浇带拆模和支顶	第 4.3.3 条		
一般项目	1	避免拆模损伤	第 4.3.4 条		
	2	模板拆除、堆放和清运	第 4.3.5 条		
施工单位检查评定结果					
			项目专业质量检查员：		年　月　日

续表

监理（建设）单位验收结论	监理工程师： （建设单位项目专业技术负责人） 年 月 日

2.《模板拆除工程检验批质量验收记录表》填写说明

（1）资料流程：本表由施工单位在完成本工序后填写，并报送监理单位；监理单位审批后返还施工单位，各相关单位存档。

（2）相关规定与要求：主控项目：1）底模及其支架拆除时，混凝土强度应符合设计要求。检查同条件试件试验报告。2）后张法预应力混凝土结构构件侧模在预应力张拉前拆除。3）后浇带模板拆除和支顶应按施工技术方案执行。对照技术方案观察检查。一般项目：1）侧模拆除时的混凝土强度应能保证其表面棱角不受损伤。观察检查。2）模板拆除时，不应对楼层形成冲击荷载，拆除的模板和支架宜分散堆放并及时清运。观察检查。

5.3.8 钢筋加工检验批质量验收记录

1. 钢筋加工检验批质量验收记录表（见表5-12）

钢筋加工检验批质量验收记录表　　　表5-12
(GB 50208)

工程名称		分项工程名称		验收部位	
施工单位		专业工长		项目经理	
施工执行标准名称及编号					
分包单位		分包项目经理		施工班组长	

续表

施工质量验收规范的规定				施工单位检查评定记录	监理（建设）单位验收记录
主控项目	1	力学性能检验	第5.2.1条		
	2	抗震用钢筋强度实测值	第5.2.3		
	3	化学成分等专项检查	第5.2.3条		
	4	受力钢筋的弯钩和弯折	第5.3.1条		
	5	箍筋弯钩形式	第5.3.2条		
一般项目	1	外观质量	第5.2.4条		
	2	钢筋调直	第5.3.3条		
	3	钢筋加工的形状尺寸	受力钢筋顺长度方向全长的净尺寸		
			弯直钢筋的弯折位置		
			箍筋内净尺寸		

施工单位检查评定结果	项目专业质量检查员：　　　　　　　　　　　　　年　月　日
监理（建设）单位验收结论	监理工程师： （建设单位项目专业技术负责人）　　　　　　　年　月　日

2.《钢筋加工检验批质量验收记录表》填写说明

（1）资料流程：本表由施工单位在完成本工序后填写，并报送监理单位；监理单位审批后返还施工单位，各相关单位存档。

（2）相关规定与要求：主控项目：1）按现行国家标准

（GB 1499）的规定，抽取试件做力学性能检验。检查产品合格证和复验报告。2）有抗震要求的框架结构纵向受力钢筋的强度，当无设计要求时，对一、二级抗震等级应符合下列要求：①钢筋抗拉强度实测值与屈服强度实测值的比不小于1.25；②钢筋屈服强度实测值与强度标准值的比不大于1.3。检查钢筋复试报告。3）当钢筋发生脆断、焊接性能不良或系列性能显著不正常时，应对该批钢筋进行化学成分检验或其他专项检验。检查化学成分等专项检查报告。4）受力钢筋弯钩和弯折应符合下列规定：①HPB 300级钢筋末端应作180°弯钩，其弯钩弧内径不小于钢筋直径的2.5倍，弯后平直部分不小于钢筋直径的3倍。②HRB335、HRB400、HRB500、HRBF335、HRBF400、HRBF500级钢筋的弯钩直径不小于钢筋直径的4倍，弯后平直长度符合设计要求。③不大于90°弯折时，弯弧内直径不小于钢筋直径的5倍。尺量检查。5）除焊接封闭环式箍筋外，箍筋末端均应弯钩，形式符合设计要求，设计无要求时，应符合下列规定：①弯弧内直径应满足要求，尚应不小于受力钢筋直径；②弯折角度：一般结构不小于90°，有抗震要求的结构应为135°；③弯后平直部分长度：一般结构不小于箍筋直径的5倍，有抗震要求的结构不小于箍筋直径的10倍。一般项目：①钢筋应平直，表面无裂纹、油污、颗粒状或片状老锈。观察检查。②钢筋调直采用冷拉法时，HPB300级钢筋冷拉率不大于4%；其他变形钢筋不大于1%。观察及尺量检查。③钢筋加工的现状尺寸应符合设计要求，偏差率：受力钢筋顺长度放全长的净尺寸为+10mm，弯起钢筋的弯折位置±20mm，箍筋内净尺寸±5mm。

（3）注意事项：与钢筋材料试验报告相关的内容应在"施工单位检查评定记录"栏填写试验报告编号。

5.3.9 钢筋安装检验批质量验收记录

1. 钢筋安装检验批质量验收记录（见表5-13）

钢筋安装检验批质量验收记录

表 5-13

(GB 50204—2015)

工程名称				分项工程名称			验收部位	
施工单位				专业工长			项目经理	
施工执行标准名称及编号				混凝土结构工程施工工艺标准（QB×××）				
分包单位				分包项目经理			施工班组长	

		施工质量验收规范的规定			施工单位检查评定记录	监理（建设）单位验收记录
主控项目	1	纵向受力钢筋的连接方式		第5.4.1条		
	2	机械及焊接连接的力学性能		第5.4.2条		
	3	受力钢筋的品种、级别、规格和数量		第5.5.1条		
一般项目	1	接头位置和数量		第5.4.3条		
	2	机械连接、焊接的外观质量		第5.4.4条		
	3	机械连接、焊口的连接的面积百分率		第5.4.5条		
	4	绑扎搭接接头面积百分率和搭接长度		第5.4.6条		
	5	搭接长度范围内的箍筋		第5.4.7条		
	6	钢筋安装允许偏差	绑扎钢筋网	长、宽（mm）	±10	
				网眼尺寸（mm）	±20	
			绑扎钢筋骨架	长（mm）		
				宽、高（mm）	±5	
			受力钢筋	间距（mm）	±10	
				排距（mm）	±5	
				保护层厚度（mm） 基础	±10	
				保护层厚度（mm） 柱、梁	±5	
				保护层厚度（mm） 板、墙、壳	±3	

续表

		施工质量验收规范的规定		施工单位检查评定记录	监理（建设）单位验收记录
一般项目	6	钢筋安装允许偏差	绑扎钢筋、横向钢筋间距（mm） ±20		
			钢筋弯起点位置（mm） ±20		
		预埋件	中心线位置（mm） 5		
			水平高差（mm） +3.0		

施工单位检查评定结果	
	项目专业质量检查员： 年 月 日

监理（建设）单位验收结论	
	监理工程师： （建设单位项目专业技术负责人） 年 月 日

2.《钢筋安装检验批质量验收记录》填写说明

（1）资料流程：本表由施工单位在完成本工序后填写，并报送监理单位；监理单位审批后返还施工单位，各相关单位存档。

（2）相关规定与要求：主控项目：1）纵向受力钢筋连接方式应符合设计要求。观察检查。2）连接接头力学性能，按《钢筋机械连接通用技术规程》（JGJ 107）、《钢筋焊接及质量验收规程》（JGJ18）的规定抽取钢筋连接接头、焊接接头试件做力学性能检验，其质量应符合规定。检查接头力学性能试验报告。

3) 钢筋安装时，受力钢筋的品种、级别、规格和数量要符合设计要求。观察和尺量检查。一般项目：①钢筋接头宜设置在受力较小处，同一纵向受力钢筋不宜设置两个或两个以上的接头，接头末端至钢筋弯起点的距离不少于纵向受力钢筋直径的10倍。观察和尺量检查。②机械连接、焊接接头的外观质量应符合《钢筋机械连接通用技术规程》(JGJ 107)、《钢筋焊接及质量验收规程》(JGJ 18)的规定。观察检查。3) 设置在同一构件内的受力钢筋接头宜错开，其同一搭接区域内纵向受力钢筋的接头面积百分率应符合设计要求，当无设计要求时，应符合：①在受拉区不大于30%；②接头不宜设置在有抗震设防要求的框架梁端、柱端的箍筋加密区；当无法避开时，对等强度高质量机械连接接头，不应超过50%；③直接承受动力荷载的结构构件中，不宜采用焊接接头；当采用机械连接接头时，不应大于50%。4) 同一构件中相邻纵向受力钢筋绑扎接头宜相互错开，绑扎接头中钢筋的横向间距不应小于钢筋直径，且不应小于25mm。同一连接区段内有搭接接头的纵向受力钢筋接头面积应符合设计要求，当设计无要求时，应符合：①对梁、板类及墙类构件，不宜大于25%；②对柱类构件不宜大于50%；③当工程中确有必要增加钢筋接头面积百分率时，对梁类构件不应大于50%，对于其他构件可根据实际情况放宽。观察尺量检查。④纵向受力钢筋的最小搭接长度应符合《钢筋混凝土工程质量验收规范》(GB50204)附录B的规定。5) 在梁柱构件的纵向受力钢筋对接接头区内应按设计要求配置箍筋，当设计无要求时应符合：①箍筋直径不应小于搭接钢筋较大直径的0.25倍；②受拉搭接区段内的箍筋间距不应大于搭接钢筋较小直径的5倍，且不应大于100mm；③受压搭接区段内的箍筋间距不应大于搭接钢筋较小直径的10倍，且不应大于200mm；④当柱中纵向受力钢筋直径大于25mm时，应在搭接接头两个端面外100mm范围内各设置两个箍筋，其间距宜为50mm。尺量检查。6) 钢筋安装位置允许偏差。尺量检查。

5.3.10 混凝土施工检验批质量验收记录

1. 混凝土施工检验批质量验收记录（见表5-14）

混凝土施工检验批质量验收记录　　表5-14

(GB 50204—2015)

工程名称			分项工程名称		验收部位	
施工单位			专业工长		项目经理	
施工执行标准名称及编号			混凝土结构工程施工工艺标准（QB×××）			
分包单位			分包项目经理		施工班组长	
施工质量验收规范的规定				施工单位检查评定记录	监理（建设）单位验收记录	
主控项目	1	混凝土强度等级及试件的取样和留置	第7.4.1条			
	2	混凝土抗渗及试件的取样和留置	第7.4.2条			
	3	原材料每盘称量的偏差	第7.4.3条			
	4	混凝土初凝时间控制	第7.4.4条			
一般项目	1	施工缝的位置及处理	第7.4.5条			
	2	后浇带的位置及处理	第7.4.6条			
	3	混凝土养护	第7.4.7条			
施工单位检查评定结果			项目专业质量检查员：　　　　　　年　月　日			
监理（建设）单位验收结论			监理工程师： （建设单位项目专业技术负责人）　　年　月　日			

2.《混凝土施工检验批质量验收记录》填写说明

（1）附件收集：混凝土抗压试验报告，混凝土抗渗试验报告等。

（2）资料流程：本表由施工单位在完成本工序后填写，并报送监理单位；监理单位审批后返还施工单位，各相关单位存档。

（3）相关规定与要求：主控项目：1）混凝土结构的强度等级必须符合设计要求。用于检验结构构件混凝土强度等级的试件，应在混凝土的浇筑地点随机抽取。取样与试件留置应符合下列规定：①每拌制 100 盘且不超过 $100m^3$ 的同配合比混凝土，取样不得少于一次；②每工作班拌制的同一配合比混凝土不足 100 盘时，取样不得少于一次；③当一次连续浇筑超过 $100m^3$ 时，同一配合比混凝土每 $200m^3$ 取样不得少于一次；④每一楼层、同一配合比的混凝土，取样不得少于一次；⑤每次取样应至少留置一组标准养护试件，同条件养护时间的留置组数应根据实际需要确定。检查施工记录和强度试验报告。2）对有抗渗要求的混凝土结构，其混凝土试件应在浇筑地点随机取样。同一处、同一配合比的混凝土，取样不应少于一次，留置组数可根据实际需要确定。检验试件抗渗试验报告。3）混凝土原材料每盘称量的偏差应符合下列规定：水泥、掺合料为 $\pm2\%$，粗、细集料为 $\pm3\%$，水、外加剂 $\pm2\%$。每一工作班抽查不少于一次，检查后形成记录。4）混凝土运输、浇筑及间歇的全部时间不应超过混凝土初凝时间。同一施工段的混凝土应连续浇筑，并应在底层混凝土初凝之前将下一层混凝土浇筑完毕。当底层混凝土初凝后，浇筑上一层混凝土时，应按施工技术方案中对施工缝的要求进行处理。观察检查施工记录。一般项目：1）施工缝的位置应留在混凝土浇筑前按设计要求和施工方案确定。施工缝的处理应按施工技术方案执行。观察和检查施工记录。2）后浇带的留置位置应按设计要求和施工技术方案确定。后浇带的处理应按施工技术方案执行。观察和检查施工记录。3）混凝土浇筑完毕后，应按施工技术方案及时采取有效的养护措施。①应在浇筑完毕后的 12h 以内对混凝土加以覆盖并保湿养护。②混凝土浇水养护的时间：对采用硅酸盐水泥、普通硅酸盐水泥或矿渣硅酸盐水泥拌制的混凝土，不得少于 7d；对于掺用缓凝型外加剂或有抗渗要求的混凝土，不得少于 14d；且平均气温低于 5℃时不得浇水，大体积混凝土应有温控措施。③浇水次数应保持混凝土处于湿润状态，混凝土养护用水与拌制用水相同。④采用塑料布覆盖养护的混凝土，其敞露的全部表面应覆盖严密，并保持塑料布内有凝结水，也可涂刷养护剂。⑤在混凝土强度等级大到 $1.2N/mm^2$ 前，不得在其上踩踏或安装模板及支架。观察和检查施工记录。

5.3.11 水泥混凝土垫层检验批质量验收记录

1. 水泥混凝土垫层检验批质量验收记录（见表 5-15）

水泥混凝土垫层检验批质量验收记录　　表 5-15

(GB 50209—2010)

工程名称			分项工程名称		验收部位	
施工单位			专业工长		项目经理	
施工执行标准名称及编号			混凝土结构工程施工工艺标准（QB×××）			
分包单位			分包项目经理		施工班组长	
施工质量验收规范的规定				施工单位检查评定记录		监理(建设)单位验收记录
主控项目	1	材料质量	设计要求			
	2	混凝土强度等级	设计要求			
一般项目	1	允许偏差	表面平整度	10mm		
	2		标高	±10mm		
	3		坡度	2/1000 且≥30mm		
	4		厚度	<H/10		

施工单位检查评定结果	项目专业质量检查员：　　　　　　　　　年　月　日
监理（建设）单位验收结论	监理工程师： (建设单位项目专业技术负责人)　　　　　　年　月　日

2.《水泥混凝土垫层检验批质量验收记录》填写说明

(1) 附件收集：相关试验报告。

(2) 资料流程：本表由施工单位在完成本工序后填写，并报送监理单位；监理单位审批后返还施工单位，各相关单位存档。

(3) 相关规定与要求。主控项目：1) 水泥混凝土垫层采用粗骨料，其最大粒径不大于垫层厚度的2/3；含泥量不大于2%；砂为中粗砂，其含泥量不大于3%。观察检查和检查检测报告。2) 混凝土的强度等级，符合设计要求，不应小于C10，厚度不小于60mm。观察检查和检查检测报告。一般项目：水泥混凝土垫层表面的允许偏差，应按《建筑地面工程质量验收规范》(GB50209) 相关规定执行。

5.3.12 室内给水管道及配件安装工程检验批质量验收纪录

1. 室内给水管道及配件安装工程检验批质量验收纪录（见表5-16）

室内给水管道及配件安装工程检验批质量验收纪录　　表5-16

(GB 50242—2014)

工程名称			分项工程名称		验收部位	
施工单位			专业工长		项目经理	
施工执行标准名称及编号			混凝土结构工程施工工艺标准（QB×××）			
分包单位			分包项目经理		施工班组长	
施工质量验收规范的规定					施工单位检查评定记录	监理(建设)单位验收记录
主控项目	1	给水管道、水压试验		设计要求		
	2	给水系统、通水试验		第4.2.2条		
	3	生活给水系统管道冲洗和消毒		第4.2.3条		
	4	直埋金属管道防腐		第4.2.4条		
一般项目	1	给水排水管道铺设的平行、垂直距离		第4.2.5条		
	2	金属供水管道及管件焊接		第4.2.6条		

续表

		施工质量验收规范的规定			施工单位检查评定记录	监理(建设)单位验收记录
一般项目	3	给水水平管道 坡度坡向		第4.2.7条		
	4	管道支、吊架		第4.2.9条		
	5	水表安装		第4.2.10条		
	6	水平管道纵、横方向弯曲允许差	钢管	每米	1mm	
				全长25m以上	≤25mm	
			塑料管、复合管	每米	1.5mm	
				全长25m以上	≤25mm	
			铸铁管	每米	2mm	
				全长25m以上	≤25mm	
		立管垂直度允许偏差	钢管	每米	3mm	
				5m以上	≤8mm	
			塑料管、复合管	每米	2mm	
				5m以上	≤8mm	
			铸铁管	每米	3mm	
				5m以上	≤10mm	
		成排管段和成排阀门			在同一平面上的距离	

施工单位检查评定结果	项目专业质量检查员： 年 月 日
监理（建设）单位验收结论	监理工程师： (建设单位项目专业技术负责人) 年 月 日

2.《室内给水管道及配件安装工程检验批质量验收纪录》填写说明

(1) 资料流程：本表由施工单位在完成本工序后填写，并报送监理单位；监理单位审批后返还施工单位，各相关单位存档。

(2) 相关规定与要求：主控项目：1) 给水、排水及采暖管道的水压试验必须符合设计要求。当设计未注明时，各种材质的给水、排水管道系统试验压力均为工作压力的1.5倍，但不得小于0.8MPa。金属及复合给水管道系统在试验压力下观测10min，压力降不应大于0.02MPa，然后降到工作压力进行检查，应不渗不漏；塑料管给水系统应在试验压力下稳压1h，压力降不得超过0.05MPa，然后在工作压力1.15倍状态下稳压2h，压力降不得超过0.03MPa，同时检查各连接处不得渗漏。检查试验记录。2) 给水系统交付前必须进行通水试验并做好记录。观察和开启阀门、水嘴等放水检查。可全部系统分区（段）进行。3) 生活给水系统管道在交付使用前必须进行冲洗和消毒，并经有关部门取样，符合国家《生活饮用水标准》方可使用。检查检测报告。4) 室内直埋供水管道（塑料管道和复合管道除外）应做防腐处理。埋地管道防腐层材质和结构应符合设计要求。观察或局部解剖检查。一般项目：1) 给水引入管和排水排出管的水平净距不得小于1m，室内给水和排水管道平行敷设时，两管间的最小水平距离不得小于0.5m，交叉敷设时两管间的近距离不得小于0.15m。供水管道应敷设在排水管道的上面。若供水管必须铺在排水管道的下面时，供水管应加套管，其长度不得小于排水管道直径的3倍。全数尺量检查。2) 管道及管件焊接的焊缝表面质量应符合下列要求：①焊缝外形尺寸应符合图纸尺寸和工艺文件的规定，焊缝高度不得低于母材表面，焊缝与母材应圆滑过渡。②焊缝及其热影响区表面应无裂纹、未融合、未焊透、夹渣、弧坑和气孔等缺陷。观察检查。3) 给水水平管道应有2‰～5‰的坡度坡向泄水装置。水平尺和尺量检查。4) 管道的支、吊架安装应平直牢固，其间距应符合

《给水排水及采暖工程施工验收规范》(GB50242)第3.3.8条、3.3.9条、第3.3.10条的规定。观察尺量和手扳检查。5) 水表应安装在便于检查、不受暴晒、污染和冻结的地方。安装螺翼式水表,表前应有不小于8倍水表接口直径的直线管段。表外壳距墙表面净距为10～30mm;水表进水口中线的标高按设计要求,允许偏差为±10mm。观察和尺量检查。6) 供水管道和阀门的允许偏差。用水平尺、直尺、拉线和尺量检查。

5.3.13 室内消火栓系统安装检验批质量验收记录

1. 室内消火栓系统安装检验批质量验收记录（见表5-17）

室内消火栓系统安装检验批质量验收纪录 表5-17
(GB 50242—2014)

工程名称			分项工程名称		验收部位	
施工单位			专业工长		项目经理	
施工执行标准名称及编号			混凝土结构工程施工工艺标准（QB×××）			
分包单位			分包项目经理		施工班组长	
		施工质量验收规范的规定			施工单位检查评定记录	监理（建设）单位验收记录
主控项目	1	室内消火栓试射试验	设计要求			
一般项目	1	室内消火栓水龙带在箱内安放	第4.3.2条			
	2	栓口朝外,并不应安装在门轴侧	规范要求			
		栓口中心线距地面1.1m,允许偏差	±20mm			
		阀门中心线距箱侧面140mm,距箱后内表面100mm,允许偏差	±5mm			
		消火栓箱体安装的垂直度允许偏差	3mm			

续表

施工单位检查评定结果	项目专业质量检查员：　　　　　　年　月　日
监理（建设）单位验收结论	监理工程师： （建设单位项目专业技术负责人）　　　年　月　日

2.《室内消火栓系统安装检验批质量验收纪录》填写说明

（1）资料流程：本表由施工单位在完成本工序后填写，并报送监理单位；监理单位审批后返还施工单位，各相关单位存档。

（2）相关规定与要求。主控项目：室内消火栓系统安装完成后取屋顶层（或水箱间内）试验消火栓和首层取两处消火栓做试射试验，达到设计要求为合格。按系统实地进行试射检查。一般项目：1）安装消火栓，水龙带及水枪和快速接头绑扎好后，应根据箱内构造将水龙带挂放在箱内的挂钉、托盘或支架上。观察检查。2）箱式消火栓的安装应符合下列规定：①栓口应朝外，并不应安装在门轴侧；②栓口中心线距地面1.1m，允许偏差±20mm。③阀门中心线距箱侧面为140mm，距箱后内表面为100mm，允许偏差±5mm。④消火栓箱安装的垂直度允许偏差3mm。观察和尺量检查。

5.3.14　给水设备安装工程检验批质量验收纪录

1. 给水设备安装工程检验批质量验收纪录（见表5-18）。

给水设备安装工程检验批质量验收纪录　　表 5-18

(GB 50242—2014)

工程名称				分项工程名称			验收部位	
施工单位				专业工长			项目经理	
施工执行标准名称及编号				混凝土结构工程施工工艺标准（QB×××）				
分包单位				分包项目经理			施工班组长	

		施工质量验收规范的规定				施工单位检查评定记录	监理（建设）单位验收记录
主控项目	1	水泵基础			设计要求		
	2	水泵试运转的轴承温升			设计要求		
	3	敞口水箱满水试验和密封水箱（罐）水压试验			第4.4.3条		
一般项目	1	水箱支架或底座安装			第4.4.4条		
	2	水箱溢流管和泄放管设计			第4.4.5条		
	3	立式水泵减震装置			第4.4.6条		
	4	安装允许偏差	静置设备	坐标	15mm		
				标高	±5mm		
				垂直度（每米）	5mm		
			离心式水泵	立式垂直度（每米）	0.1mm		
				卧式水平度（每米）	0.1mm		
			联轴器垂直度	轴向倾斜（每m）	0.8mm		
				径向位移	0.1		
	5	保温层	允许偏差	厚度 δ 50mm	$+0.1\delta$, -0.05δ		
			表面平整度	卷材	5mm		
				涂体	10mm		
	6	消火栓箱体安装的垂直度允许偏差			3mm		

续表

施工单位检查评定结果	项目专业质量检查员：　　　　　　　年　月　日
监理（建设）单位验收结论	监理工程师： （建设单位项目专业技术负责人）　　　年　月　日

2.《室内消火栓系统安装检验批质量验收纪录》填写说明

（1）资料流程：本表由施工单位在完成本工序后填写，并报送监理单位；监理单位审批后返还施工单位，各相关单位存档。

（2）相关规定与要求：主控项目：1）水泵就位前的基础混凝土强度、坐标、标高、尺寸和螺栓孔位置必须符合设计要求。对照图纸用仪器和尺量检查。2）水泵试运转的轴承温升必须符合设备说明书的规定。3）敞口水箱的满水试验和密封水箱（罐）的水压试验必须符合设计要求和《建筑给水排水及采暖工程施工质量验收规范》（GB 50242）的规定。满水试验静置24h。观察，不渗不漏；水压试验在试验压力下10min压力不降，不渗不漏。全数检查。一般项目：1）水箱支架或底座安装，其尺寸及位置应符合设计规定，埋设平整牢固。对照图纸，全数尺量检查。2）水箱溢流管和泄放管应设置在排水地点附近但不得与排水管直接连接。全数观察检查。3）立式水泵的减震装置不应采用弹簧减震器。全数观察检查。4）室内给水排水设备安装的允许偏差。用经纬仪、拉线和尺量检查。5）管道及设备保温层的厚度和平整度的允许偏差，用钢针刺入、用2m靠尺和楔形塞尺检查。

5.3.15 室外供热管道及配件安装工程检验批质量验收纪录

1. 室外供热管道及配件安装工程检验批质量验收纪录（见表 5-19）

室外供热管道及配件安装工程检验批质量验收纪录 表 5-19

(GB 50242—2014)

工程名称			分项工程名称		验收部位	
施工单位			专业工长		项目经理	
施工执行标准名称及编号			混凝土结构工程施工工艺标准（QB×××）			
分包单位			分包项目经理		施工班组长	
施工质量验收规范的规定					施工单位检查评定记录	监理(建设)单位验收记录
主控项目	1	平衡阀及调节阀安装位置及调试		设计要求		
	2	直埋无补偿供热管道预热伸长及三通加固		设计要求		
	3	补偿器位置、预拉伸。支架位置和构造		设计要求		
	4	检查进、入口管道布置方便操作维修		第 11.2.4 条		
	5	直埋管道及接口现场发泡保温处理		第 11.2.5 条		
	6	管道系统的水压试验		第 11.3.1 条 第 11.3.4 条		
	7	管道冲洗		第 11.3.2 条		
	8	通热试验调试		第 11.3.3 条		
一般项目	1	给水排水管道铺设的平行、垂直距离		设计要求		
	2	金属供水管道及管件焊接		第 11.2.7 条		
	3	给水水平管道　坡度坡向		第 11.2.9 条 第 11.2.10 条		

续表

施工质量验收规范的规定				施工单位检查评定记录	监理(建设)单位验收记录
一般项目	4	管道支、吊架		第11.2.11条 第11.2.12条 第11.2.13条		
	5	管道防腐符合规范		第11.2.14条		
	6	安装允许偏差	坐标	敷设在沟槽内及架空	20	
				埋地(mm)	50	
			标高	敷设在沟槽内及架空	±50	
				埋地(mm)	±15	
			水平管道纵、横向弯曲	每1m 管径≤100mm	1	
				每1m 管径>100mm	1.5	
				全长25m以上 管径≤100mm	≤13	
				全长25m以上 管径>100mm	≤25	
			弯管	椭圆率 管径≤100mm	8%	
				椭圆率 管径>100mm	5%	
				折皱不平 管径≤100mm	4	
				折皱不平 管径125～200mm	5	
				折皱不平 管径250～400mm	7	
	7	管道保温允许偏差	厚度(50mm)	+0.1δ, -0.05δ (mm)		
			表面平整度(mm)	卷材	5	
				涂抹	10	
施工单位检查评定结果				项目专业质量检查员：		年 月 日

续表

监理（建设）单位验收结论	监理工程师： （建设单位项目专业技术负责人）　　年　月　日

2.《室外供热管道及配件安装工程检验批质量验收纪录》填写说明

(1) 资料流程：本表由施工单位在完成本工序后填写，并报送监理单位；监理单位审批后返还施工单位，各相关单位存档。

(2) 相关规定与要求：主控项目：1) 平衡阀及调节阀型号、规格及公称压力负荷设计要求，安装按要求调试，对照设计图纸和成品合格证。观察调试结果。2) 直埋无补偿供热管道预热伸长及三通加固负荷设计要求。回填前，应注意检查预制保温层外壳及接口的完好性。回填按要求进行。观察检查和检查隐蔽工程原始记录。3) 补偿器的位置必须符合设计要求，并进行拉伸。管道支架的位置和构造必须符合设计要求。对照图纸检查预拉伸记录。4) 检查井室、用户入口管道布置应便于操作及维修，支架、吊架、托架稳固，并满足设计要求。对照图纸，观察检查。5) 直埋管道的保温应符合设计要求，接头在现场发泡时，接头处厚度应与管道保温层厚度一致，接头处保温层必须与管道保温层成一体，符合防潮、防水要求。对照图纸，观察检查。6) 供热管道的水压试验压力应为工作压力的1.5倍，但不得小于0.6MPa，试验压力在10min内压力降应不大于0.05MPa，然后降至工作压力检查，不渗不漏。检查试验报告。7) 供热管道做水压试验时，试验管道上的阀门应开启，试验管道与非试验管道应隔断。开启和关闭阀门试验。8) 管道试压合格后，应进行冲洗。观察检查，以水色不浑浊为合格。9) 管道冲洗完毕应通水、加热，进行试运行和调试。当不具备加热条件时，应延期进行。测量各建筑物热力入口处供回水温度及压力。全数检查。一般项目：1）管道水平敷设，其坡度应符合设计要求。对照图纸，用水准仪（水平尺）、拉线和尺量检查。2）除污器构造应符合设计要求，安装位置和方向应正确。管网冲洗后应消除内部污物。打开清扫口检查。3）管道及管件焊接的焊缝表面质量应符合规定：①焊缝外形尺寸应符合图纸和工艺文件的规定，焊缝高度不得低于母材表面，焊缝与母材应圆滑过渡；②焊缝及热影响区表面应无裂纹、未熔合、未焊透、夹渣、弧坑和气孔等缺陷。观察检查。4）管道焊口的允许偏差应符合规范的规定。5）管道安装对应位置尺寸应符合"规范"第11.2.11条，第11.2.12条和第11.2.13条的规定：①供热管道的供水管或蒸汽管，如设计无规定时，应敷设在载热介质前进方向的右侧或上方。观察检查。②地沟内的管道安装位置，其净距（保温层外表面）应符合下列规定：与沟壁100～150mm；与沟底100～200mm；与沟顶（不通行地沟）50～100mm；（半通行和通行地沟）200～300mm。尺量检查。③架空敷设的供热管道安装高度，如设计无规定时，应符合下列规定（以保温层表面计算）：a. 人行地区，不小于2.5m；b. 通行车辆地区，不小于4.5m；c. 跨越铁路，距轨顶不小于6m。尺量检查。6）防锈漆的厚度应均匀，不得有脱皮、起泡、流淌和漏涂等缺陷。观察检查。7）室外供热管道安装的允许偏差。用水准仪（水平尺）直尺、拉线和用外卡钳和尺量检查。8）管道保温层的厚度和平整度的允许偏差应符合规范表的规定。对照图纸观察和尺量检查。

5.3.16 电线导管、电缆导管和线槽敷设工程检验批质量验收纪录

1. 电线导管、电缆导管和线槽敷设工程检验批质量验收纪录（见表5-20）

电线导管、电缆导管和线槽敷设工程
检验批质量验收纪录　　　表 5-20
(GB 50303—2011)
（Ⅰ）室内

工程名称			分项工程名称		验收部位	
施工单位			专业工长		项目经理	
施工执行标准名称及编号			混凝土结构工程施工工艺标准（QB×××）			
分包单位			分包项目经理		施工班组长	

		施工质量验收规范的规定		施工单位检查评定记录	监理（建设）单位验收记录
主控项目	1	金属导管、金属线槽的接地或接零	第14.1.1条		
	2	金属导管的连接	第14.1.2条		
	3	防爆导管的连接	第14.1.3条		
	4	绝缘导管在砌体剔槽埋设	第14.1.4条		
一般项目	1	电缆导管的弯曲半径	第14.2.3条		
	2	金属导管的防腐	第14.2.4条		
	3	柜、台、箱、盘内导管管口高度	第14.2.5条		
	4	暗配导管的埋设深度、明配导管的固定	第14.2.6条		
	5	线槽固定及外观检查	第14.2.7条		
	6	防爆导管的连接、接地、固定和防腐	第14.2.8条		
	7	绝缘导管的连接和保护	第14.2.9条		
	8	柔性导管的长度、连接和接地	第14.2.10条		
	9	导管和线槽在建筑物变形缝处的处理	第14.2.11条		

施工单位检查评定结果	项目专业质量检查员：　　　　　　　年　月　日

续表

监理（建设）单位验收结论	监理工程师： （建设单位项目专业技术负责人）　　　年　月　日

2.《电线导管、电缆导管和线槽敷设工程检验批质量验收纪录》填写说明

（1）资料流程：本表由施工单位在完成本工序后填写，并报送监理单位；监理单位审批后返还施工单位、各相关单位存档。

（2）相关规定与要求：主控项目：1）金属的导管和线槽必须接地（PE）或接零（PEN）可靠，并符合下列规定：镀锌的钢导管、可挠性导管和金属线槽不得熔焊跨接接地线，以专用接地卡。2）按不同导管分类敷设方式各抽查10%，不少于5处，少于5处，全数检查。3）抽查10%，不少于5处，少于5处，全数检查。一般项目：1）观察和尺量检查。电缆的规格、型号应对照工程设计图纸检查。2）目测检查，检查隐蔽工程记录。尺量检查。3）对照设计图纸目测，尺量检查。检查隐蔽工程记录。4）目测检查，螺栓紧固程度应做拧动试验。对照工程设计图纸及产品技术文件检查规格、型号和标志，目测和尺量检查。检查隐蔽工程记录。

5.3.17　普通灯具安装工程检验批质量验收记录

1. 普通灯具安装工程检验批质量验收记录（见表5-21）

普通灯具安装工程检验批质量验收记录　　表5-21

(GB 50303—2011)

工程名称		分项工程名称		验收部位	
施工单位		专业工长		项目经理	
施工执行标准名称及编号	混凝土结构工程施工工艺标准（QB×××）				

续表

分包单位			分包项目经理		施工班组长	
	施工质量验收规范的规定				施工单位检查评定记录	监理（建设）单位验收记录
主控项目	1	灯具的固定		第19.1.1条		
	2	花灯吊钩选用、固定及悬吊装置的过载试验		第19.1.2条		
	3	钢管吊灯灯杆检查		第19.1.3条		
	4	灯具的绝缘材料耐火检查		第19.1.4条		
	5	灯具的安装高度和使用电压等级		第19.1.5条		
	6	跨地高度小于2.4m的灯具、可接近裸露导线的接地或接零		第19.1.5条		
一般项目	1	引向每个灯具的导线线芯最小面积		第19.2.3条		
	2	灯具的外形，灯头及其接线检查		第19.2.2条		
	3	变电所内灯具的安装位置		第19.2.4条		
	4	装有白炽灯泡的吸顶灯具隔热检查		第19.2.4条		
	5	在重要场所的大型灯具的玻璃罩安全措施		第19.2.5条		
	6	投光灯的固定检查		第19.2.6条		
	7	室外壁灯的防水检查		第19.2.7条		

施工单位检查评定结果	项目专业质量检查员： 年 月 日
监理（建设）单位验收结论	监理工程师： （建设单位项目专业技术负责人） 年 月 日

2.《普通灯具安装工程检验批质量验收记录》填写说明

(1) 资料流程：本表由施工单位在完成本工序后填写，并报送监理单位；监理单位审批后返还施工单位，各相关单位存档。

(2) 相关规定与要求：主控项目：1) 灯具的固定应符合下列规定：灯具重量大于3kg时，固定在螺栓或预埋吊钩上；软线吊灯，灯具重量在0.5kg的灯具采用吊链，且软电线编叉在吊链内，使电线不受力；灯具固定牢固可靠，不使用木楔，每个灯具固定用螺钉或螺栓不少于两个；当绝缘台直径在75mm及以下时，采用1个螺钉或螺栓固定。2) 花灯吊钩圆钢直径不应小于灯具挂销直径，且不应小于6mm。大型花灯的固定及悬吊装置，应按灯具重的两倍做过载试验。3) 当钢管作灯杆时，钢管内径不应小于10mm，钢管厚度不应小于1.5mm。4) 固定灯具带电部件的绝缘材料以及提供防触电的绝缘材料，应耐燃烧和防明火。5) 当设计无要求时，灯具的安装高度和使用电压等级应符合下列规定：一般敞开式灯具，灯头对地面距离不小于下列数值（采用安全电压时除外）：室外2.5m（室外墙上安装）；厂房2.5m，室内2m；软吊线带升降器的灯具在吊线展开后0.8m；危险性较大及特殊危险场所，当灯具距地面高度小于2.4m时，使用额定电压为36V及以下的照明灯具，或有专用保护措施。6) 当灯具距地面高度小于2.4m，灯具的可接近裸露导体必须接地或接零（PEN）可靠，并应有专用接地螺栓且有标识。一般项目：1) 引向每个灯具的导线线芯最小截面面积应符合规定。2) 灯具的外形、灯头及其接线应符合下列规定：灯具及其配件齐全，无机械损伤、变形、涂层剥落和灯罩破裂等缺陷；软线吊灯的软线两端做保护扣，两端芯线搪锡；当装升降器时，套塑料软管，采用安全灯头；除敞开式灯具外，其他各类灯具灯泡容量在100W及以上者采用瓷质灯头；连接灯具的软线盘扣、搪锡压线，当采用螺口灯头时，相线接于螺口灯头间的端子上；灯头的绝缘外壳不破损和漏电；带有开关的灯头，开关手柄无裸露的金属部位。3) 变电所内，高低压配电设备及裸母线的正上方应安装灯具。4）装有白炽灯泡的吸顶灯具，灯泡不应紧贴灯具；当灯泡与绝缘台间距离小于 5mm 时，灯泡与绝缘台间应采取隔热措施。5）安装在重要场所大型灯具的玻璃罩应有防碎裂后向下溅落的措施。6）投光灯的底座及支架应固定牢固，枢轴应沿需要的光轴方向拧紧固定。7）安装在室外的壁灯应有泄水孔，绝缘台与墙面之间应有防水措施。

5.3.18 金属风管与配件制作检验批质量验收记录

1. 金属风管与配件制作检验批质量验收记录（见表 5-22）

金属风管与配件制作检验批质量验收记录　　表 5-22

(GB 50243—2002)

工程名称			分项工程名称		验收部位	
施工单位			专业工长		项目经理	
施工执行标准名称及编号			混凝土结构工程施工工艺标准（QB×××）			
分包单位			分包项目经理		施工班组长	
		施工质量验收规范的规定		施工单位检查评定记录		监理（建设）单位验收记录
主控项目	1	材料种类、性能及厚度	第 4.2.1 条			
	2	防火风管材料及密封垫材料	第 4.2.3 条			
	3	风管强度及严密性、工艺性检测	第 4.2.5 条			
	4	风管连接	第 4.2.6 条			
	5	风管的加固	第 4.2.10 条			
	6	矩形弯管制作及导流片设置	第 4.2.12 条			
	7	净化空调风管	第 4.2.13 条			
一般项目	1	圆形弯管制作	第 4.3.1-1 条			
	2	风管外观质量和外形尺寸	第 4.3.1-2.3 条			
	3	焊接风管	第 4.3.1-4 条			
	4	法兰风管制作	第 4.3.2-1、2、3 条			
	5	铝板或不锈钢板风管	第 4.3.2-4 条			
	6	风管的加固	第 4.3.4 条			
	7	净化空调风管	第 4.3.11 条			

续表

施工单位检查 评定结果	
	项目专业质量检查员： 年 月 日
监理（建设）单位 验收结论	
	监理工程师： （建设单位项目专业技术负责人） 年 月 日

2.《金属风管与配件制作检验批质量验收记录》填写说明

（1）资料流程：本表由施工单位在完成本工序后填写，并报送监理单位；监理单位审批后返还施工单位，各相关单位存档。

（2）相关规定与要求：主控项目：1）材料品种、规格、性能与厚度应符合设计要求和有关标准及规范的规定。厚度不得小于规范的规定。检查材料质量合格证明文件、性能检测报告及尺量。2）防火风管及其配件必须为不燃材料，耐火等级符合设计规定。检查材料质量合格证明文件、性能检测报告及点燃试验。3）风管强度和严密性应符合设计要求，或符合规范规定。检查产品合格证明文件、检测报告或按规范附录A强度和混风量测试。4）风管拼缝连接咬口缝应错开，不得十字形拼缝。法兰规格应符合规范规定，螺栓孔距，中低压≤150mm，高压≤100mm，矩形四角均应设孔。观察检查拼缝质量和尺量螺栓孔距。5）风管加固条件：圆形Φ≥800mm，管段长＞1250mm，或表面积＞4m²；矩形管边长＞630mm，保温风管＞800mm，管段长＞1250mm，低压风管单边平面积＞1.2m²；高压＞1.0m²；非规外管按矩形管。尺量检查管长、直径和加固质量。6）矩形风管应采用半径为一个平面边长的内外同心弧形弯管。其他形式弯管平面边长＞500mm时，应设弯管导流池。尺量平面边长，观察检查是否符合规定。7）洁净空调风管所用连接件应与管材性能匹配且不应产生化学性能腐蚀，并不得用抽芯铆钉风管内加固；无法兰连接不得用S形、直角形及主联合角形插条；空气洁净度等级为1～5级的风管不得采用按扣式咬口；矩形风管边长≤900mm，底面板不应有拼接缝，＞900mm时，不应有横向拼接缝，清洁剂应用对人体和材质无害的，镀锌钢板镀锌层无严重损害。检查材料质量证明文件和有关证明，并观察检查是否符合规定。一般项目：1）圆形弯管曲率半径和最少分节数应符合规范规定。2）风管与配件咬口缝严密，宽度一致，折角平直，圆弧均匀，两端平行；无明显扭曲、翘角、表面平整、凹凸≤10mm，外形尺寸应符合，规范要求。3）焊接风管焊缝应平整，无裂缝、凸瘤、穿透夹渣、气孔等缺陷，变形应矫正，杂物清净。第1）～3）款检查测试记录或进行装配试验，尺量偏差和观察检查外观质量。4）法兰风管焊缝熔合良好，同一批螺孔排列一致且具互换性；铆接连接应牢固；焊接连接风管端面不得高于法兰接口平面；涂尘系统宜内侧满焊，外侧间断焊；采用点焊时，焊点熔合良好，间距≤100mm。5）采用碳素钢时，规格应符合规范规定，并应防腐；铆钉与风管材质相同。第4）～5）款检查测试记录，装配试验，尺量和观察。6）接口及连接件应符合规范规定，芯管连接应符合规定。7）接口及连接件应符合规范规定；接口及原件尺寸准确，形状规则，接口严密；采用C、S形插条或采用立咬口、塞边立咬口连接时，各项允许规定和偏差见规范规定。第6、7款检查测试记录、进行装配试验，尺量允许偏差观察外观质量。8）风管加固形式应符合要求。楞筋或楞线加固排列规则，间隔均匀，板面平顺；角钢、加固筋加固排列整齐，均匀对称，高度≤法兰高度，与风管铆接牢固，间隔（≤220mm）均匀，相交处连成一体；支撑应牢固，撑点之间间距均匀，且应≤950mm；中高压系统段＞1250mm应加框，咬口缝有防胀裂加固措施。检查测试记录，进行装配试验，观察质量情况，尺量尺寸限值。9）现场应清洁；铆钉孔间距，清洁度为1～5级，≤650mm，6～9级，≤100mm；静压箱过滤器框架等应防腐；制完风管应进行第二次清洗，符合要求后封口。观察检查并检查清洗记录。

5.3.19 通风机安装检验批质量验收纪录

1. 通风机安装检验批质量验收纪录（见表5-23）

通风机安装检验批质量验收纪录　　表5-23

(GB 50242—2002)

工程名称			分项工程名称			验收部位	
施工单位			专业工长			项目经理	
施工执行标准名称及编号			混凝土结构工程施工工艺标准（QB×××）				
分包单位			分包项目经理			施工班组长	
施工质量验收规范的规定						施工单位检查评定记录	监理（建设）单位验收记录
主控项目	1	通风机安装			第7.2.1条		
	2	通风机安全措施			第7.2.2条		
一般项目	1	叶轮与机壳安装			第7.3.1-1条		
	2	轴流风机叶片安装			第7.3.1-2条		
	3	隔振器安装			第7.3.1-3条		
	4	隔振器支吊架			第7.3.1-4条		
	5	通风机安装允许偏差（mm）					
		（1）中心线的平面位移			10		
		（2）标高			±10		
		（3）皮带轮轮宽中心平面偏移			1		
		（4）传动轴水平度		纵向	0.2/1000		
				横向	0.3/1000		
		（5）联轴器		两轴径向位移(mm)	0.05		
				两轴线径向倾斜	0.2/1000		

续表

施工单位检查评定结果	项目专业质量检查员： 年 月 日
监理（建设）单位验收结论	监理工程师： （建设单位项目专业技术负责人） 年 月 日

2. 填写说明

（1）资料流程：本表由施工单位在完成本工序后填写，并报送监理单位；监理单位审批后返还施工单位，各相关单位存档。

（2）相关规定与要求：主控项目：1）通风机型号、规格应符合设计要求，出口方向准确。叶轮旋转应平稳，停转后不应每次留在同一位置上。固定通风机的地脚螺栓应拧紧，并有防松动措施。图纸检查和观察检查。2）通风机传动装置外露部位以及直通大气的进、出口，必须装设防护罩（网）或采取其他安全措施。图纸检查和观察检查。一般项目：1）通风机叶轮的转子与机壳的组装位置正确；叶轮进风口插入风机机壳进风口或密封圈的深度应符合设备技术文件的规定，或为叶轮外径的1/100；检查施工记录，观察和尺量检查。2）现场组装的轴流风机叶片安装角度应一致，达到在同一平面；平面内运转，叶轮与筒体之间的间隙应均匀，水平度允许偏差为1/1000。检查施工记录，观察和尺量检查。3）安装隔振器的地面应平整，各组隔振器承受荷载的压缩量应均匀，高度偏差应小于2mm。检查施工记录，观察和尺量检查。4）安装风机的钢支、吊架，其结构形式和外形尺寸应符合设计或设备技术文件的规定；焊接应牢固，焊缝应饱满、均匀。检查施工记录，观察和尺量检查。

5.3.20 有线电视系统分项工程质量验收记录

1. 有线电视系统分项工程质量验收记录（见表5-24）

有线电视系统分项工程质量验收记录　　　表5-24

工程名称		分项工程名称		验收部位	
施工单位		专业工长		项目经理	
施工执行标准名称及编号	混凝土结构工程施工工艺标准（QB×××）				
分包单位		分包项目经理		施工班组长	
检查项目（主控项目）				检查评定记录	监理（建设）单位验收记录
1	系统输出电平（dBμV）（系统内的所有频道）				
2	系统载噪比（系统总频道的10%）				
3	载波互调比（系统总频道的10%）				
4	交扰调制比（系统总频道的10%）				
5	回波比（系统总频道的10%）				
6	色/亮度时延差（系统总频道的10%）				
7	载波交流声（系统总频道的10%）				
8	伴音和调频广播的声音（系统总频道的10%）				
9	电视图像主观评价≥4份				

检测意见：

监理工程师签字：　　　　　　　　　　检测机构负责人签字：
（建设单位项目专业技术负责人）
日期：　年　月　日　　　　　　　　日期：　年　月　日

2. 填写说明

（1）卫星电视及有线电视系统的安装质量检查应符合现行国家标准的有关规定。

（2）在工程实施及质量控制阶段，应检查卫星天线的安装质量、高频头至室内单元的线距、功放器及接收站位置、缆线连接的可靠性，符合设计要求为合格。

（3）卫星数字电视的输出电平应符合国家现行标准的有关规定。

（4）采用主观评测检查有线电视系统的性能，主要技术指标应符合规范的规定。

第6章 安全生产资料、文明施工资料及其归档

6.1 安全生产责任制（C3类）

6.1.1 施工单位安全生产责任制主要内容

施工单位安全生产责任制主要内容见表6-1。

施工单位安全生产责任制主要内容　　　　表6-1

项次	内　　容
安全生产责任制	（1）施工单位主要负责人对安全生产工作全面负责。建筑企业的法定代表人对本企业的安全生产负责。施工单位主要负责人依法对本单位的安全生产工作全面负责。 （2）要保证本单位安全生产条件所需的资金投入。施工单位对列入建设工程概算的安全作业环境及安全施工措施所需费用，应当用于施工安全防护用具及设施的采购和更新、安全施工措施的落实、安全生产条件的改善，不得挪作他用。 （3）施工单位安全生产管理机构和专职安全生产管理人员负专责。专职安全生产管理人员负责对安全生产进行现场监督检查。发现安全事故隐患，应及时向项目负责人和安全生产管理机构报告，对违章指挥、违章操作的，应当立即制止

6.1.2 建筑工程项目安全生产目标责任制考核办法及考核记录

建筑工程项目安全生产目标责任制考核办法及考核记录见表6-2。

建筑工程项目安全生目标责任制考核办法及考核记录　　表6-2

项次	内　　容
考核办法	（1）项目安全管理目标。制定年、月达标计划，分解到人，责任落实考核到人。1）杜绝死亡事故和重伤事故，年轻伤少于3人。2）确保每月施工安全及文明施工检查达到优良标准。3）确保实现市级文明工地。

续表

项次	内 容
考核办法	（2）考核细则。1）用《建筑施工安全检查标准》（JGJ59）中各分项评分表，对各分项责任人打分考核。当分项核查得分表在70分以下时为不合格，70分至80分为合格，80分以上为优良。2）各分项检查评分表通过汇总得出结果用来评价项目经理安全责任目标落实情况，项目经理是项目安全生产第一责任人，项目部各级管理人员安全责任目标落实的好坏，首先体现了项目经理安全管理的绩效。3）评分表、评分方法根据方法《建筑施工安全检查标准》（JGJ59）中的范例和规定进行。 （3）考核的对象。根据国家有关规定，项目部安全生产管理和责任考核实行按职责分工不同分别进行。考核的对象通常包括项目经理、技术负责人、项目安全员、项目材料员以及各专业工长和班组长
考核记录填写	根据《建筑施工安全检查标准》（JGJ59）的规定，考核时按表格填写要求填写，并按建设工程资料编制和归档管理相关规定统一编号，组卷归档

6.1.3 安全检查

安全检查主要内容及安全检查资料编制见表6-3。

安全检查主要内容及安全检查资料编制　　表6-3

形成	内 容
安全检查	（1）安全检查分类：社会安全检查、公司级安全检查、分公司安全检查、项目安全检查。 （2）安全检查的形式。定期安全检查、季节性安全检查、临时性安全检查、专业性安全检查、群众性安全检查。 （3）安全检查的内容。查思想、查制度、查管理、查领导、查违章、查隐患。 （4）各级安全检查必须按照文件规定进行，安全检查的结果必须有现场文字记录；安全检查必须做到定人、定时间、定措施、定复查人
安全检查资料编制	（1）定期安全奖惩制度。1）施工企业对生产中的安全工作，除进行经常检查外，每年还应该定期进行2～4次群众性的检查，这种检查包括普遍性检查、专业性检查和季节性检查，这几种检查可以结合进行。企业单位安全生产检查由生产管理部门负总责，企业安全部门具体实施。①定期检查时间：公司每季度检查一次，分公司每月一次，项目部每周六进行安全检查；班组长、班组兼职安全员班前对施工现场、作业场所、工具设备进行检查，班中验证考核，发现问题立即整改。

续表

形成	内容
安全检查资料编制	②专业性检查：可突出专业的特点，如施工用电、机械设备等组织的专业性专项检查。③季节性检查：可突出季节性的特点，如雨季安全检查，应以防漏电、防触电、防雷击、防坍塌、防倾倒为重点的检查；冬季安全检查应以防火灾、防触电、防煤气中毒为重点的检查。2）开展安全生产检查，必须有明确的目的，要有具体的计划，且必须建立由企业领导负责、有关人员参加的安全生产检查组织，加强领导，做好检查工作。3）安全生产检查应该始终贯彻领导和群众相结合的原则，边检查、边改进，并且及时总结和推广先进经验，抓好典型。4）对查处的隐患不能立即整改的，要建立登记、整改、检查、消项等制度，确定整改计划，定人、定措施、定经费、定完成日期。在隐患没有消除前，必须采取可靠的防护措施，如有危及人身安全的紧急情况，应立即停止作业。 (2) 安全检查记录。是记载安全生产检查的记录表格，主要内容是记载所检查安全生产状况的真实内容，是整改和安全管理的主要依据。 (3) 事故隐患整改通知。是对安全生产检查中存在的事故隐患、对重大事故隐患实行的定人员、定措施、定经费的整改方案（包括整改措施、完成整改的最后日期、整改责任人、复查日期），以及整改复查意见（整改记录、遗留问题的处理）的记载表格，作为安全生产管理的主要载体，是施工企业工程安全管理资料的重要组成内容之一。 (4) 事故隐患整改复查单。主要记载生产单位或班组对安全检查中发现的事故隐患整改成效，是安全生产检查整改成果的复核性检查记录单，是施工企业安全生产管理资料的重要组成部分

6.1.4 安全教育记录

安全教育主要内容及安全教育记录见表6-4。

安全教育主要内容及安全教育记录　　　表6-4

形成	内容
安全教育内容	(1) 目的。为贯彻"安全第一，预防为主"的安全生产方针，使广大职工掌握必要的安全生产知识和安全技能，提高职工安全生产意识和自我保护能力，从而有效地保护劳动者的合法权益——劳动安全和健康，促进企业安全生产水平的提高和国民经济的持续、快速、健康的发展。

续表

形成	内 容
安全教育内容	（2）内容。安全教育的内容一般包括：安全生产思想教育、安全生产知识教育和安全管理理论及方法教育。企业应根据不同的教育对象，侧重于不同的教育内容，提出不同的教育要求。 1）安全生产思想教育：主要包括安全生产方针政策教育、法制教育、典型经验及事故案例教育。通过学习方针、政策，提高企业各级领导和全体职工对安全生产重要意义的认识，使其在日常工作中坚定地树立"安全第一"的思想，正确处理好安全与生产的关系，确保企业安全生产。 　　通过安全生产法制教育，使各级领导和全体职工了解和懂得国家有关安全生产的法律、法规和企业各项安全生产规章制度。使企业各级领导能够依法组织企业的经营管理，贯彻执行"安全第一，预防为主"的方针；使全体职工依法进行安全生产，依法保护自身安全与健康权益。通过典型经验和事故案例教育，可以使人们了解安全生产对企业发展、个人和家庭幸福的促进作用；发生事故对企业、对个人、对家庭带来的巨大损失和不幸。从而坚定安全生产的信念。2）安全生产知识教育：主要包括一般生产技术知识教育、一般安全技术知识教育和专业安全技术知识教育。就是说，通过教育，提高生产技能，防止误操作；掌握一般职工必须具备的、最起码的安全技术知识，以适应对工厂通常危险因素的识别、预防和处理；而对于特殊工种的工人，则是进一步掌握专门的安全技术知识，防止受特殊危险因素的危害。3）安全管理理论和方法的教育：通过教育提高各级管理人员的安全管理水平。总结以往安全管理的经验，推广现代安全管理方法的应用
安全教育记录资料编写要点	（1）教育培训的制度：依据为原国家建设部颁发的《建筑业职工安全培训教育暂行规定》。 （2）安全教育相关资料：安全教育记录台账、职工三级安全教育记录卡、安全教育记录、变换工种安全教育记录、周一安全教育记录等。 （3）编写方法：对以上四种表格按《建筑业职工安全培训教育暂行规定》要求，编写规范的表格，如实填写，作为工程施工安全管理的主要资料收集，归档保存

6.1.5 班前安全活动

班前安全教育活动资料编制见表 6-5。

班前安全教育活动资料编制 表6-5

形成	内容
班前安全教育制度	（1）班组长应根据班组承担的生产和工作任务，科学地安排好班组班前生产日常管理工作。 （2）班前班组全体成员要提前15分钟到达岗位，在班组长的组织下进行交接班，召开班前安全会议，清点人数，由班组长安排好工作任务，针对工程施工情况、作业环境、作业项目，交待安全施工要点。 （3）班组长和班组兼职安全员负责督促检查安全防护装置。 （4）全体组员要在穿戴好劳动保护用品后，上岗交接班，熟悉上一班生产管理情况，检查设备和工况完好情况，按作业计划做好生产的一切准备工作。 （5）班组必须经常性地在班前开展安全活动，形成制度化，并做好班前安全活动记录。 （6）班组不得寻找借口取消班前安全活动；班组组员决不能无原因不参加班前安全活动。 （7）项目经理及其他项目管理人员应分头定期不定期地检查或参加班组班前安全活动会议，以监督其执行或提高安全活动会议的质量。 （8）项目安全员应不定期地抽查班组班前安全活动记录，看是否有漏记，对记录质量状况进行检查
班组安全活动内容	（1）讲解现场一般安全知识。 （2）当前作业环境应掌握的安全技术操作规程。 （3）落实岗位安全生产责任制。 （4）设立明确安全监督岗位，并强调其重要作用。 （5）季节性施工作业环境、作业位置安全。 （6）检查设备安全装置。 （7）检查工机具状况。 （8）个人防护用品的穿戴。 （9）危险作业的安全技术的检查与落实。 （10）作业人员身体状况，情绪的检查。 （11）禁止乱动、损坏安全标志，乱拆安全设施。 （12）不违章作业，拒绝违章指挥。 （13）材料、物资整顿。 （14）工具、设备整顿。 （15）活完场清工作的落实
班前安全活动记录	主要是根据班组出勤人数、作业部位、工作日期、天气、班组负责人的基本情况所进行的班前工作内容及安全交底内容，作业检查发现问题及处理意见的表格，表格签字人为兼职安全员

6.1.6 特种作业

特种作业主要内容及特种作业资料见表 6-6。

特种作业主要内容及特种作业资料　　　表 6-6

形成	内　　容
特种作业	根据国家安全生产监督管理局相关文件规定，特种作业是指容易发生人员伤亡事故，对操作者本人、他人及周围设施的安全可能造成重大危害的作业。直接从事特种作业的人员称为特种作业人员。特种作业及人员范围包括： （1）电作业。含发电、送电、变电、配电工，电气设备的安装、运行、检修（维修）、试验工，矿山井下电工。 （2）金属焊接、切割作业。含焊接工，切割工。 （3）起重机械（含电梯）作业。含起重机械（含电梯）司机，司索工，信号指挥工，安装与维修工。 （4）企业内机动车辆驾驶。含在企业内码头、货场等生产作业区域和施工现场行驶的各类机动车辆的驾驶人员。 （5）登高架设作业。含 2m 以上登高架设、拆除、维修工，高层建（构）物表面清洗工。 （6）锅炉作业（含水质化验）。含承压锅炉的操作工、锅炉水质化验工。 （7）压力容器作业。含压力容器罐装工、检验工、运输押运工、大型空气压缩机操作工。 （8）制冷作业。含制冷设备安装工、操作工、维修工。 （9）爆破作业。含地面工程爆破、井下爆破工。 （10）矿山通风作业。含主扇风机操作工，瓦斯抽放工，通风安全监测工，测风测尘工。 （11）矿山排水作业。含矿井主排水泵工，尾矿坝作业工。 （12）矿山安全检查作业。含安全检查工，瓦斯检验工，电器设备防爆检查工。 （13）矿山提升运输作业。含提升机操作工，（上、下山）绞车操作工，固定胶带输送机操作工，信号工，拥罐（把钩）工。 （14）采掘（剥）作业。含采煤机司机，掘进机司机，耙岩机司机，凿岩机司机。 （15）矿山救护作业。 （16）危险物品作业。含危险化学品、民用爆炸品、放射性物品的操作工，运输押运工，储存保管员。 （17）经国家安全生产监督管理局批准的其他作业
特种作业资料编制	特种作业资料整理应按各种分别编制《特种作业人员名册登记表》，包括表头、序号、姓名、工种、所在单位、上岗证号、进场时间。表后附有施工人员上岗证复印件，以便检查核对和坚持持证上岗制度

6.2 安全技术交底（C4类）

6.2.1 安全操作技术交底

生产负责人在生产作业前对直接生产作业人员进行的该作业的安全操作规程和注意事项的培训，并通过书面文件方式予以确认。建设项目中，分部（分项）工程在施工前，项目部应按批准的施工组织设计或专项安全技术措施方案，向有关人员进行安全技术交底。安全技术交底主要包括两个方面：一是在施工方案的基础上按照施工的要求，对施工方案进行细化和补充；二是要将操作者的安全注意事项讲清楚，保证作业人员的人身安全。安全技术交底工作完毕后，所有参加交底的人员必须履行签字手续，施工负责人、生产班组、现场专职安全管理人员三方各留一份，并记录存档。

1. 架子工安全技术交底

（1）扣件式脚手架安全交底记录见表6-7。

扣件式脚手架安全交底记录　　　表6-7

工程名称			
施工单位			
基地项目(部位)		交底日期	

交底内容（安全措施与主要事项）：

1. 一般规定：可根据工程施工实际和相关规程及规范要求编写若干具体条款。在带电设备附近搭、拆脚手架时，宜停电作业。在外电架空线路附近作业时，脚手架外侧边缘与外电架空线路的边线之间的最小安全操作距离不应小于下表的规定。

在建筑工程（含脚手架具）的外边缘与外电架空线路的边缘之间的最小安全操作距离

外电线路电压	1kV以下	1～10kV	35～115kV	154～220kV	330～500kV
最小安全操作距离(m)	4	6	8	10	12

注：上、下脚手架斜道严禁搭设在有外电线路的一侧。

续表

2. 材料要求：其他内容分条款依据规程和规范编写。其中脚手架钢管尺寸应按下表所列进行选择确定。

脚手架钢管尺寸（mm）

截面尺寸		最大长度	
外径 ϕ	壁厚 t	横向水平杆	其他杆
48	3.5	2200	6500
51	3		

3. 扣件式脚手架：其他内容缝宽依据规程和规范编写，扣件式脚手架构造参数见下表。

扣件式脚手架构造参数

结构形式	用途	宽度（m）	立杆间距（m）	步距（m）	横向水平杆间距
单排架	承重	1～1.2	1.5	1.2	1m，一端伸入墙体不少于240mm
	装修	1～1.2	1.5	1.2	1m，同上
双排架	承重	2～2.5	1.5	1.2	1m
	装修	2～2.5	1.5	1.2	1m

4. 脚手架拆除：

交底人		接受交底班组长		接受交底人数	

注：本表由施工单位填写并保存（一式三份，班组一份、安全员一份、交底人一份）。

（2）挑架脚手架、外电线路安全防护脚手架、满堂红脚手架、砌筑用金属平台架、升降式套管架、门式脚手架等的安全技术交底记录表各自记载内容不尽相同,格式与以上第(1)条相似。此处从略。

2. 锅炉、管道安装工安全技术交底

锅炉、管道安装工安全技术交底记录见表6-8。

锅炉、管道安装工安全交底记录　　　　　　表6-8

工程名称			
施工单位			
基地项目(部位)		交底日期	

交底内容(安全措施与主要事项):
1. 散装锅炉安装:可根据工程施工实际和相关规程及规范要求编写若干具体条款。

2. 快装锅炉安装:可根据工程施工实际和相关规程及规范要求编写若干具体条款。

3. 管道安装:可根据工程施工实际和相关规程及规范要求编写若干具体条款。

交底人		接受交底班组长		接受交底人数	

注:本表由施工单位填写并保存(一式三份,班组一份、安全员一份、交底人一份)。

3. 司炉工安全操作技术交底

司炉工安全操作技术交底见表6-9。

司炉工安全操作安全技术交底   表 6-9

工程名称			
施工单位			
基地项目(部位)		交底日期	

交底内容（安全措施与主要事项）：可根据工程施工实际和相关规程及规范要求编写若干具体条款。

交底人		接受交底班组长		接受交底人数	

注：本表由施工单位填写并保存（一式三份，班组一份、安全员一份、交底人一份）。

4. 起重工安全操作技术交底

起重工安全操作技术交底见表 6-10。

起重工安全操作技术交底　　　表 6-10

工程名称			
施工单位			
基地项目(部位)		交底日期	

交底内容（安全措施与主要事项）：可根据工程施工实际和相关规程及规范要求编写若干具体条款，大致包括如下几个方面：

1. 一般规定：

2. 基本操作：

3. 三脚架（三木塔）吊装：

4. 构件及设备的吊装：

5. 吊索具：

交底人		接受交底班组长		接受交底人数	

注：本表由施工单位填写并保存（一式三份，班组一份、安全员一份、交底人一份）。

金属无损探伤工、电梯安装工等安全技术交底此处从略。

6.2.2　临时用电安全技术交底

临时用电安全技术交底所涉及的范围包括：在建工程与邻近高压线的距离与保护措施；架空线路的敷设、电缆线路的敷设；变配电设施与维护；配电箱的设置；开关电器及熔丝的选择；接地与防雷保护；现场照明；以季节特点为主的冬、雨期施工电气安全技术措施。由于各类用电人员缺乏安全用电知识，触电事故时有发生，对各类用电人员使用电气设备的要求所负职责应作出明确的规定。针对施工现场实际情况，依据施工现场临时用电安全技术规范、法规各项条款的具体规定，随临时用电施工进度，编写技术交底，并办理有关签字手续。技术交底应充分体现针对性、实用性的特点，应突出强调以保证电气安全为重点的安全技术措施。

1. 施工现场临时照明安全技术交底

施工现场临时照明安全技术交底见表 6-11。

施工现场临时照明安全技术交底　　表 6-11

工程名称			
施工单位			
基地项目(部位)		交底日期	

交底内容（安全措施与主要事项）：可根据工程施工实际和相关规程及规范要求编写若干具体条款，大致包括如下几个方面：

1. 一般规定：

2. 照明供电：

3. 照明装置：

交底人		接受交底班组长		接受交底人数	

注：本表由施工单位填写并保存（一式三份，班组一份、安全员一份、交底人一份）。

2. 施工现场线路敷设安全技术交底

施工现场线路敷设安全技术交底见表 6-12。

施工现场线路敷设安全技术交底表　　　表 6-12

工程名称			
施工单位			
基地项目(部位)		交底日期	

交底内容（安全措施与主要事项）：可根据工程施工实际和相关规程及规范要求编写若干具体条款。大致包括如下几个方面：

1. 一般规定：

2. 交底内容：

交底人		接受交底班组长		接受交底人数	

注：本表由施工单位填写并保存（一式三份，班组一份、安全员一份、交底人一份）。

3. 施工现场配电箱及开关箱设置安全技术交底

施工现场配电及开关箱设置安全技术交底见表 6-13。

施工现场配电箱及开关箱设置安全技术交底　　表 6-13

工程名称			
施工单位			
基地项目(部位)		交底日期	

交底内容（安全措施与主要事项）：可根据工程施工实际和相关规程及规范要求编写若干具体条款，大致包括如下几个方面：

1. 一般规定：

2. 交底内容：
(1) 总配电箱交底内容

(2) 分开关箱交底内容

(3) 开关箱技术交底内容

交底人		接受交底班组长		接受交底人数	

注：本表由施工单位填写并保存（一式三份，班组一份、安全员一份、交底人一份）。

（施工现场配电室安装、施工现场接地与防雷、施工现场保护接零、施工现场防雷等的安全技术交底与上表相仿，为节约篇幅，此处从略）

6.2.3 施工机械安全技术交底

建筑工程中常用的施工机械包括：钢筋弯曲机、钢筋切断机、卷扬机、电焊机、牵引式混凝土输送泵、钢筋对焊机、平刨机、压刨机、圆盘锯、混凝土振捣器、打夯机、灰浆搅拌机、混凝土搅拌机、施工电梯、履带式起重机、塔式起重机、挖掘机、装载机等种类。施工机械的安全使用对工程项目建设质量、效益，以及施工现场工作人员和工地周边相关人员人身安全都有重要的意义。严格执行施工机械的操作注意事项和施工现场安全管理制度。针对施工现场实际情况，依据施工现各类施工机械使用、保养与维护安全技术规范、法规各项条款的具体规定，随机械施工进度，编写技术交底，并办理有关签字手续。技术交底应充分体现针对性、实用性的特点，应突出强调以保证机械施工安全为重点的安全技术措施。

1. 履带式起重机械安全技术交底

履带式起重机械安全技术交底见表 6-14。

履带式起重机械安全技术交底   表 6-14

工程名称			
施工单位			
基地项目(部位)		交底日期	

交底内容（安全措施与主要事项）：可根据工程施工实际和相关规程及规范要求编写若干具体条款，大致包括如下几个方面：

1. 一般规定：

2. 交底内容：

交底人		接受交底班组长		接受交底人数	

注：本表由施工单位填写并保存（一式三份，班组一份、安全员一份、交底人一份）。

2. 塔式起重机安全技术交底

塔式起重机安全技术交底见表6-15。

塔式起重机安全技术交底　　　　　　表 6-15

工程名称			
施工单位			
基地项目(部位)		交底日期	

交底内容（安全措施与主要事项）：可根据工程施工实际和相关规程及规范要求编写若干具体条款，大致包括如下几个方面：

1. 操作前检查：

2. 安全操作：

3. 停机后检查：

4. 附着、顶升作业：

5. 安装、拆卸和轨道铺设：

交底人		接受交底班组长		接受交底人数	

注：本表由施工单位填写并保存（一式三份，班组一份、安全员一份、交底人一份）。

3. 推土机安全技术交底

推土机安全技术交底见表6-16。

推土机安全技术交底　　　　　　　　　　　表 6-16

工程名称			
施工单位			
基地项目(部位)		交底日期	

交底内容（安全措施与主要事项）：可根据工程施工实际和相关规程及规范要求编写若干具体条款。

1. 一般规定：

2. 交底内容：

交底人		接受交底班组长		接受交底人数	

注：本表由施工单位填写并保存（一式三份，班组一份、安全员一份、交底人一份）。

4. 混凝土搅拌机安全技术交底

混凝土搅拌机安全技术交底见表 6-17。

混凝土搅拌机安全技术交底　　　　　　　　表 6-17

工程名称			
施工单位			
基地项目(部位)		交底日期	

交底内容（安全措施与主要事项）：可根据工程施工实际和相关规程及规范要求编写若干具体条款。大致包括如下几个方面：

1. 一般规定：

2. 交底内容：

交底人		接受交底班组长		接受交底人数	

注：本表由施工单位填写并保存（一式三份，班组一份、安全员一份、交底人一份）。

5. 钢筋切断机安全技术交底

钢筋切断机安全技术交底见表 6-18。

钢筋切断机安全技术交底　　　　　　　　表 6-18

工程名称			
施工单位			
基地项目(部位)		交底日期	

交底内容（安全措施与主要事项）：可根据工程施工实际和相关规程及规范要求编写若干具体条款。大致包括如下几个方面：

1. 一般规定：

2. 交底内容：

交底人		接受交底班组长		接受交底人数	

注：本表由施工单位填写并保存（一式三份，班组一份、安全员一份、交底人一份）。

挖掘机、装载机、牵引式混凝土输送泵、钢筋弯曲机、钢筋对焊机、电焊机、混凝土振捣器、打夯机、灰浆搅拌机、混凝土搅拌机、施工电梯、平刨机、压刨机、圆盘锯等施工机具的安全技术交底格式与上述所列机械施工安全技术交底格式大致相同，其中应涉及的具体内容各有不同，为了节省篇幅，此处从略。

6.3 安全检查评分（C5 类）

6.3.1 安全检查评分标准、评分方法及评定等级

安全检查评分标准、评分方法及评定等级见表 6-19。

安全检查评分标准、评分方法及评定等级　　表 6-19

项次	内　　容
安全检查评分标准简介	《建筑施工安全检查标准》（JGJ59—2011）适用于我国建设工程的施工现场安全管理要求，是建筑施工从业人员的行为规范，是施工过程建筑职工安全和健康的保障。因此，必须使全体从业人员都了解该《标准》、熟悉该《标准》、应用该《标准》，使认真贯彻实施《标准》成为建筑职工自觉的行动。《标准》中有 22 条条文、18 张检查表，共有 169 项安全检查内容的"保证项目"和"一般项目"
安全检查评分方法	依据《建筑施工安全检查标准》（JGJ59—2011）中的检查评分方法进行评分，评分方法如下： （1）汇总表满分为 100 分。各分项检查表在汇总表中所占的满分分值应分别为：安全管理 10 分、文明施工 20 分、脚手架 10 分、基坑支护与模板工程 10 分、"三宝"、"四口"防护 10 分、施工用电 10 分、物料提升机与外用电梯 10 分、塔吊 10 分、起重吊装 5 分和施工机具 5 分。在汇总表中，分项项目实得分数应按下式计算：汇总表总得分应为表中各分项项目实得分数之和。条文说明：汇总表也采用百分制。各分项内容在汇总表中所占分值，依据对因工伤亡事故类型的统计分项结果而确定。项目实得分数应按下式计算： 在汇总表中各分项项目实得分数＝（汇总表中该项应得满分分值 　　　×该项检查评分表实得分数）/100 汇总表总得分应为表中各分项项目实得分数之和。 条文说明：汇总表也采用百分制。各分项内容在汇总表中所占分值，依据对因工伤亡事故类型的统计分项结果而确定。且考虑了计算简便，将除文明施工分表（20 分）、起重吊装分表（5 分）、施工机具分表（5 分）外，其他各分表分值都确定为 10 分。由于起重吊装只是施工中的一个工序过程，在组织检查中遇有机会较少；施工机具近些年有较大改观，防护装置日趋完善，所以各确定为 5 分；而文明施工是独立的一个方面，也是施工现场整体面貌的体现和树立建筑业形象综合反映，所以确定为 20 分。 （2）检查中遇有缺项时，汇总表总得分应按下式换算： 遇有缺项时汇总表总得分＝（实查项目在汇总表中按各对应的相似的分数值/实查项目在汇总表中应得满分的分值之和）×100 条文说明：分项检查表共有十六张，归纳为十项内容，每次在工地检查使用时，不一定都能遇到，如有的工地无塔吊等，在汇总表中就要进行换算，计算出这个工地的总得分。在无保证项目的分项检查表中，遇有缺项时如规范表 3.0.13 中，如无平创等机具时，也要利用这个公式算出分项表的得分

续表

项次	内 容
安全检查评定等级	建筑施工安全检查评分，以汇总表的总得分及保证项目达标与否，作为对一个施工现场安全生产情况的评价依据。分为优良、合格、不合格三个等级。 (1) 优良。保证项目分值，汇总表得分值在80分（含80分）以上。 (2) 合格。1) 保证项目分值均达到第2.0.6条规定得分标准，汇总表得分值在70分（含70分）以上；2) 有一份表未得分，但汇总表得分值在75分（含75分）以上。 (3) 不合格。汇总表得分值不足70分

6.3.2 文明施工检查评分标准

文明施工检查评分标准见表6-20。

文明施工检查评分标准　　　　表6-20

项次	内 容
主控项目	(1) 现场围挡 在市区主要路段的工地周围未设置高于2.5m的围档，扣10分 一般路段的工地周围未设置高于1.8m的围档，扣10分 围档材料不坚固、不稳定、不整洁、不美观，扣5~7分 围档没有沿工地四周连续设置的，扣3~5分 (2) 封闭管理 施工现场进出口无大门的，扣3分 无门卫和无门卫制度的，扣3分 进入施工现场不佩戴工作卡的，扣3分 门头未设置企业标志的，扣3分 (3) 施工场地 工地地面未做硬化处理的，扣5分 道路不畅通的，扣5分 无排水设施、排水不畅通的，扣4分 无防止泥浆、污水、废水外流或堵塞下水道和排入河道措施的，扣3分 工地有积水的，扣2分 工地未设置吸烟处、随意吸烟的，扣2分 温暖季节无绿化布置的，扣4分 (4) 材料堆放 建筑材料、构件、料具不按总平面布局堆放的，扣4分 材料未挂名称、品种、规格等标牌的，扣2分 堆放不整齐的，扣3分 未做到工完场地清的，扣3分

续表

项次	内　容
主控项目	建筑垃圾堆放不整齐、未标出名称、品种的，扣 3 分 易燃易爆物品未分类存放的，扣 4 分 （5）现场住宿 在建工程兼作住宿的，扣 8 分 施工作业区与办公、生活区不能明显划分的，扣 6 分 宿舍无保暖和防煤气中毒措施的，扣 5 分 宿舍无消暑和防蚊虫叮咬措施的，扣 3 分 无床铺、生活用品放置不整齐的，扣 2 分 宿舍周围环境不卫生、不安全的，扣 3 分 （6）现场防火 无消防措施、制度或灭火器材的，扣 10 分 灭火器材配置不合理的，扣 5 分 无消防水源（高层建筑）或不能满足消防要求的，扣 8 分 无动火审批手续和动火监护的，扣 5 分
一般项目	（7）治安综合治理 生活区域未给工人设置娱乐场所的，扣 4 分 未建立治安保卫制度的、责任未分解到人的，扣 3~5 分 治安防范措施不力，常发生失盗事件的，扣 3~5 分 （8）施工现场标牌 大门口处挂的五牌一图内容不全、缺一项，扣 2 分 标牌不规范、不整齐的，扣 3 分 无安全标语，扣 5 分 无宣传栏、读报栏、黑板报等，扣 5 分 （9）生活设施 厕所不符合卫生要求，扣 4 分 无厕所，随地大小便，扣 8 分 食堂不符合卫生要求，扣 8 分 无卫生责任制，扣 5 分 不能保证供应卫生饮水的，扣 10 分 无淋浴室或淋浴室不符合要求，扣 5 分 生活垃圾未及时清理，未装容器，无专人管理的，扣 3~5 分 （10）保健急救 无保健医药箱的，扣 5 分 无急救措施和急救器材的，扣 8 分 无经培训的急救人员，扣 4 分 未开展卫生防病宣传教育的，扣 4 分 （11）社区服务 无防粉尘、防噪声措施，扣 5 分 夜间未经许可施工的，扣 8 分 现场焚烧有毒、有害物质的，扣 5 分 未建立施工不扰民措施的，扣 5 分

脚手架、高处作业吊篮、基坑开挖、模板支架、高处作业、施工用电、物料提升机、施工升降机、塔式起重机与起重吊装、施工机具分项检查评分标准，在住房和城乡建设部颁布的《建筑施工安全检查标准》(JGJ 59—2011)中都有具体规定。为节约篇幅此处不再逐一列举。

6.3.3 建筑施工安全检查评分汇总

建筑施工安全检查评分汇总见表6-21。

建筑施工安全检查评分汇总　　表6-21

单位工程（施工现场）名称	建筑面积(m^2)	结构类型	总计得分（满分分值100分）	项目名称机分值								
				安全管理（满分10分）	文明施工（满分15分）	脚手架（满分10分）	基坑工程（满分10分）	模板支架（满分10分）	高处作业（满分10分）	施工用电（满分10分）	物料提升机与施工升降机（满分10分）	塔式起重机与起重吊装（满分10分）	施工机具（满分5分）

评语：

| 检查单位 | | 负责人 | | 受检项目 | | 项目经理 | |

6.4　安全生产与文明施工保证计划（C6类）

6.4.1　安全生产与文明施工保证措施

安全生产与文明施工措施编制依据及内容见表6-22。

安全生产与文明施工措施编制依据及内容 表 6-22

项次	内 容
编制依据	(1) 建筑安装工程招标投标文件、工程总平面图和有关施工图纸。 (2) 国家有关的施工安全规范、规程、技术标准。 (3) 省、市颁发的有关建筑安全施工规程,质量、安全、文明施工等文件。 (4) 施工公司安全生产手册、程序文件、作业指导书及有关施工质量、安全、文明施工的技术管理文件
编制内容	(1) 工程概况。 (2) 控制目标。 (3) 执行原则及编制依据。 (4) 安全组织机构图。 (5) 项目安全管理制度。 (6) 现场危险源辨识及控制措施。 (7) 项目安全施工方案及应急预案。 (8) 分阶段"四口""五邻边"防护布置与标化搭设方法。 (9) 现场大型施工机械管理。 (10) 文明施工管理及措施。 (11) 消防管理

6.4.2 安全生产保证体系

安全生产保证体系见表 6-23。

安全生产保证体系 表 6-23

项次	内 容
安全生产保证体系	(1) 为确保工程安全生产目标的顺利实现,本项目设立安全生产管理小组。 (2) 建立以项目经理为责任人,专职安全员、施工员、各班组长及班组兼职安全员的安全管理责任保证体系。 (3) 健全各级安全生产责任制,落实各级安全生产目标,把安全工作要求列入各项合同,做好管生产必须管安全工作。 (4) 设置项目专职安全员及班组兼职安全员负责日常安全工作。 (5) 项目管理人员安全工作职责:1) 项目经理安全工作职责:①项目经理是本工程项目安全生产的第一责任人,负责制定项目部各项安全生产规章制度,确定安全管理目标,对工程项目的安全全面负责,保证本项目部安全生产条件所需资金的投入。②建立项目安全管理组织,配备好专(兼)职安全员,负责对项目管理人员的责任制考核。③参与编制施工组织设计、专项安全施工方案,组织落实各项安全技术措施。④认真组织每月一次安全检查,发现施工中不安全问题,要定人、定时、定措施及时解决。

续表

项次	内 容
安全生产保证体系	⑤负责建立施工现场符合要求的临时生活设施，按规定发放职工劳动防护用品，建立治安、防火制度，不扰民制度和环境卫生制度，搞好项目综合治理。⑥定期组织管理人员进行安全操作规程和安全规章制度的学习，抓好安全达标和文明施工，做好场容场貌、封闭管理。⑦组织施工现场脚手架、井架、塔吊、临时用电、外用电梯、施工机具等验收、检查。⑧发生工伤事故，立即组织抢救，迅速上报，保护好现场，参加事故调查处理工作。处理事故遵循"四不放过"原则，并采取有效整改措施防止安全事故再次发生。2）项目技术负责人安全工作职责：①组织有关管理、技术人员认真学习和贯彻执行有关安全生产和安全技术管理规定，负责制定各工种安全技术操作规程，协助项目经理对本工程项目安全生产负技术责任，及时解决施工生产中的安全技术问题。②具体负责编制施工组织设计、专项安全施工方案和季节性施工方案，审查制定相应的安全技术措施，并监督执行。③参加每半月一次安全检查，对施工中存在的不安全因素，从技术方面提出整改意见和办法予以消除。④坚持交施工任务的同时交安全生产，检查和督促班组安全作业，组织上岗人员对新材料、新技术、新工艺的应用进行安全技术培训。⑤结合项目工程特点，负责项目分部分项工程安全技术交底。⑥主持安全防护设施及设备的验收，严格控制不符合标准要求的防护设备、设施投入使用。⑦参加工伤事故调查，从技术上分析事故原因。3）项目施工员安全工作职责：①认真贯彻执行有关安全生产和安全技术管理规定，协助项目技术负责人制定各工种技术操作规程，对所管辖班组的安全生产负直接领导责任。②具体实施、执行施工组织设计，专项安全施工方案，对施工中不安全的环节主动提出建议。③认真执行安全技术措施及安全操作规程，不违章指挥，督促施工班组遵章守纪，对违章作业的班组和人员应及时提出批评、纠正。④参加每半月一次安全检查，对检查出的安全事故隐患提出整改意见和防范措施，组织做好事故隐患的限期整改。并经常检查所辖班组作业环境及各种设备、设施的安全状况，发现问题及时纠正解决。⑤负责对模板工程的检查验收、基坑支护变形监测等。对分管工程项目应用的"三新"严格执行申报、审批手续，发现问题，及时停止使用并上报有关部门或领导。⑥负责做好针对性的分部分项工程安全技术交底，督促施工班组执行，交施工任务的同时交安全生产。⑦定期不定期组织所辖班组学习安全操作规程和规章制度，经常开展安全教育活动。⑧具体负责场容环境卫生，生活设施和文明施工作业环境。⑨发生工伤事故，立即组织抢救，迅速上报，保护现场。4）项目安全员安全工作职责：①认真贯彻执行国家、行业、地方有关安全生产的方针、政策、法规，落实"安全第一、预防为主"的安全生产的方针，在项目经理领导下，对本工程项目安全生产负有直接责任。具体负责健全安全管理组织网络，完善项目部施工管理规章制度。

续表

项次	内　　容
安全生产保证体系	②在项目技术负责人的领导下，编制和参加讨论施工组织设计、专项安全施工方案，把安全技术措施渗透到设计方案和施工工序的各个环节中，并对贯彻执行情况进行监督检查。③检查、督促施工人员及时做好有针对性的分部分项工程安全技术交底，督促施工班组执行。④熟悉、掌握安全生产操作规程，具体负责进场职工三级安全教育、变换工种安全教育和安全知识书面考试。⑤具体负责施工现场脚手架、井架、塔吊、临时用电、外用电梯、施工机具等验收、检查，做好验收、检查记录。掌握安全动态，发现事故苗子及时采取预防措施。⑥具体负责每半月一次安全检查，按"三定"要求做好事故隐患的整改、复查验收，熟悉、掌握《建筑施工安全检查标准》（JGJ 59—2011），对施工现场安全生产情况进行检查评分，做好安全检查记录。⑦制止违章指挥和违章作业，督促职工遵章守纪，督促职工正确使用安全防护用品，当安全与生产发生冲突时，有权制止冒险作业。⑧具体负责开展安全生产活动，开展文明施工、治安防火、环境卫生宣传教育，督促班组做好班前安全活动并建立班前活动记录。⑨负责建立工伤事故档案，做好工伤月报；发生事故立即上报，保护好现场，参加调查处理。5）项目材料员安全工作职责：①认真贯彻执行有关安全生产和安全技术管理规定，熟悉、掌握现场安全设施所需材料、劳动保护用品的国家标准、行业标准及当地安全监督部门的规定。②供施工现场使用的安全技术措施所需物资，在购入时须检查合格证明，并负责验收、记录工作，发放时须保证符合安全要求，回收后应检修。③对采购的劳动保护用品，应符合规格标准，特别是安全帽、安全带、安全网必须符合国家标准，接受安全部门对防护用品质量的监督检查。④按现场平面布置图做好材料堆放，材料、构件、料具等应堆放整齐，并挂设名称、规格等标牌。⑤加强仓库安全防火管理，执行有关危险品的运输、储存、发放等规定，对物品运输应加强管理，保证安全。⑥有计划地及时购进工程所需安全设施的各种物资，不影响安全设施的及时到位，不拖施工进度的后腿。 （6）安全生产教育制度。1）组织职工认真学习国家有关法律、法规和上级有关规定、决议。2）经常进行安全生产宣传教育，特别是加强高峰、高温、冬雨季节、夜间施工的安全教育。教育培训的重点是操作者的自我保护意识，使职工正确认识生产与安全的辩证关系。3）执行三级安全教育制度，录用新职工必须按新工人上岗前履行手续登记表进行逐项登记核实，接受公司、项目部、班组的三级安全知识教育，并经书面考核合格后方可上岗。由安全员、资料员负责做好教育培训记录。4）教育方法采用专（兼）职安全员教育辅导与自学相结合，现场传授与广播等相结合。5）深入持久地开展百日安全生产活动制度。

续表

项次	内　容
安全生产保证体系	（7）施工现场安全管理制度。1）制作现场施工总平面布置图，统筹安排运输道路、电力、各种临时设施，符合安全生产等有关规程的要求。2）严格执行《建设工程安全生产管理条例》、《建筑施工安全检查标准》（JGJ 59—2011）、《建筑工程安全操作规程》和企业安全生产规章制度。并接受当地安全管理部门的监督。3）设立项目安全负责人、专人专职，经常组织安全生产检查，防患于未然。4）健全安全生产规章制度，在施工任务交底的同时进行安全生产技术交底和会签制度。5）施工现场设置安全标语和醒目的安全标志。6）在编制生产计划和施工方案时，必须编制安全技术措施计划，改善劳动条件，防止伤亡事故发生。7）施工用电线路实行 TN-S 系统，提高用电保护性能，线路架设在确保安全的条件下以简捷方便、实用可靠为原则。8）所有用电线路实行三级配电二级保护，实行一机、一闸、一漏、一箱。9）土方开挖有明确的顺序和安全措施方案，结合现场实际情况，防止塌方等造成的安全事故。10）脚手架等严格按规范搭设，并经验收挂牌后方可使用，架体外侧用密目型安全网封闭防护。11）做好"三宝"、"四口"、"五临边"的安全防护工作。12）特殊作业人员必须持证上岗。13）施工现场必须做好落手清，工具物料及时整理，防止伤人。14）坚持"安全第一"原则，严禁违章指挥。在安全与生产发生矛盾时，必须首先服从安全，以杜绝一切安全事故的发生。 （8）安全标志。1）建立安全生产宣传画廊，使安全生产警钟长鸣，并挂设"五牌一图"：《安全生产保证体系网络》、《安全生产十不准》、《安全生产六大纪律》、《施工现场安全管理制度》、《项目工程施工安全考核实施细则》等图牌。2）施工部位、作业点、危险区域、主要通道口分别悬挂安全标语和警告牌，如"当心落物"、"禁止抛物"、"当心触电"、"禁止通行"、"戴好安全帽"、"注意安全"等。3）机械设备安装部位，悬挂操作规程牌，让工人熟练掌握和遵守操作规程，提高安全意识。4）用电设备统一编号并绘制用电标志。 （9）高处作业安全制度。1）从事高处作业的人员必须身体健康，严禁使用患有高血压、心脏病、精神病、深度近视等人员从事高处作业，严禁酒后作业。2）现场四周留有孔洞和危险区域，必须安装安全网或栏杆，防止坠落。3）架子上应在两排以上（含两排）全部铺设脚手片和张挂密目式安全网，禁止从脚手架攀登上下，井架吊篮严禁乘人。4）脚手片（板）必须两头四点扎牢，防止跳板打滑。5）高处作业所用的材料堆放稳妥，工具随手放入工具袋，防止坠落伤人。6）遇有六级以上强风、迷雾、雷雨等影响施工安全的恶劣天气时，应停止高空作业

续表

项次	内　容
安全生产保证体系	（10）机械设备安全管理。1）机械设备定机定人操作保养，操作证件齐全。2）机械运转及现场用电要求：①各种机具、电动机械的转动和危险部位必须安装防护装置。②电器设备和线路的绝缘良好，有防098防潮设施。③电箱有门、色标和编号，符合安装高度，电箱内有配电系统图及电工检查记录。漏电保护器及接地接零齐全，开关箱与用电设备应一机一闸一保护，熔断丝与实际设备负荷相匹配。④电气设备和线路应定期检修，检修时悬挂"有人操作，严禁合闸"警告牌。⑤安装电器设备时，必须对开关、线路、熔丝盒、接地装置等加以检查，必须完好无损伤，绝缘良好。 （11）吊篮井架搭设。1）搭拆操作都必须持证上岗，正确戴好安全帽和系好安全带作业。2）本工程采用标准型钢提升吊篮，起吊最大限重量为1t，限长4m。吊篮井架基础用200mm厚C20混凝土浇筑，井架用钢桩缆风绳固定，配置停层、防坠、限位、避雷针、自落安全门等各种装置。采用电脑电视监控。3）井架除出入口外均用安全立网围护；进料口三面搭设防护棚；每层的卸料平台铺设40mm厚，2000mm长木板，两侧各设防护栏杆两道，并设置1000mm高的防护钢栅门两扇；对称设置两组（8根）10mm钢丝索缆风绳，缆风桩采用脚手架钢管两根，并排设置，间距不小于0.5m，打入地下深度不小于1.7m。卷扬机上搭设防雨、防落物的防护棚。4）缆风绳通过与电线交叉时，必须停电后才能作业，安装后的缆风绳距离电线3m以上，卷筒上安装防止钢丝绳滑出的装置。每处水平段钢丝绳下设置托架5只，并砌500mm高1/2砖墙，上盖混凝土板围护好。5）搭拆井架时要设警戒区，并派专人看管，设警戒区内禁止行人通行，搭拆井架操作人员必须正确戴好安全帽，系好安全带，扣好保险钩，拆下来的杆件要集中吊下来，禁止野蛮作业抛掷下来，井架大风大雨气候及温度低于5℃时禁止搭拆作业。 （12）季节性施工。1）暴风雨、台风前后要检查工地临时设施及脚手架、井架、机电设备、临时线路，发现倾斜、变形、下沉、漏雨、漏电等现象，应及时修理加固，有严重危险的应及时排除。2）机械、电气设备应有防雨防潮措施，原料、成品、半成品也须有防雨措施。3）雨期现场道路应加强维护，斜道和脚手板应有防滑措施，同时做好现场排水工作。4）冬期施工要做好防火、防寒、防毒、防滑、防爆等工作。5）夏季要有防暑降温措施，食堂要保证卫生，杜绝中暑和食物中毒事故的发生。6）高出建筑物的塔吊、井架、脚手架等要按规定设置避雷装置。 （13）安全生产检查制度。1）贯彻"安全第一、预防为主"的方针，正确评价安全生产情况，防患于未然，使安全工作达到规范化、标准化。2）建立安全检查组织，由公司及现场专职安全管理人员组成。主要任务：①监督、检查工地安全生产法规条例、规程及技术标准执行情况，加强安全管理，执行安全生产管理奖罚制度。

续表

项次	内 容
安全生产保证体系	②深入现场，发现隐患及危险情况及时处理或提出整改意见。③对照检查各级管理人员和职工是否重视安全工作。落实安全措施是否到位。④是否认真执行安全生产责任制和齐抓共管，违章作业纠正与处理。⑤是否进行安全技术交底，是否根据施工组织设计和安全技术措施实施。⑥深入检查劳动条件、安全设计、安全装置、安全用具、机械设备、电气设备、"三宝四口"是否符合规范要求。⑦是否按"四不放过"原则处理事故。⑧新工人是否经过教育考试，特种作业人员是否培训，考核持证上岗。3）检查频次。①生产班组每天上下班前由安全人员进行检查。②项目部每天由安全员负责检查一次，发现问题由安全员提出整改方案，负责人落实整改。③由项目部会同公司有关人员每月进行一次大检查。 （14）安全生产奖罚制度。1）凡在安全生产工作中成绩突出，有一定贡献的，具备下列条件之一的班组和个人均可获得奖励。①认真贯彻执行本公司制定的安全生产管理制度，对安全生产作出一定成效，在年终给予奖励 500～2000 元。②在生产过程中能及时消除重大隐患，防止和避免了重大伤亡事故，或在抢救中控制事态扩大的有功者，给予奖励 1000～2500 元。③在生产过程中敢于坚持原则，制止违章作业，为维护安全纪律作出了贡献者按成绩与贡献大小论奖，奖金金额为200～1500 元。2）对于任何违反"安全生产十不准"、"安全生产六大纪律"等有关安全规定的，依照安全生产奖罚制度予以罚款 10～200 元每次项。3）对于其他违章作业，违反安全生产制度的现象，根据有关规定严厉处罚

6.4.3 文明施工、标准化管理

文明施工、标准化管理内容见表 6-24。

文明施工、标准化管理内容　　　表 6-24

项次	内 容
文明施工、标准化管理内容	文明施工管理是公司的形象，是工程的窗口，公司将以精良的队伍阵容，严明的施工纪律，结合本工程不仅从形式上而且要从内在实质上都能以崭新的风貌展现在公众面前。 （1）文明施工、标准化管理目标：确保市级文明标化工地。 （2）建立以项目经理为责任人、专职安全员、施工员、资料员及各班组长的项目卫生文明责任保证体系。

续表

项次	内　　容
文明施工、标准化管理内容	（3）文明施工管理措施。1）施工现场实行全封闭管理，工地四周用砖砌围墙，现场出入口设置2.5m高，并按要求美化处理的大门和门卫房，形象设计有特色，并标明施工企业名称、标志及监督电话。现场挂有安全标志平面布置图，建筑工地内设宣传窗、读报栏，"五牌一图"齐全。2）施工现场大门内侧设车辆清洗槽及污水沉淀池，清洗污水不外溢，确保净车出场。严禁野蛮施工，泥浆废水实行二级沉后排放，防止废水外流或堵塞下水道和河道，主要施工道路地坪硬化，有绿化点缀，平整无积水，排水通畅。3）所有材料设备堆放均按总平面布置图排列，做到整齐有序，材料分门别类悬挂标识牌，黄砂、石子等零星材料设置1m高的围护墙。4）施工区、生活区、办公区划分明确，安排合理。5）外来工地施工人员必须验交身份证、就业登记卡、计划生育证、照片，并进行上岗前治安管理、质量安全教育，才能准许上岗。6）脚手架采用全封闭，必须使用合格绿色阻燃型密目网，上下全部围护，围扎牢固整齐。7）食堂远离污染源，并严格按食品卫生制度管理食堂人员。炊事员有健康证、食堂卫生许可证。配置冷冻、冷藏、消毒设备，生熟食品分开存放，防蝇设施完好。8）注意市容场貌和环境卫生，认真落实门前三包，现场防蝇、防鼠、防蟑措施到位，建筑垃圾、生活垃圾分类围挡堆放，及时清运，做到生活垃圾不隔日，施工现场做到落手清，有专人打扫，保持场地清洁无积灰。9）厕所以瓷砖贴面，自动水箱冲洗，采光通风，有专人打扫，无蝇无蛆无异味。10）设置简洁、通风男女浴室及洗衣台，方便职工生活，提高职工生活质量。11）工地设医务室，配有常用药品，方便职工使用。经常开展健康卫生宣传教育，定期对饮食卫生工作进行检查。12）职工宿舍模拟军事化管理，统一床铺、统一被褥、定床定位、安全牢固，室内保持整洁，设置生活柜、卧具、用具，衣服摆放整齐、干净。13）现场设置保温桶和茶亭，并做好冬季的防冻保暖、夏季的防暑降温工作。14）大门入口、办公区等设置花坛，设置茶亭，保障茶水供应，创造整洁、优美的环境。15）落实行业配套管理，确定专人负责，积极参加社区服务工作，做好城市文明工作，建立职工花名册档案，及时办理暂住证、就业证等。16）对施工区域做到标志明确醒目，"三宝"使用严肃认真，"四口"临边防护严密周到。 （4）文明卫生管理措施。1）除"四害"计划。①灭鼠。时间：每年春季（4月），秋季（9月）两次；药物：室内，溴敌隆（红色）；室外，甘氟（绿色）；②灭蟑。时间：每年7月、9月大面积施药两次；药物：室内，灭蟑熏剂；室外，乙酰甲胺磷片剂；③灭蝇。时间：每年4～10月；药物：室内，拟除虫、菊酯复配"灭蝇专用剂"；室外，敌敌畏；④灭蚊。时间：每年4～10月；药物：室内，复配剂；室外，敌敌畏。2）施工不扰民措施。

续表

项次	内 容
文明施工、标准化管理内容	①施工前会同当地社区及各有关部门召开协调会议，处理好同周围居民的关系，明确施工顺序。②控制夜间施工作业，特殊作业需要连续施工时提前向环保部门申办《夜间作业许可证》，要提前发放或张贴安民告示，通知到每户居民。③夜间作业时间尽量缩短，避免人为的噪声。照明不得直接对准居民区。④采取各种措施，降低施工过程中产生的噪声。3）施工防尘、防噪声措施。①施工中尽量选用粉尘少的材料，选用噪声小的施工机具。②在粉尘产生处，如水泥、墙体切割、瓷砖切割处用围护棚隔离，操作人员戴口罩。③在清理施工垃圾时，先用少量水湿润，再进行清运。④施工时间定为6：00～22：00（中、高考期间按上级部门有关规定时间），在需要特殊施工时，按规定办理好各种手续，召开协调会议，做好安民告示。⑤在噪声易产生的切割、浇筑混凝土施工中采用隔离棚围护。⑥施工过道、场地定期浇水清洗。4）工地防煤气、保暖措施。①严格控制明火作业。②冬季宿舍内不得放煤炉取暖。③食堂内用煤炭点堆放。④宿舍门窗定期检查，保证关闭严密。⑤冬期施工减少用水作业，采用保暖用品。5）项目部急救防病措施。①建立应急救援小组，对付易发事故的发生，急救人员应通过专业培训。②触电事故发生时，应立即切断电源，组织现场抢救，对呼吸停止有心跳的，采用口对口人工呼吸，对心跳停止有呼吸的，采用心脏挤压法，呼吸心跳都停止，两种方法都采用。③配备急救器材和卫生医疗箱，箱内放有日常药品。④冬季做好防冻措施，发放保暖用品。⑤夏季做好防暑降温工作，发放防暑药品，供应茶水。⑥做好食堂卫生工作，防止病从口入。6）工地宿舍防暑、防蚊措施：①工地内定期发放防暑药品，设茶亭供应茶水，高温季节延长午间休息时间。②定期由专人进行灭蚊，清除工地积水，投放灭蚊药品，防止蚊子生长。宿舍内做好通风工作，保证施工人员夜间休息好。 （5）计划生育管理。1）签订计划生育目标管理责任书，设立计划生育工作进行指导与监督。2）按规定办理计生报表和办理年检工作。3）利用黑板报、宣传栏等，定期宣传计生工作。4）新录用工人按新工人上岗前必须履行的手续进行审查登记，确保计划生育无死角，无计生证的育龄妇女一律不予聘用、留宿，杜绝违反计划生育的现象发生。 （6）消防安全管理。1）建立消防工作责任保证体系。2）消防安全管理制度。 ①严格遵守省及市有关建筑工地消防管理各种规定，认真做好消防管理工作。②与各工种班组签订消防管理责任协议书，以明确消防防火的重要性，防患于未然。③木工棚、木料仓库、易燃易爆物品储存处严禁吸烟，并悬挂或张贴有危险字样的明显警告标志牌。④要正确使用个人防护用品，不准随便离开工作岗位，下班时要经检查确定无危险后方可离开。

续表

项次	内 容
文明施工、标准化管理内容	⑤施工现场、仓库、食堂、生活区、工棚、建筑物脚手架、易燃物品等地方必须设置有效足量的消防器材,并不得随便借用作它用。⑥各种压力容器,在使用前应有安全阀、压力表并避免暴晒。⑦使用乙炔发生器必须离明火10m以上,氧气瓶与乙炔瓶之间最小距离5m以上。⑧电焊工在危险区域作业(易燃易爆处)要有安全防范措施。⑨集体宿舍严禁使用电炉、热得快等,并不准使用电灯取暖,床上严禁吸烟,不准乱拉电线和各种灯具。⑩组织现场工作人员进行消防教育,熟练掌握各种消防器材的适用范围,正确使用消防设施。⑪动用明火要办理审批手续,并有监护人员。3)防火安全检查制度。①义务消防由领导小组长负责,每天检查。设立专册登记簿。②岗位、班组防火检查,由班组操作工对本岗位的防火安全随时进行检查。③消防领导小组防火检查每月不少于一次,由组长组织成员会同义务消防员参加,并做好检查结果登记。④平时消防安全检查结合各级安全生产检查进行。⑤在每次的协调例会中,对防火用电进行集中小结。组员要把每次消防安全检查情况进行记录,立案登记,存入防火档案

6.4.4 安全生产及文明施工保证计划内容和要点

安全生产及文明施工保证计划内容和要点见表6-25。

安全生产及文明施工保证计划内容和要点 表6-25

项次	内 容
主要内容和编写要点	一、工程概况 1. 工程简介 (1) 工程的地理位置、性质或用途。 (2) 工程的规模、结构形式、檐口高度等。 (3) 为适应安全生产及文明施工要求必须明确的其他事宜。 2. 工程难点分析 通常有下列几方面内容: (1) 工程所处环境、场所(如学校或医院等),严格施工噪声的控制与防粉尘污染,搞好文明施工措施。 (2) 多塔作业,防止可能相互碰撞的措施。 (3) 高层建筑脚手架的搭设与拆除(落地式脚手架或悬挑脚手架)。 (4) 其他问题。 3. 工程安全重点部位 通常有下列几方面内容: (1) 基础施工管线(电缆、水煤气管道等)保护。 (2) 脚手架。

续表

项次	内　容
主要内容和编写要点	（3）电梯井道防护。 （4）施工用电。 （5）大型机械（塔吊、外用电梯）装拆与使用管理。 （6）现场实际存在的其他事项。 二、相关文件、适用范围及管理 　1. 相关文件 　列出本安全生产及文明施工保证计划所必需的支持性文件，此支持性文件可以是公司管理性文件、技术性文件，国家有关法律、规定、规范等。 　2. 适用范围 　明确本安全生产及文明施工保证计划适用的工程对象及工作内容。 　3. 安全生产及文明施工保证计划的管理 　（1）本计划的有效期限。 　（2）相应的修改、修订、审核、审批程序及发放贮存等管理规定。 三、安全生产及文明施工管理体系 　1. 管理职责 　（1）安全管理目标。明确伤亡控制指标、安全达标、文明施工目标等内容。 　（2）安全管理组织机构。项目部建立以项目经理为现场安全管理第一责任人的安全生产领导小组；明确安全生产领导小组的主要职责；明确现场安全管理组织机构网络。 　（3）安全职责与权限。明确项目部主要管理人员的职责与权限，主要有项目经理、项目技术负责人、项目工长、项目安全员、项目质检员、项目技术员、项目核算员、项目材料员、班组兼职安全员、保卫消防员、机械管理员、班组长、生产工人等的安全职责，并让责任人办理签字手续。 　2. 安全设施材料、设备及防护用品的采购管理 　（1）现场所采购的钢管、扣件、安全网等安全防护用品、电气开关设备等必须符合安全规范要求。 　（2）通常比较好的做法是从同公司长期合作，有较高质量信誉的合格供应商中采购。 　（3）采用的安全设施、材料必须具有出厂合格证明、准用证、验收或复试手续等资料。 　（4）明确采购及验收控制点。 　3. 分包方控制 　根据《中华人民共和国建筑法》规定："施工现场安全由建筑施工企业负责。实行施工总承包的，由总承包单位负责。分包单位向总承包单位负责，服从总承包单位对施工现场的安全生产管理。"由此可见，对分包方进行安全及文明施工管理是必需的。

续表

项次	内 容
主要内容和编写要点	（1）分包单位的资质。 （2）考查分包单位的施工业绩。 （3）分包合同的制定与实施；总分包安全生产协议的签订。 （4）对分包队伍进入施工现场的安全管理控制点。 4. 施工现场安全控制 （1）持证上岗。施工现场的管理人员、特种作业人员必须持证上岗。 （2）对安全设施、设备、防护用品的检查验收。 （3）施工现场临时用电： 1）明确施工现场安全用电的技术措施。 2）明确施工现场安全用电的实施要点。 （4）施工机械： 1）塔吊、施工升降机等大型机械管理。明确现场塔吊、施工升降机等大型机械的位置及规格型号、性能等事项；明确大型机械的装拆与使用管理的实施要点、关键部位或程序的控制点。 2）中、小型机械的使用。明确现场中、小型机械的位置及规格型号、性能等事项；明确中小型机械安装、验收、使用的实施要点与关键部位的控制点。 （5）脚手架。明确适用于工程实际的脚手架的搭设类型，搭拆与使用维护的实施要点及关键重点部位的控制点。 （6）安全防火与消防。明确施工现场重点防火部位及消防措施；主体工程操作面消防措施；防火领导小组、义务消防队员名单，重点关键部位的防火安全责任到人，实行挂牌制度。 （7）劳动保护。明确项目劳动保护的实施要点及控制点。 （8）模板工程。明确工程模板支撑体系的类型或方式，明确实施要点及控制点。 （9）基坑支护。明确工程基础施工所采取的基坑支护类型、实施要点及控制点。 （10）文明施工。明确文明施工专门管理机构，现场围挡与封闭管理，路面硬化，物料码放，建筑主体立网全封闭，施工废水排放、宿舍、食堂、厕所等生活设施，出入口做法，垃圾管理，施工不扰民，减小环境污染等方面的内容、实施要点及控制点。 5. 检查、检验的控制 明确对现场安全设施进行安全检查、检验的内容、程序及检查验收责任人等问题。 6. 事故隐患的控制 明确现场控制事故隐患所采取的管理措施。 7. 纠正和预防措施 根据现场实际情况制定预防措施；针对现场的事故隐患进行纠正，并制定纠正措施，明确责任人。

続表

项次	内 容
主要内容和编写要点	8. 教育和培训 明确现场管理人员及生产工人必须进行的安全教育和安全培训的内容及责任人。 9. 安全记录 明确现场安全记录的基本内容及整理、归档、贮存、保管的有关规定。 10. 奖惩制度 明确施工现场安全奖惩制度的有关规定

6.4.5 安全生产检查制度

安全生产检查制度内容见表6-26。

安全生产检查制度内容　　　　表6-26

项次	内 容
安全生产检查制度	公司安全生产检查可以及时了解和掌握各时期安全生产情况，及时发现不安全因素，及时消除安全隐患，从而使安全生产工作做到防患于未然。为使安全生产检查工作经常化、制度化，制定检查制度如下： 1. 安全生产检查，包括日常检查，本部门检查，专业检查和月度检查以及季节性检查，每次检查必须有明确的目的要求和具体计划。 2. 公司建立由分管领导和有关人员参加的安全检查组织体系，切实加强领导，做好检查工作。 3. 公司级安全检查，由公司分管领导负责，结合月度生产特点，在全公司内进行以"查思想、查纪律、查制度、查领导"四查为主的安全生产大检查。同时，分管安全的领导组织各组和各部门的负责人，每月应至少进行一次。 4. 对查出的隐患问题，要逐项分析研究，并制定整改方案，做到定措施、定时间、定人员，立即整改，不得拖延，有些限于物质技术条件，当时不能解决的问题，应采取临时安全措施，并订出计划，按期完成。 5. 日常检查是指各部门和生产班组在日常工作中进行的涉及安全等方面常规性检查，此项检查应做到随查随改，无法整改的问题立即上报整改。本部门检查是指各部门和生产单位在组织日常工作过程中进行的定期和不定期检查，此项检查每周至少应进行一次，由部门主管负责组织。 6. 每年对锅炉和压力容器、危险物品、电气装置、厂房建筑、运输车辆以及防火、防爆和防尘及防毒工作分别进行专项检查。 7. 公司和各部门视气候特点及季节变化，对防暑降温、防雨防洪、防雷电、防风、防冻、保温等工作，进行预防性季节检查。

续表

项次	内　容
安全生产检查制度	8. 专业检查和月度检查，日常检查和部门检可分别结合进行。 9. 公司对重大项目整改，应实行"隐患整改通知书"的办法。隐患整改通知书的内容包括：隐患项目，整改意见和整改期限。通知书由安全部门填写，经分管领导签署发出。属于哪一级组织整改的交该单位负责人签收，并负责处理。通知书要存入档案备查。 10. 安全生产奖惩和责任追究制度 （1）对认真执行安全生产方针、政策、法律和法规规定，在安全生产工作中作出显著成绩的单位和个人，给予表彰和奖励。 （2）对在安全管理、安全技术、工业卫生等方面提出合理化建议，取得显著成绩者，给予奖励。 （3）对积极改善劳动条件，及时排除事故隐患，主动整改，有效地防止重大事故的发生或使企业财产免受重大损失者给予表彰和奖励。 （4）对全年无事故，安全管理成绩显著者，给予表彰和奖励。 （5）对敢于抵制违章指挥，制止违章作业，防止工伤事故发生或财产免受损失者，给予表彰和奖励。 （6）发生死亡事故，要对责任单位、责任者从重处罚。 （7）发生重伤事故，要对责任单位、责任者酌情给予较重的处罚。 （8）发生轻伤事故，要对责任单位、责任者酌情给予处罚。 （9）对于重大未遂事故，要对责任单位、责任者酌情给予处罚。 （10）对在生产作业中，不按规定穿戴好防护用品的工人和技术人员，酌情给予处罚和批评教育。 （11）在生产作业中，未按本工种操作规程操作或无证操作设备仪器的工人和技术人员，酌情给予处罚和批评教育。 （12）对高空作业不系安全带或上下同时作业不戴安全帽者。酌情给予处罚和批评教育。 （13）特种作业人员无证独立操作者，酌情给予处罚和批评教育。 （14）对不使用通风设施，向公共场所排放有毒有害气体或向下水道排放有毒有害液体的，酌情给予处罚和批评教育。 （15）对生产区内机动车辆超速行驶、违章驾驶或违章乘车者，酌情给予处罚和批评教育。 （16）对工房内安全通道不畅通的负责单位和个人，酌情给予处罚和批评教育。 （17）各种生产设备、仪器、仪表和生产场地的防护装置、保险装置、指示信号装置要齐全、有效、可靠，对不符合要求的责任人酌情给予处罚。 （18）对各种安全装置（如压力表、安全阀）未按规定进行定期校验的，要酌情给予处罚。 （19）经检查认定为事故隐患，不及时消除的；不及时消除，但应制定临时安全措施而不制定的；不能及时消除，但应提出申报而未提出申报的单位，要酌情给予处罚。

续表

项次	内容
安全生产检查制度	（20）领导违章指挥、造成因公死亡、重伤、轻伤、急性中毒及重大未遂事故的，要加重处罚。 （21）发生事故后仍不采取有效措施，在12个月内再次发生同类事故的，要加重处罚。 （22）发生事故隐瞒不报、虚报或故意拖延时间不报的，要加重处罚。 （23）发现安全隐患未采取有效措施而发生事故的，要加重处罚。 （24）凡阻止、干扰、刁难安全监察人员、安全员进行正常工作或无理取闹、拒绝安全检查人员检查的，要对当事人和所在单位酌情给予处罚。 （25）发生事故时，在执行经济处罚的同时，对事故的责任者和有关负责人，根据情节轻重、后果严重度给予行政处分，对构成犯罪的由司法机关追究刑事责任。 （26）按照本制度所罚款由财务部门从被罚款单位奖金中扣除，不得摊入生产成本。 （27）对所罚款项，财务部门应立专用户头，列入暂存款（安全专款）中，用于安全工作

6.4.6 安全生产验收制度

安全生产验收制度见表6-27所示。

安全生产验收制度　　　　表6-27

项次	内容
安全生产验收制度	（1）安全检查内容。安全检查的内容包括查思想、查制度、查机械设备、查安全设施、查安全教育培训、查操作行为、查劳保用品使用、查伤亡事故处理等。 （2）安全检查方式。1）定期安全检查。2）经常性安全生产检查。3）专业性安全检查。4）季节性安全检查。 （3）安全生产检查的标准。按国家、行业和企业制定的安全生产标准规定。 （4）安全生产验收制度。1）必须严格坚持"验收合格方准使用"的原则。2）验收范围：①各类脚手架、承重支架；②大型模板支撑系统；③主要临时设施及沟槽支撑与支护；④支搭好的水平安全网和立网；⑤各种起重机械、路基轨道、施工用电梯及其他中小型机械设备；⑥暂设电气工程设施；⑦安全帽、安全带和护目镜、防护面罩，绝缘手套、绝缘鞋等个人防护用品；⑧凡列入国家有关部门规定的危险性较大工程应单独编制安全施工方案，并应当组织专家论证；所有验收必须办理书面签认手续

6.4.7 安全生产教育制度

安全生产教育制度见表6-28。

安全生产教育制度 表6-28

项次	内容
安全生产教育制度	安全生产教育是建筑施工企业最重要的必不可少的一环。安全生产与广大职工的利益息息相关。为了让广大职工提高和加强在作业中的自我安全防范能力，少出安全事故，尽可能不出事故，特作如下规定： （1）新工人入场安全教育制度。1）新工人入场必须由工程承包人领队，先到经理部报到，携带工人名单、身份证复印件、三张一寸照片，并逐一查对身份证是否与本人相符，禁止冒名顶替。工人名单由经理部汇总后发有关部门。2）质安部对全体新工人，必须进行入场安全教育。安全教育主要内容：①贯彻党和国家关于施工安全的方针、政策、法令的规定。②安全管理规定。③机电及各工种的技术操作规程。④施工生产中的危险区域在安全工作中的经验教训及预防措施。⑤尘毒危害的防护。⑥执行入场教育、现场教育、岗位教育，三级安全教育制度。经安全、职能考试合格后方能录用。接受教育者均需签名报到，不得遗漏，如有遗漏要进行补课。未接受教育及考试不及格者，不安排上班。3）项目部建立三级安全教育档案：规定新入公司工人的教育，调换新工种，采用新技术、新工艺、新设备、新材料的工人的安全教育和特种行业人员的安全培训、考核及发证。建立现场职工安全教育卡，对新进场工人必须进行安全施工基本知识、安全纪律和操作规程的三级安全教育。一级安全教育由公司质安部门对新入公司的人员进行漏电保护，安全生产法规、方针、政策、安全规章制度、安全纪律和遵章守纪教育，时间累计为15学时。二级安全教育由项目部负责，对经过教育的人员进行现场安全知识，结合施工行政进行安全规章制度、高空作业、用电、事故报告、劳动纪律教育，时间累计为15学时。三级安全教育由班组负责，教育内容是现场安全注意事项、安全技术操作规程、本工种使用的机械设备、工具的性能和安全管理使用的知识、个人防护用品的正确使用方法、时间累计为20学时。4）特殊工种培训：电工、电焊工、起重机械作业人员、塔吊司机、登高架作业人员由培训中心（培训班）进行专业安全教育和操作技能培训，上述特殊作业人员都必须经市劳动部门考试发证，持证上岗。无证上岗者，按安全生产奖惩条例罚款。5）采用新的施工（生产）方法、新设备、新材料时，各项目部要组织制定新的安全措施、新的安全操作方法和新的岗位安全知识教育。6）在工作及中途不得随意更换人员。如需换人，须经项目经理部同意，新进场人员到经理部进行安全教育。违反此条者一经查出，按人数计，每人罚款一定数额。此款由工程承包人承担，如出现安全事故，公司概不负责，由承包人自己解决

续表

项次	内容
安全生产教育制度	（2）生产过程中安全教育。1）经过质安部进行安全入场教育的工人，由质安部将名单交工长查实核对。工长才接收安排工作。工长交代工作任务的同时，必须交代安全，有针对性的再次提高安全知识素养和防范能力。工长在交代安全生产的时候，亦应签到点名，必须人人参加。2）工长交代安全生产时间为每周星期一早晨上班前。交代本周工作任务的同时交代安全生产注意事项和遵守的规定。内容由工长口头宣讲、书面交代、班组长签字。工人必须个个参加听讲，工长要查对有否更换人员。3）工长随时检查现场安全防护情况。如发现不安全因素，应及时采取措施，把安全隐患解决在事故发生之前。4）班组长每天对本组组员交代任务的同时，亦必须交代安全。着重交代当天任务范围内所涉及的安全工作，注意事项，并做好安全交代记录。 （3）项目经理部安全生产工作。1）宣传、贯彻执行国家有关安全生产方针、政策、法令及上级和本公司的各种安全生产规章制度，严禁"三违"行为。2）每月布置工作任务的同时，必须交代安全生产。总结上月安全生产经验和教训，布置下月安全生产计划。由质安部督促贯彻执行。3）每月初组织有关部门、工种参加一次安全生产检查，并召开全体职工大会进行教育和宣传。督促贯彻有关安全生产的规章制度。把安全生产的相关规定落实在各级人员上，层层负责好这一项工作。以提高安全管理水平和安全责任感。要结合安全合同，每年进行一次安全技术理论考核，并建立考核成绩档案。4）负责对全现场的安全生产动态向总经理汇报。提出意见和建议以及解决安全生产上存在的问题。讲述安全生产的好人好事

6.4.8 安全生产技术管理制度

安全生产技术管理制度见表 6-29。

安全生产技术管理制度 表 6-29

项次	内容
安全生产技术管理制度	（1）安全生产技术管理是为了控制或消除操作现场工人在生产劳动过程中的危险因素，防止发生人身事故而研究采取的技术措施，也是保证安全顺利地完成各项任务的前提。因此，生产技术管理在安全生产管理中占有十分重要的地位，根据国家有关规定和公司实际情况，在严格执行管理的基础上，制定安全生产技术管理制度。 （2）贯彻"安全第一，预防为主"方针，管生产必须管安全，做到安全工作与生产计划同时进行。 （3）各级领导、技术人员、有关操作人员，必须熟练掌握安全生产的有关法律法规、规范和技术标准，认真贯彻执行劳动保护和安全生产的方针。在管理生产技术的同时，做好安全生产技术工作。

续表

项次	内容
安全生产技术管理制度	（4）在组织生产技术的同时，应将安全生产控制纳入，进行全面策划，制定安全生产技术措施，界定重点设防点，明确专项安全生产技术方案，提出文明生产和安全生产的要求。 （5）根据工作方法、工作环境等具体情况，制定安全生产技术措施，提出具体的要求，应具有较强的针对性和可操作性。 （6）每月安全领导小组做一次整体的安全生产检查，平时针对存在的问题，及时进行开会教育，令其整改。 （7）每天安全员和班组长对其管理范围内的地方，检查安全准备工作，紧跟生产制度，进行监护，对违章作业，及时纠正，对冒险作业，坚决制止，对其不听警告的，应当严惩

6.4.9 职工伤亡事故报告、调查、处理制度

职工伤亡事故报告、调查、处理制度见表6-30。

职工伤亡事故报告、调查处理制度　　表6-30

项次	内容
职工伤亡事故报告、调查处理制度	（1）依据国务院《企业职工伤亡事故报告和处理规定》和省、市《企业职工伤亡事故报告处理办法》制定本制度。 （2）伤亡事故发生后，现场有关人员立即直接或逐级向公司报告。 （3）任何单位、部门和个人都不得以任何借口隐瞒不报。违者给予追究和行政处分，情节严重的给予经济和纪律处罚。 （4）事故发生后，要保护好事故现场，并迅速采取必要的措施抢救伤员和财物，防止事故扩大。 （5）事故发生后不得破坏事故现场，不得弄虚作假，不得隐瞒事故真相，违者从严处理。 （6）报告时要有事故发生时间、地点、工程项目、项目负责人、事故伤亡情况、伤员姓名、性别、年龄、工种和事故简要经过及报告人。 （7）事故发生后，由公司主要领导主持，保卫、安技等部门和工会参加组织调查组，协助政府有关部门进行事故调查。 （8）分包单位发生的事故或有连带多方责任人事故发生后，要组成由各方参加的联合调查组对事故进行调查。 （9）事故调查后由事故调查组写出书面调查报告。召开事故分析会，分析造成事故的原因，事故分析会要有政府有关部门参加。 （10）针对事故原因制定相应的措施，消除事故隐患，防止事故重复发生。通报事故使广大员工都能从事故中吸取教训。按法律法规的要求，视责任人的责任情况给以行政处分，构成刑事责任的由司法部门追究其刑事责任

6.5 安全资料归档

6.5.1 安全资料的主要内容

安全资料的主要内容见表 6-31。

安全资料的主要内容　　　　　表 6-31

项次	内　　容
前期策划安全资料	编写施工组织设计和各方面的技术质量方案,就安全管理方面应编写的基本内容如下。 （1）安全工作应编制的方案。1）安全专项施工方案。2）安全生产专项整治方案。3）施工现场安全管理方案。4）脚手架施工专项方案。5）临电工程专项方案。6）施工现场安全防护专项方案。7）施工现场特种设备使用专项方案（如塔吊、电梯、龙门架）。8）环境和职业健康安全管理方案。9）创建安全文明工地实施方案。10）创建安全质量标化工地实施方案。11）应急演练方案。 （2）安全工作应编制的应急预案。1）中毒事故专项应急预案。2）灾害天气事故专项应急预案。3）塔吊倾翻事故应急预案。4）土方坍塌事故应急预案。5）物体打击事故应急预案。6）触电事故应急预案。7）疾病传染事故应急预案。8）施工现场火灾事故应急预案。9）地震灾害事故应急预案。10）高处坠落事故应急预案。11）11 施工升降机械事故应急预案。12）安全生产综合事故应急预案。13）易燃易爆事故应急预案。14）压力容器事故应急预案。 （3）安全工作应编制的措施。1）多台塔吊防碰撞措施。2）防尘治理、防污染措施。3）临边和洞口作业防护措施。4）防噪声排放控制措施。5）夜间施工不扰民措施。6）消除隐患整改措施。7）进出施工现场车辆防污染管理措施。8）施工现场安全保卫、消防管理措施。9）季节性施工安全措施。 （4）应编制的体系文件。1）环境和职业健康文件。2）法律、法规和其他文件。3）风险因素识别与评价文件。4）环境因素识别与评价文件。5）重大环境因素清单与控制措施文件。6）重大危险因素清单与控制措施文件。7）职业健康安全管理保证措施文件。 （5）应设置重大危险源管理牌。1）重大隐患管理牌。2）安全生产宣传牌
安全管理资料目录	（1）工程概况表。 （2）项目重大危险源控制措施。 （3）项目重大危险源识别汇总表。 （4）危险性较大的分部分项工程专家论证表。

续表

项次	内　　容
安全管理资料目录	（5）危险性较大的分部分项工程汇总表。 （6）施工现场检查汇总表。 （7）施工现场检查评分记录（安全管理）。 （8）项目经理部安全生产责任制。 （9）项目经理部安全管理机构设置。 （10）项目经理部安全生产管理制度。 （11）总分包安全管理协议书。 （12）施工组织设计及专项安全技术措施。 （13）冬、雨期施工方案。 （14）安全技术交底汇总表。 （15）作业人员安全教育记录表。 （16）安全资金投入记录。 （17）施工现场安全事故登记表。 （18）特种作业人员登记表。 （19）地上、地下管线及建（构）筑物资料移交单。 （20）地上、地下管线保护措施验收记录表。 （21）安全防护用品合格证及检测资料。 （22）安全生产事故应急预案。 （23）安全标志。 （24）违章处理记录。 （25）总分包单位安全生产许可证。 （26）目标管理资料
临时用电安全资料	（1）临时用电安全管理小组。 （2）电工值班制度。 （3）现场用电管理制度。 （4）电工岗位安全责任制。 （5）配电室管理制度。 （6）现场电工岗位职责。 （7）变配电室防火安全制度。 （8）保证安全的组织措施。 （9）配电箱管理制度。 （10）施工现场办公生活区用电奖罚规定。 （11）保证安全的技术措施。 （12）值班长职责、值班员的职责
机械安全资料	施工机具验收记录的总称。如混凝土搅拌机、砂浆搅拌机、电锯、电焊机、钢筋弯曲机、钢筋切断以及其他手持电动根据的验收记录

续表

项次	内　容
安全防护资料	(1) 施工现场安全防护管理制度。 (2) 施工现场安全防护检查制度。 (3) 安全生产文明施工奖惩制度。 (4) 施工现场安全管理协议书。 (5) 项目经理安全生产责任。 (6) 技术负责人安全生产责任。 (7) 工长安全生产责任。 (8) 安全员安全生产责任。 (9) 施工队长安全生产责任。 (10) 施工班组长安全生产责任。 (11) 操作工人安全生产责任

6.5.2 安全资料的管理和保存

安全资料的管理和保存见表6-32。

安全资料的管理和保存　　　表6-32

项次	内　容
安全管理	1. 保证项目 (1) 企业、项目部安全责任制、经济承包合同、现场各主要工种安全操作规程、施工现场的安全保证体系、安全员上岗证、安全员任职文件、管理人员责任制考核情况等。 (2) 单项工程安全管理目标、安全责任制分解措施及分解情况、安全责任目标考核规定、安全责任目标考核情况等。 (3) 单位工程施工组织设计、专业性较强分项的单项施工方案等。 (4) 安全交底制度、安全交底实施情况记录等。 (5) 定期安全检查制度、安全检查记录、安全隐患整改落实情况记录、安全隐患整改通知书所列项目整改情况等。 (6) 安全教育制度、新工人三级安全教育登记表及三级教育卡片、新工人安全教育记录、工种变换安全教育记录、安全技术操作规程培训记录、施工管理人员培训记录、专职安全员年度培训记录及考核登记等。 2. 一般项目 (1) 班组班前安全活动记录等。 (2) 特种作业人员登记表、特种作业人员上岗证等。 (3) 工伤事故报告程序、工伤事故档案、工伤事故处理记录等。 (4) 施工现场安全标志平面布置图、施工现场安全标志布置情况记录等

续表

项次	内　容
文明施工	1. 保证项目 （1）施工现场围挡设置平面图、断面图、材料使用说明等。 （2）门卫制度、施工现场人员工作卡佩戴规定、施工现场大门及门头设置示意图等。 （3）施工现场道路及排水沟设置示意图及做法详图，防止泥浆、污水外流措施，防止下水道堵塞措施，场地绿化措施及示意图等。 （4）建筑材料堆放示意图、材料挂牌分类管理制度、施工现场保洁制度、区域卫生包干制度等。 （5）现场临时设施搭设计划及措施、施工现场功能区域划分示意图、宿舍保暖措施、宿舍防暑及防蚊虫叮咬措施、宿舍卫生管理制度等。 （6）现场消防管网及消防设施设置示意图、施工现场动火审批制度及手续、施工现场动火监护制度及监护记录、施工现场消防管理制度等。 2. 一般项目 （1）治安保卫制度、治安保卫责任制分解措施、工地治安综合管理记录等。 （2）施工现场标牌设置示意图及设置制度等。 （3）施工现场厕所卫生管理制度及厨房卫生管理制度，厕所、厨房卫生责任制，生活垃圾处理规定等。 （4）卫生防病宣传教育记录、急救措施、急救器材和药品设置一览表，保健急救人员一览表及上岗证等。 （5）防粉尘、防噪声措施，夜间施工管理规定，施工不扰民措施
脚手架	1. 保证项目（以落地式外脚手架子分部为例） （1）施工方案、脚手架设计计算书等。 （2）脚手架立杆基础设置示意图、脚手架基础排水措施及示意图等。 （3）脚手架架体与建筑物拉结示意图等。 （4）脚手架剪刀撑设置示意图等。 （5）脚手板设置与防护栏杆设置示意图等。 （6）脚手架施工技术交底、脚手架分段验收合格证等。 2. 一般项目 （1）小横杆设置示意图等。 （2）杆件搭接示意图等。 （3）架体内封闭措施及封闭设置示意图等。 （4）脚手架材料合格证及检验报告等。 （5）架体内上下通道设置措施及设置方案等。 （6）卸料平台搭设方案、卸料平台设计计算书、卸料平台支撑系统与脚手架连接示意图、卸料平台限载规定等。 3. 施工方案和计算书 要经过审批且施工方案要对现场施工有指导性。

续表

项次	内　　容
脚手架	4. 脚手架材料合格证 要与施工现场用的实际材料相符，且材料质量要符合规范要求。 5. 脚手架验收 要有量化的验收内容。 6. 根据现场实际情况，对于杆件搭接情况等，如用文字不能表示的则可用图示
基坑支护	1. 保证项目 （1）基础施工支护方案、专项支护设计等。 （2）临边防护措施等。 （3）坑槽开挖边坡设置措施等。 （4）基坑排水措施、防止邻近建筑物沉降措施等。 （5）坑边荷载堆置规定等。 2. 一般项目 （1）基坑上下通道设置措施等。 （2）施工机械进场验收记录、挖土机作业人员上岗证、挖土机操作程序等。 （3）基坑变形监测制度、毗邻建筑物沉降观测记录等。 （4）基坑上下垂直作业隔离措施、深基坑照明设置措施等。 （5）施工方案 要有针对性，要能指导施工；施工方案要经相关部门审批后才能用于施工。 （6）对基坑支护进行变形监测时，要定人、定仪器，测量数据要准确
模板	1. 保证项目 （1）模板工程施工方案等。 （2）现浇混凝土模板的支撑系统设计计算书等。 （3）支撑模板的立柱材料合格证、立柱设置示意图等。 （4）模板上堆料管理规定等。 （5）模板存放防倾措施及模板存放管理规定等。 （6）模板拆除方案、模板拆除监护管理规定等。 2. 一般项目 （1）模板拆除申请及审批报告、模板工程验收手续、模板工程技术交底等。 （2）模板拆除前混凝土强度报告等。 （3）混凝土运输道路搭设措施等。 （4）作业面孔洞及临边防护措施、垂直作业上下隔离措施等。 （5）施工方案 要有针对性，要能指导施工；施工方案要经相关部门审批后才能用于施工。 （6）模板工程验收手续要有量化的内容

续表

项次	内　　容
"三宝""四口"防护	（1）安全帽合格证及检测报告、安全帽佩戴标准及安全佩戴管理规定等。 （2）建筑物外侧封闭措施、安全网材料合格证及检测报告、安全网准用证等。 （3）安全带使用规定、安全带合格证及检测报告等。 （4）洞口、临边防护措施、防护棚搭设措施、搭设材料合格证等。 （5）对于定型化、工具化的防护设施，要按图示安装和使用方法
施工用电	1. 保证项目 （1）外电防护措施。 （2）接地与接零保护系统设置措施等。 （3）配电箱、开关箱设置措施等。 （4）现场照明设施设置措施等。 2. 一般项目 （1）配电线路合格证及检测报告、线路架设措施等。 （2）电器设置措施、各种用电设备、开关等合格证及检测报告等。 （3）变配电装置设置措施等。 （4）施工用电方案、接地极阻值摇测记录、电工巡视维修记录等。 （5）施工方案 要有针对性，要能指导施工；施工方案要经相关部门审批后才能用于施工。 （6）各种电器设备不仅要有合格证，且各种设备的各项参数要与规范要求相适应
物料提升机与外用电梯	1. 保证项目（以物料提升机子分部为例） （1）架体设计计算书、架体合格证及检测报告、建筑安全管理部门准用证等。 （2）限位保险装置设置措施及限位保险装置合格证等。 （3）缆风绳设置措施、缆风绳合格证及检测报告、架体与建筑物连接措施等。 （4）钢丝绳报废管理规定、钢丝绳保养管理规定、钢丝绳合格证及检测报告等。 （5）楼层卸料平台搭设措施、卸料平台两侧防护措施等。 （6）吊篮安全管理规定，吊篮定型化、工具化措施等。 （7）提升机安全验收合格证等。 2. 一般项目 （1）架体安装、拆除施工方案、架体基础设置方案、架体外侧防护措施等。 （2）卷扬机安装方案等。 （3）联络信号设备管理制度、信号联络责任制等。 （4）卷扬机操作棚搭设措施等。 （5）架体避雷设置方案等。 （6）施工方案要有针对性，要能指导施工；施工方案要经相关部门审批后才能用于施工

续表

项次	内　　容
塔吊	1. 保证项目 （1）塔吊限位装置设置方案，塔吊安装方案，塔吊安装队伍资格证，塔吊合格证及使用说明书等。 （2）司机上岗证及塔吊信号联络方案等。 2. 一般项目 （1）塔吊路基与轨道施工方案、高塔基础施工方案等。 （2）塔吊电气施工方案等。 （3）多塔作业防碰撞措施等。 （4）安装验收合格证等。 （5）施工方案要有针对性，要能指导施工；施工方案要经相关部门审批后才能用于施工
起重吊装	1. 保证项目 （1）起重吊装作业方案等。 （2）起重机进场验收手续、起重机准用证、起重机安装验收合格证、起重扒杆设计计算书等。 （3）钢丝绳合格证及检测报告、地锚方案等。 （4）起重吊点设置方案等。 （5）司机、指挥上岗证、高处作业信号传递方案等。 2. 一般项目 （1）起重机地面铺垫措施等。 （2）起重机限载作业规定、试吊管理规定等。 （3）结构吊装防倾覆措施等。 （4）吊装作业平台搭设方案等。 （5）大型构件堆放稳定措施等。 （6）起重吊装警戒实施方案等。 （7）起重工、电焊工操作上岗证等。 （8）作业方案及设计计算书要经过审批，且施工方案要有针对性，要能指导施工
施工机具	施工机械进场验收手续、施工机械定期检测方案、施工机械安装验收合格证、特殊机械准用证、施工机械电气安装方案、施工机械合格证等
其他资料	安全生产相关文件、安全生产相关通知、安全会议记录、安全监督手续及安全施工许可证等
安全管理资料整理注意事项	（1）安全资料的整理要真实，不得弄虚作假。编制的施工方案等要有针对性，要与工程实体相符。 （2）安全资料的签字一定要真实，不得由他人代签。 （3）各种合格证必须与现场所用材料相对应

第7章　工程竣工资料及其组卷移交（D类）

7.1　竣工图

7.1.1　竣工图的概念和编制竣工图的重要性

竣工图的概念和编制竣工图的重要性见表7-1所示。

竣工图的概念和编制竣工图的重要性　　表7-1

项次	内　　容
竣工图的概念	竣工图是工程竣工档案的核心组成部分，它是把理想化的工程设计蓝图（施工图）经过各专业工种技术工人的再加工而变成建筑实体的真实记录。《建设工程文件归档规范》对竣工图的定义为：工程竣工验收后，真实反映建设工程项目施工结果的图样。 该定义严格界定了竣工图是反映建设工程项目施工结果的图样与施工图的本质区别。一份施工图从设计单位生产完成后到交付施工单位，在施工过程中难免会遇到因原材料、工期、气候、使用功能、施工技术等各种因素的制约而发生变更、修改。竣工后其设计蓝图就会与建筑实体有不相符合之处（图物不符），如果把这样与建筑物实体不相符的施工图、不按一定的规则进行修改就草率归档，必将给工程维修改建、扩建、城市规划带来严重隐患。因此工程竣工后，就必须由各专业施工技术人员、按有关设计变更文件和工程洽商记录，遵循规定的法则进行改绘，使竣工后的建筑实体图和物相符。把这样修改后的图纸叫做竣工图
编制竣工图的重要性	（1）竣工图是进行管理维修、改（扩）建的技术依据。首先，建筑物使用年限的延长，原来的电线电缆、给水排水管线等将逐步老化或者因原来的设计容量小，而随着生产的发展和居民生活水平的提高，必须对原有建筑进行维修增容，要做好此项工作首先要搞清原有的管线走向位置、管沟大小等。要搞清这些重要信息就必须有完整准确的竣工图。其次，因使用功能上的需要，如办公楼改建成住宅楼或者办公楼改建成商业用门面房等都将对建筑物结构进行改变，那么就必须弄清楚它的结构形式，如该楼是框架结构还是砖混结构等等，对于砖混结构要拆除某砖墙就必须考虑此墙是承重墙还是非承重墙。否则，盲目的拆除承重墙或者加层增加楼房自重都是非常危险的。安全责任重于泰山，盲目蛮干必将造成重大安全隐患

续表

项次	内容
编制竣工图的重要性	（2）竣工图是城市规划、建设审批等活动的重要依据。竣工图另一个重要作用就是城市规划建设审批的重要规划依据，特别是对城市的地下空间的规划非常重要，随着城市服务功能增加，地下建筑和管线越来越多，合理的安排新建地下建筑物和地下管线的布置，同样离不开完整准确的竣工图。管线位置变更没有改绘标注，新的管线又规划在同一位置，施工时经常发生挖断光缆、电力电缆、输水管线的重大事故和人身伤亡。 （3）竣工图是司法鉴定裁决的法律凭证。竣工图具有司法鉴定裁决的法律凭证作用，对于一个重大的工程质量事故的技术鉴定，首先要对工程图纸进行核对，检查施工单位是否严格按图施工，有变更的部位是否经过设计同意，签字手续是否完备，其次才是对设计计算、原材料是否合格、施工过程是否符合规范要求的检查。如著名的重庆綦江彩虹桥倒塌事件等都是血的教训。最后的司法量刑，竣工图的法律凭证作用不可忽视。 （4）竣工图是抗震防灾、灾后恢复重建的重要保障。完整准确的竣工图对于抗震救灾、灾后恢复重建具有雪中送炭之功效，当地震灾害发生后，及时恢复灾区通信、供电、供水、交通（桥梁、隧涵）等基础设施工程是燃眉之急，完整准确的灾区地下管线工程、地下构筑物工程竣工图将会发挥重大的其他物质不可替代的作用。因此，完整、准确的竣工图与城镇居民的正常生活及生命财产息息相关，必须以高度的职业道德和责任感做好这一工作

7.1.2 竣工图的绘制

竣工图的绘制的原则、时间、编制单位与套数、绘制方法及注意事项见表 7-2 所示。

竣工图的绘制的原则、时间、编制单位与套数、
绘制方法及注意事项　　　表 7-2

项次	内容
编制竣工图的原则	（1）凡严格按设计施工，没有任何变更的，由施工单位在未变更的原施工图上加盖"竣工图"章标志后，视为竣工图。 （2）凡在施工中有一般性变更，但能将原施工图加以修改补充，能反映竣工实际的，可不重新绘制竣工图，由施工单位在原施工图上按变更文件，依照规定的编绘方法进行修改补充后，加盖"竣工图"章标志后，视为竣工图。 （3）凡结构形式、工艺改变、平面布置改变、项目改变以及有其他重大改变或变更部分超过图面 1/3 者，应重新绘制竣工图。重新绘制的竣工图也应加盖竣工图标志章。凡符合竣工图编制原则，通过以上都不能说明问题的，就必须重新绘制竣工图

续表

项次	内容
竣工图的编制时间	施工图编制时间，应根据《建设工程文件归档规范》（GB/T 50328—2014）的规定及要求，编制各种竣工图，必须在施工过程中（不能在施工后）进行，即做到竣工图的编制必须一边施工，一边编制，在施工过程中最少先编制一份与实际情况相符的竣工图，工程竣工验收完成后，依据此份竣工图为母本，根据实际需要的套数再复制所需的套数，这样做的目的就在于避免因建设工期过长，有关机构、人士变化等因素而引起忘记或责任不清造成竣工图不准确，给以后的使用留下隐患
竣工图的编制单位与编制套数	竣工图的编制单位是施工单位，因为施工单位是建筑产品的直接生产者，对工程变更更清楚，根据《建设工程文件归档规范》（GB/T 50328—2014）条文说明第 4.2.2 条规定，建设工程实行总承包的工程，总承包单位负责其自建项目竣工图的绘制工作，分包单位负责所建项目竣工图的绘制工作，分包单位没有能力绘制的，竣工图的绘制工作由总包单位负责绘制。除甲乙双方在施工合同中另有约定外，一般要求不少于 3 套，3 套的归属是：城建档案馆 1 套，使用单位 1 套，建设单位主管机关档案室 1 套，因绘制竣工图增加的图纸，由建设单位负责及时提供给施工单位
竣工图编制方法	（1）竣工图类型。1）利用施工蓝图改绘的竣工图。该方法就是用规定的改绘办法，把施工中与原设计不相符的部分改绘在施工蓝图上，盖上竣工图标志章作为竣工图。该方法节约人力物力，简单易行，是一种编制竣工图行之有效的方法。这种方法适用工程变更不大，经过修改后就能反映工程实际情况时使用。2）新绘制的竣工图。当工程变更巨大，经过上述方法改绘后图面仍混乱不清者，就必须重新绘制新的竣工图。在二底图上修改的竣工图。3）在二底图上修改的竣工图。对于重点工程或者具有重大政治意义的工程除了具有完整、准确的竣工蓝图外，还必须具有与之相应的竣工底图。这种竣工图就是直接在硫酸纸上把需要部分添上或者把取消的部分用刀片刮掉。 （2）如何在施工蓝图上改绘竣工图，大致有以下几种方法。1）杠改法：具体做法是用细实线划去不需要的条款或者需要变更的部分，该方法适用于钢筋型号改动，尺寸改动或者有关文字说明需要取消的条款的修改。2）叉改法：适用于在图面上局部取消部分的修改。3）补图法：具体做法是直接在原图上画上需要增加的内容，当需要增加处空白图面不够时，可以采用节点引出法画到本张图的其他空白处，或者该卷竣工图的其他张页的空白处。该方法适用于在蓝图上局部增加的图幅不大的情况下使用。4）注改法（加写说明法）：适用于设计说明、材料做法等能用一句话说明问题的变更

续表

项次	内容
编制竣工图注意事项	（1）未采用或全改的施工蓝图不归档，但应修改设计目录。 （2）有变更的施工图按照前面规定的改绘方法修改后，必须经过施工单位的技术负责人和审核人校对审核后，送监理单位，经项目总监理工程师和现场监理工程师审阅无误后，加盖规定的竣工图章并签字后视为竣工图。 （3）在蓝图上改绘竣工图，各专业图纸都必须相应的修改，使各个专业的衔接关系相互吻合。 （4）不得把洽商或附图贴在原设计图上作为竣工图，也不许把洽商或附图贴在原设计图上作为竣工图。洽商原封不动的抄在原图上，该画图的，一定要用图形符号、线条表达清楚，便于直观看图。画图所使用的图形图识符号必须符合以下国家制图标准：《房屋建筑制图统一标准》、《建筑制图标准》、《总图制图标准》、《建筑结构制图标准》、《给水排水制图标准》、《暖通空调制图标准》，禁止徒手绘图。 （5）编绘竣工图所使用的图纸必须是新晒制的蓝图，反差要明显。计算机出图必须清晰，不得使用计算机出图的复印件。使用的墨水必须是碳素墨水，字体要求仿宋体或者楷体字，严禁草书字，错别字。 （6）编绘的内容不要出图框线，图纸封面、目录均加盖竣工图章，竣工图章须使用不易褪色的红色印泥盖在图标栏的上方空白处或者其他空白处，当图面内容饱和时盖在图签的背面。 （7）在施工蓝图上改绘竣工图，严禁刮改涂抹，要能反映设计原貌。 （8）凡修改处，必须注明变更依据出处

7.1.3 竣工验收文件的概念及分类

竣工验收文件的概念及分类见表 7-3。

竣工验收文件的概念及分类　　　　　表 7-3

项次	内容
竣工验收文件的概念	竣工验收文件是工程竣工档案五大类中的一大类，《建设工程文件归档规范》中对竣工验收文件的定义是这样的，"建设工程项目竣工验收活动中形成的文件"。从这个定义可以看出，竣工验收文件是一个阶段性的工程文件材料，有着它的专指性，它是工程在达到水通、灯亮、室外市政配套达到使用或者达到投产要求后，进入最终质量认可阶段所形成的文件材料
竣工验收文件的分类	竣工验收文件按工程规模的大小，通常可分为单位工程竣工验收文件和工程项目竣工验收文件；按工程类别分，可分为建筑安装工程和市政基础设施工程；如果按文件材料类别分，可分为工程竣工总结文件、竣工验收记录文件、财务决算文件、竣工声像档案四大类。我们通常在工作实际操作中是按这四大类进行整理、组卷装订的。 大型项目通常大都要进行预验收（初评初验），在预验收过程中，有关设计、勘察、监理、质量监督部门会从不同的角度提出一些整改意见，经建设单位、施工单位整改后正式验收。可将预验收过程中形成的有关文件材料就添加进去。有些小型工程，规范中表列有关文件可能没有，就可以简化

7.1.4 竣工图资料的收集、审查和填写

一般资料收集后主要审查的内容可分为：表头填写、资料编制内容、资料报送结论部分。审查表头部分可统一填写，不需具体人员签名，只是明确负责人的职位。资料报送结论部分，主要确认结论和签章是否完整，签章或签字人是否是本人签名，且是否与合同一致。常见栏目填写要求及内容见表 7-4 所示。

竣工图资料的收集、审查和填写　　　　表 7-4

项次	内　　容
资料的收集、审查和填写	（1）工程名称栏。应填写工程名称全称，与合同和招标文件中的工程名称一致。 （2）建设单位栏。填写合同文件中的甲方单位名称，也应写全称，与合同签章上的单位名称一致。 （3）建设单位项目负责人栏。应填写合同书上的签字人或签字人以文字形式委托的代表工程的项目负责人，工程完工后竣工验收备案表中的单位项目负责人应与此一致。 （4）设计单位栏。填写设计合同中签章单位的名称，其全称与印章上的名称一致。设计单位的项目负责人，应是设计合同签字人或签字人以文字形式委托的代表工程的项目负责人，工程完工后竣工验收备案表中的单位项目负责人也应与此一致。 （5）监理单位栏。填写单位全称，应与合同协议书中的名称一致。 （6）总监理工程师栏。应是合同或协议中明确的项目监理负责人，也可以是监理单位以文件形式明确的该项目监理负责人，必须有监理工程师任职资格证书，专业要对口。 （7）施工单位栏。应填写施工合同中签章单位的全称，与签章上的名称一致。 （8）项目经理、项目技术负责人栏。应与合同中明确的项目经理和技术负责人一致

7.2 建筑工程竣工验收备案管理知识

7.2.1 建筑工程竣工验收备案的范围

建筑工程竣工验收备案的范围见表 7-5。

建筑工程竣工验收备案的范围 表 7-5

项次	内容
验收备案范围	（1）凡是在我国境内新建、扩建、改建各类房屋建筑工程及市政基础设施工程都实行竣工验收备案制度。 （2）依据《房屋建筑和市政基础设施工程竣工验收备案管理办法》（住房和城乡建设部令第2号）的规定，抢险救灾工程、临时性房屋建筑工程和农民自建低层住宅工程，不适应于建设部第2号令的规定。军用房屋建筑工程竣工验收备案，按照中央军事委员会的有关规定执行

7.2.2 建筑工程竣工验收备案的文件

建设工程竣工验收报告应当包括工程报建日期、施工许可证号、施工图设计文件审查意见，勘察、设计、施工、工程监理等单位分别签署的质量合格文件及验收人员签署的竣工验收原始文件。建设单位应当在单位工程竣工验收合格15日内将《建筑工程竣工验收报告》和有关文件，报建设工程备案机关办理竣工工程验收备案手续并提交表7-6中所列的文件。

建筑工程竣工验收备案提交资料表 表 7-6

序号	材料名称	份数	材料形式	备注
1	建筑工程竣工验收备案表	4	原件	
2	建筑工程竣工验收报告	6	原件	
3	工程施工许可证	1	复印件（核对原件）	
4	工程施工质量验收申请表	1	原件	
5	单位（子单位工程）工程质量验收记录	1	原件	
6	工程质量评估报告	1	原件	
7	设计文件质量检查报告	1	原件	
8	勘察文件质量报告	1	原件	
9	施工图设计文件审查报告	1	复印件（核对原件）	
10	建筑工程规划许可证及规划验收合格证	1	复印件（核对原件）	
11	建筑工程消防验收意见书	1	复印件（核对原件）	

续表

序号	材料名称	份数	材料形式	备注
12	建筑工程竣工验收档案认可书	1	复印件（核对原件）	
13	环境保护验收意见	1	复印件（核对原件）	
14	建筑工程质量验收进度意见书	1	原件	
15	燃气工程验收文件	1	复印件（核对原件）	有该项工程内容的，提供
16	电梯安装分部工程质量验收证书	1	原件	有该项工程内容的，提供
17	室内环境污染物检测报告	1	复印件（核对原件）	依照标准、规范需要实施该项工程内容的，提供
18	工程质量保修书	1	原件	
19	住宅质量保证书和住宅使用说明书	1	原件	属于商品住宅工程的，提供
20	单位工程施工安全评价书	1	复印件（核对原件）	
21	招标通知书（设计、监理、施工）	1	复印件（核对原件）	必需招标的工程，提供
22	建设施工合同	1	复印件（核对原件）	
23	工程款支付证明及发票复印件	1	复印件（核对原件）	
24	人防工程验收证明		复印件（核对原件）	依照标准、规范需要实施该项工程内容的，提供
25	工程质量安全监督报告	1	原件	监督站提供

7.2.3 建筑工程竣工验收备案的程序

建筑工程竣工验收备案的程序见表 7-7。

建筑工程竣工验收备案的程序　　　　　表 7-7

项次	内　　容
竣工验收备案的程序	（1）建设工程竣工验收备案具备的条件。1）工程竣工验收已合格，并完成竣工验收报告；2）工程质量监督机构已出具工程质量监督报告；3）已办理工程监理合同登记核销及施工合同（总包、专业分包和劳务分包合同）备案核销手续；4）各项专项资金等已经结算。 （2）建设单位向备案机关领取《房屋建设工程和市政基础设施工程竣工验收备案表》。 （3）建设单位持加盖单位公章和单位项目负责人签名的《房屋建设工程和市政基础设施工程竣工验收备案表》一式4份及规定的材料，向备案机关备案。 （4）备案机关在收齐验证备案材料后15个工作日内，在《房屋建设工程和市政基础设施工程竣工验收备案表》上签署备案意见（盖章），建设单位、施工单位、监理单位和备案机关各持一份

7.2.4　施工单位备案的基础工作及实施要点

施工单位备案的基础工作及实施要点见表 7-8。

施工单位备案的基础工作及实施要点　　　　　表 7-8

项次	内　　容
施工单位备案的基础工作	（1）在自检的基础上，组织好工程质量竣工验收工作，完善相关资料文件，并向城市建设档案部门提交。 （2）核查和完善工程施工管理资料、工程监理资料。 （3）从建设单位征集工程前期规划、土地、工程建设手续，征集工程勘察、设计、招标手续和规定的相关文件。 （4）依据备案表所列的文件类别，系统全面地准备工程资料。 （5）编写工程竣工验收报告。 （6）会同建设单位向备案机关领取《房屋建设工程和市政基础设施工程竣工验收备案表》，并按规定份数如实填写，加盖建设单位公章和项目负责人章。 （7）以建设单位名义向建设工程备案管理机关办理备案手续
施工单位的备案及实施要点	（1）按备案表准备备案所需的工程建设资料。 （2）编写符合要求的竣工验收报告。 （3）完善各种手续、合同后期管理以及工程项目质保期所需的相关手续。 （4）会同建设单位实施工程建设竣工验收备案工作

7.2.5 工程项目竣工验收的范围、条件和依据

工程项目竣工验收的范围、条件、依据和标准见表 7-9。

工程项目竣工验收的范围、条件、依据和标准 表 7-9

项次	内　　容
验收的范围	根据国家建设法律、法规的规定，凡新建、扩建、改建的基本基本建设项目和技术改造项目，按批准的设计文件所规定的内容建成，符合验收标准，都应及时验收办理固定资产移交手续。项目工程验收的标准为：工业项目经投料试车（带负荷运转）合格，形成生产能力的；非工业项目符合设计要求，能够正常使用的。对于某些特殊情况，工程施工虽未全部按设计要求完成，也应进行验收，这些特殊情况是指以下几种： （1）因少数非主要设备或某些特殊材料短期内不能解决，虽然工程内容尚未全部完成，但已可以投产或使用的工程项目。 （2）按规定的内容已建成，但因外部条件的制约。如流动资金不足，生产所需原材料不足等，而使已建工程不能投入使用的项目。 （3）有些建设项目或单项工程，已形成生产能力或实际上生产单位已经使用，但近期内不能按原设计规模续建，应从实际情况出发经主管部门批准后，可缩小规模对已完成的工程和设备组织竣工验收，移交固定资产
竣工验收的条件	建设项目必须达到以下基本条件，才能组织竣工验收： （1）建设项目按照工程合同规定和设计图纸要求已全部施工完毕，达到国家规定的质量标准，能够满足生产和使用要求。 （2）交工工程达到窗明地净，水通灯亮及采暖通风设备正常运转。 （3）主要工艺设备已安装配套，经联动负荷试车合格，构成生产线，形成生产能力，能够生产出设计文件规定的产品。 （4）职工公寓和其他必要的生活福利设施，能适应初期的需要。 （5）生产准备工作能适应投产初期的需要。 （6）建筑物周围 2m 以内场地清理完毕。 （7）竣工结算已完成。 （8）技术档案资料齐全，符合交工要求
竣工验收的依据	（1）上级主管部门对该项目批准的文件。包括可行性研究报告、初步设计以及与项目建设有关的各种文件。 （2）工程设计文件。包括图纸设计及说明、设备技术说明书等。 （3）国家颁布的各种标准和规范。包括现行的工程施工及验收规范、工程质量检验评定标准等。 （4）合同文件。包括施工承包的工作内容和应达到的标准，以及施工过程中的设计修改变更通知书等

续表

项次	内 容
竣工验收的标准	土建工程、安装工程、人防工程、管道工程等的验收各自的标准分别是： （1）土建工程的验收标准。凡生产性工程、辅助公用设施及生活设施按照设计图纸、技术说明书、验收标准验收。同时，工程质量还应符合施工承包合同条款规定的要求。 （2）安装工程的验收标准。按照设计要求的施工项目内容、技术质量要求及验收规范的规定进行验收。 （3）人防工程的验收标准。凡有人防工程或结合建设的人防工程的验收必须符合人防工程的有关规定，并要求按安装工程等级安装好防护密闭门；室外通道在人防密闭门外的部位增设防护洞、排风洞等设备安装完毕。还没有安装的设备的，要做好设备基础预埋件，等有了设备以后即能达到安装的条件；应做到内部粉刷完工；内部照明设备安装完毕，并可通电；工程无漏水，回填土结束；通道畅通等。 （4）大型管道工程的验收标准。按设计内容、设计要求、施工规范、验收标准（或分段），按质量标准铺设完毕和竣工，泵验必须符合规定要求，管道内部垃圾要清除干净，输油管道、自来水管道还要经过清洗和消毒，输气管道还要经过输气换气实验。在实验前对管道材质及防腐层（内壁及外壁）要根据规定标准验收，钢材要注意焊接质量并加以评定和验收

7.2.6 竣工图资料的收集、审查和填写

竣工图资料的收集、审查和填写见表7-10。

竣工图资料的收集、审查和填写　　　表7-10

项次	内 容
资料的收集、审查和填写	一般监理资料收集后主要审查的内容可分为：表头填写、资料编制内容、资料报送结论部分。审查表头部分可统一填写，不需具体人员签名，只是明确负责人的职位。资料报送结论部分，主要确认结论和签章是否完整，签章或签字人是否是本人签名，且是否与合同一致。常见栏目填写要求及内容如下： （1）工程名称栏。应填写工程名称全称，与合同和招标文件中的工程名称一致。 （2）建设单位栏。填写合同文件中的甲方单位名称，也应写全称，与合同签章上的单位名称一致。 （3）建设单位项目负责人栏。应填写合同书上的签字人或签字人以文字形式委托的代表工程的项目负责人，工程完工后竣工验收备案表中的单位项目负责人应与此一致。

续表

项次	内　容
资料的收集、审查和填写	（4）设计单位栏。填写设计合同中签章单位的名称，其全称与印章上的名称一致。设计单位的项目负责人，应是设计合同签字人或签字人以文字形式委托的代表工程的项目负责人，工程完工后竣工验收备案表中的单位项目负责人也应与此一致。 （5）监理单位栏。填写单位全称，应与合同协议书中的名称一致。 （6）总监理工程师栏。应是合同或协议中明确的项目监理负责人，也可以是监理单位以文件形式明确的该项目监理负责人，必须有监理工程师任职资格证书，专业要对口。 （7）施工单位栏。应填写施工合同中签章单位的全称，与签章上的名称一致。 （8）项目经理、项目技术负责人栏。应与合同中明确的项目经理和技术负责人一致

7.2.7 施工单位提出申请交工验收的条件

施工单位提出申请交工验收的条件见表 7-11。

施工单位提出申请交工验收的条件　　　表 7-11

项次	内　容
申请交工验收的条件	整个建设项目如果分成若干个合同交予不同的施工单位，施工方已完成了合同工程或按合同约定可分步移交工程的，均可申请交工验收。竣工验收一般是单位工程，但在某些特殊情况下，也可是单项工程的施工内容，如特殊地基基础处理工程、电站单台机组完成后的移交等。施工单位的施工达到竣工条件后，自己应首先进行预验，修补有缺陷的工程部位。设备安装工程还应与甲方和监理工程师共同进行无负荷的单机和联动试车。施工单位在完成了上述工作和准备好竣工资料后，即可向甲方提交竣工验收报告

7.2.8 工程竣工验收的程序

工程竣工验收的程序见表 7-12。

工程竣工验收的程序　　　表 7-12

项次	内　容
单项工程验收	单项工程验收对大型工程项目的建设有重要意义，特别是某些能独立发挥作用、产生效益的单项工程，更应该是竣工一项验收一项，这样可以使工程项目及早地发挥效益。单项工程验收又称为交工验收，即验收合格后建设方即可投入使用。初步验收是指国家有关部门规定还未进行最终验收认可，只是施工涉及的有关各方进行的验收。

续表

项次	内　容
单项工程验收	由建设方组织的交工验收，主要是依据国家颁布的有关技术规范和施工承包合同，对以下几个方面进行检查和检验。 （1）检查核实竣工项目准备移交给建设方的所有技术资料的完整性、准确性。 （2）按设计文件和合同，检查已建完工程是否有漏洞。 （3）检查工程质量、隐蔽工程资料、关键部位的施工记录等，考查施工质量是否达到合同要求。 （4）检查试车记录及试车中所发现的问题是否得到改正。 （5）在交工验收中发现需要返工、修补的工程，明确规定完成的期限。 （6）其他涉及的有关问题。 验收合格后，建设方和施工单位共同签署《交工验收证书》。然后由施工单位将有关技术资料、连同试车记录、试车报告和交工验收证书一并上报主管部门，经批准后该工程即可投入使用。 验收合格的单项工程，在全部工程验收时，不再办理验收手续
全部工程竣工验收	全部工程施工完成后，由国家有关部门组织的验收称为竣工验收，有时也称为动用验收。它分为以下三个阶段： （1）验收准备阶段。竣工验收准备阶段的工作应由甲方组织施工、监理、设计等单位共同进行，主要包括以下内容。1）核实建筑安装工程的完成情况，列出已交工工程和未完工工程一览表（包括工程量、预算价值、完工日期等）。2）提出财务决算分析。3）检查工程质量，查明须返工或补修工程，提出具体修竣时间。4）整理汇总项目档案资料，将所有档案资料整理装订成册，分类编目，编制好工程竣工图。5）登载固定资产，编制固定资产构成分析表。6）落实生产准备工作，提出试车检查的情况报告。7）编写竣工验收报告。 （2）预验收阶段。一般由上级主管部门或建设方代表会同设计、施工、监理和使用单位及有关部门组成预验收组，主要包括以下内容。1）检查、核实竣工项目所有档案资料的完整性、准确性是否符合归档要求。2）检查项目建设标准，评定质量，对隐患和遗留问题提出处理意见。3）检查财务账表是否齐全，数据是否真实，开支是否合理。4）检查试车情况和生产准备情况。5）排除验收中有争议的问题，协调项目与有关方面、部门的关系。6）督促返工、补做工程的修竣及收尾工程的完工。7）编写竣工验收报告和移交试生产准备情况报告。8）预验收合格后，甲方向有关部门提出正式验收报告 （3）正式验收。工程竣工的正式验收由国家有关部门组成的验收委员会主持，建设单位及有关部门参加，包括如下主要内容。1）听取建设单位对项目建设的工作报告。2）审查竣工项目移交生产使用的各种档案资料。3）评审项目质量。对主要工程部位的施工质量进行复验、鉴定，对工程设计的先进性、合理性、经济性进行鉴定和评审。4）审查试车规程，检查投产生产情况。5）核定尾工项目，对遗留问题提出处理意见。6）审查竣工预验收报告，签署《国家验收鉴定书》，对整个项目作出总的验收鉴定，对项目启用的可靠性作出结论

7.2.9 建筑工程质量验收划分要求

建筑工程质量验收划分要求见表 7-13。

建筑工程质量验收划分要求 表 7-13

项次	内　　容
质量验收划分的要求	《建筑工程施工质量验收统一标准》（GB 50300）规定：建筑工程质量验收应划分为单位（子单位）工程、分部（子分部）工程、分项工程和检验批。 （1）单位工程划分的原则。1）具有独立施工条件并能形成独立使用功能的建筑物或构筑物为一个单位工程。2）建筑规模较大的单位工程，可将其能形成独立使用功能的部分划分为一个单位工程。 （2）分部工程划分的原则。1）分部工程的划分应当按专业性质、建筑部位确定。2）当分部工程较大或较复杂时，可按材料种类、施工特点、施工程序、专业系统及类别等划分为若干个分部工程。3）分部工程应按主要工种、材料、施工工艺、设备类别等进行划分。4）分项工程可由一个或若各个检验批组成，检验批可以根据施工质量控制和专业验收需要按楼层、施工段、变形缝等进行划分。5）室外工程可根据专业类别和工程规模划分单位（子单位）工程

7.2.10 竣工图资料的收集、审查和填写要求

竣工图资料的收集、审查和填写要求见表 7-14 所示。

竣工图资料的收集、审查和填写要求 表 7-14

项次	内　　容
收集、审查和填写要求	一般竣工资料收集后主要审查的内容可分为：表头填写、资料编制内容、资料报送结论部分。审查表头部分可统一填写，不需具体人员签名，只是明确负责人的职位。资料报送结论部分，主要确认结论和签章是否完整，签章或签字人是否是本人签名，且是否与合同一致。常见栏目填写要求及内容如下： （1）工程名称栏。应填写工程名称全称，与合同和招标文件中的工程名称一致。 （2）建设单位栏。填写合体文件中的甲方单位名称，也应写全称，与合同签章上的单位名称一致。 （3）建设单位项目负责人栏。应填写合同书上的签字人或签字人以文字形式委托的代表工程的项目负责人，工程完工后竣工验收备案表中的单位项目负责人应与此一致。 （4）设计单位栏。填写设计合同中签章单位的名称，其全称与印章上的名称一致。设计单位的项目负责人，应是设计合同签字人或签字人以文字形式委托的代表工程的项目负责人，工程完工后竣工验收备案表中的单位项目负责人也应与此一致。

续表

项次	内容
收集、审查和填写要求	(5) 监理单位栏。填写单位全称，应与合同协议书中的名称一致。 (6) 总监理工程师栏。应是合同或协议中明确的项目监理负责人，也可以是监理单位以文件形式明确的该项目监理负责人，必须有监理工程师任职资格证书，专业要对口。 (7) 施工单位栏。应填写施工合同中签章单位的全称，与签章上的名称一致。 (8) 项目经理、项目技术负责人栏。应与合同中明确的项目经理和技术负责人一致

第8章 城建档案管理、施工资料管理及建筑业统计

8.1 建筑工程文件归档整理规范的基本规定

8.1.1 建筑工程文件归档整理规范的基本规定

建筑工程文件归档整理规范的基本规定见表8-1。

建筑工程文件归档整理规范的基本规定　　　表8-1

项次	内　　容
文件归档整理规范的基本规定	现行国家标准《建设工程文件归档规范》(GB/T 50328—2014)的基本规定如下： (1) 建设、勘察、设计、施工、监理等单位应将工程文件的形成和积累纳入工程建设管理的各个环节和有关人员的职责范围。 (2) 在工程文件与档案的整理立卷、验收移交工作中，建设单位应履行下列职责：1) 在工程招标及勘察、设计、施工、监理等单位签订协议、合同时，应对工程文件的套数、费用、质量、移交时间等提出明确要求；2) 收集和整理工程准备阶段、竣工验收阶段形成的文件，并应进行立卷归档；3) 负责组织、监督和检查勘察、设计、施工、监理等单位的工程文件的形成、积累和立卷归档工作；也可委托监理单位监督、检查工程文件的形成、积累和立卷归档工作；4) 收集和汇总勘察、设计、施工、监理等单位立卷归档的工程档案；5) 在组织工程竣工验收前，应提请当地的城建档案管理机构对工程档案进行预验收；未取得工程档案验收认可文件，不得组织工程竣工验收；6) 对列入城建档案馆(室)接收范围的工程，工程竣工验收后3个月内，向当地城建档案馆(室)移交一套符合规定的工程档案。 (3) 勘察、设计、施工、监理等单位应将本单位形成的工程文件立卷后向建设单位移交。 (4) 建设工程项目实行总承包的，总包单位负责收集、汇总各分包单位形成的工程档案，并应及时向建设单位移交；各分包单位应将本单位形成的工程文件整理、立卷后及时移交总包单位。建设工程项目由几个单位承包的，各承包单位负责收集、整理立卷其承包项目的工程文件，并应及时向建设单位移交。 (5) 城建档案管理机构应对工程文件的立卷归档工作进行监督、检查、指导。在工程竣工验收前，应对工程档案进行预验收，验收合格后，须出具工程档案认可文件

8.1.2 建筑工程文件归档范围及质量要求

建筑工程文件归档范围及质量要求见表8-2所示。

建筑工程文件归档范围及质量要求　　　表 8-2

项次	内　　容
归档文件范围	（1）对与工程建设有关的重要活动、记载工程建设主要过程和现状、具有保存价值的各种载体的文件，均应收集齐全，整理立卷后归档。 （2）工程文件的具体归档范围应符合规范《建设工程文件归档规范》（GB/T 50328—2014）附录 A 的要求
归档文件的质量要求	（1）归档的工程文件应为原件。 （2）工程文件的内容及其深度必须符合国家有关工程勘察、设计、施工、监理等方面的技术规范、标准和规程。 （3）工程文件的内容必须真实、准确，与工程实际相符合。 （4）工程文件应采用耐久性强的书写材料，如碳素墨水、蓝黑墨水，不得使用易褪色的书写材料，如红色墨水、纯蓝墨水、圆珠笔、复写纸、铅笔等。 （5）工程文件应字迹清楚，图样清晰，图表整洁，签字盖章手续完备。 （6）工程文件中文字材料幅面尺寸规格宜为 A4 幅面（297mm×210mm）。图纸宜采用国家标准图幅。 （7）工程文件的纸张应采用能够长期保存的韧力大、耐久性强的纸张。图纸一般采用蓝晒图，竣工图应是新蓝图。计算机出图必须清晰，不得使用计算机出图的复印件。 （8）所有竣工图均应加盖竣工图章。1）竣工图章的基本内容应包括："竣工图"字样、施工单位、编制人、审核人、技术负责人、编制日期、监理单位、现场监理、总监。2）竣工图章尺寸为：50mm×80mm。3）竣工图章应使用不易褪色的红印泥，应盖在图标栏上方空白处。 （9）利用施工图改绘竣工图，必须标明变更修改依据；凡施工图结构、工艺平面布置等有重大改变，或变更部分超过图面1/3 的，应当重新绘制竣工图。 （10）不同幅面的工程图纸应按《技术制图复制图的折叠方法》（GB/10609.3—2009）统一折叠成 A4 幅面（297mm×210mm），图标栏露在外面

8.2 建筑工程文件的立卷及排列编码

8.2.1 建筑工程文件的立卷及排列编码

建筑工程文件的立卷及排列编码见表8-3。

建筑工程文件的立卷及排列编码 表8-3

项次	内容
建筑工程文件的立卷	立卷的原则和方法。1) 立卷应遵循工程文件的自然形成规律,保持卷内文件的有机联系,便于档案的保管和利用。2) 一个建设工程由多个单位工程组成时,工程文件应按单位工程组卷。3) 立卷可采用如下方法:①工程文件可按建设程序划分为工程准备阶段的文件、监理文件、施工文件、竣工图、竣工验收文件5部分;②工程准备阶段文件可按建设程序、专业、形成单位等组卷;③监理文件可按单位工程、分部工程、专业、阶段等组卷;④施工文件可按单位工程、分部工程、专业、阶段等组卷;⑤竣工图可按单位工程、专业等组卷;⑥竣工验收文件按单位工程、专业等组卷。4) 立卷过程中宜遵循下列要求:①案卷不宜过厚,一般不超过40mm。②案卷内不应有重份文件;不同载体的文件一般应分别组卷
建筑工程文件的排列编码	(1) 文字材料按事项、专业顺序排列。同一事项的请示与批复、同一文件的印本与定稿、主件与附件不能分开,并按批复在前、请示在后,印本在前、定稿在后,主件在前、附件在后的顺序排列。 (2) 图纸按专业排列,同专业图纸按图号顺序排列。 (3) 既有文字材料又有图纸的案卷,文字材料排前,图纸排后。 (4) 归档的规定。1) 编制卷内文件页号应符合下列规定:①卷内文件均按有书写内容的页面编号。每卷单独编号,页号从"1"开始。②页号编写位置:单面书写的文件在右下角;双面书写的文件,正面在右下角,背面在左下角。折叠后的图纸一律在右下角。③成套图纸或印刷成册的科技文件材料,自成一卷的,原目录可代替卷内目录,不必重新编写页码。④案卷封面、卷内目录、卷内备考表不编写页号。2) 卷内目录的编制应符合下列规定:①卷内目录式样宜符合规范的要求。②序号:以一份文件为单位,用阿拉伯数字从"1"依次标注。③责任者:填写文件的直接形成单位和个人。有多个责任者时,选择两个主要责任者,其余用"等"代替。④文件编号:填写工程文件原有的文号或图号。⑤文件题名:填写文件标题的全称。⑥日期:填写文件形成的日期。⑦页次:填写文件在卷内所排的起始页号。最后一份文件填写起止页号。⑧卷内目录排列在卷内文件首页之前。3) 卷内备考表的编制应符合下列规定:①卷内备考表的式样宜符合规范要求。②卷内备考表主要标明卷内文件的总页数、各类文件页数(照片张数),以及立卷单位对案卷情况的说明。③卷内备考表排列在卷内文件的尾页之后。4) 案卷封面的编制应符合下列规定:①案卷封面印刷在卷盒、卷夹的正表面,也可采用内封面形式。案卷封面的式样宜符合规范的要求。②案卷封面的内容应包括:档号、档案馆代号、案卷题名、编制单位、起止日期、密级、保管期限、共几卷、第几卷。③档号应由分类号、项目号和案卷号组成。档号由档案保管单位填写。④档案馆代号应填写国家给定的本档案馆的编号。档案馆代号由档案馆填写。⑤案卷题名应简明、准确地揭示卷内文件的内容。案卷题名应包括工程名称、专业名称、卷内文件的内容。⑥编制单位应填写案卷内文件的形成单位或主要责任者。

续表

项次	内容
建筑工程文件的排列编码	⑦起止日期应填写案卷内全部文件形成的起止日期。⑧保管期限分为永久、长期、短期三种期限。各类文件的保管期限详见规范规定。⑨密级分为绝密、机密、秘密三种。同一案卷内有不同密级的文件，应以高密级为本卷密级。5）卷内目录、卷内备考表、案卷内封面应采用70g以上白色书写纸制作，幅面统一采用A4幅面。 （5）案卷装订。1）案卷可采用装订与不装订两种形式。文字材料必须装订。既有文字材料，又有图纸的案卷应装订。装订应采用线绳三孔左侧装订法，要整齐、牢固，便于保管和利用。2）装订时必须剔除金属物。 （6）卷盒、卷夹、案卷脊背。1）案卷装具一般采用卷盒、卷夹两种形式。①卷盒的外表尺寸为310mm×220mm，厚度分别为20、30、40、50mm。②卷夹的外表尺寸为310mm×220mm，厚度一般为20～30mm。③卷盒、卷夹应采用无酸纸制作。2）案卷脊背。案卷脊背的内容包括档号、案卷题名、式样

8.2.2 建筑工程档案的验收、归档时间与移交的相关规定

建筑工程档案的验收、归档时间与移交的相关规定见表8-4所示。

建筑工程档案的验收、归档时间与移交的相关规定　　表8-4

项次	内容
档案的验收	（1）归档文件必须完整、准确、系统，能够反映工程建设活动的全过程。文件材料归档范围详见《建设工程文件归档规范》（以下简称"规范"）附表A，文件材料的质量应符合要求。 （2）归档的文件必须经过分类整理，并应组成符合要求的案卷
归档时间	（1）根据建设程序和工程特点，归档可以分阶段分期进行，也可以在单位或分部工程通过竣工验收后进行。 （2）勘察、设计单位应当在任务完成时，施工、监理单位应当在工程竣工验收前，将各自形成的有关工程档案向建设单位归档。 （3）勘察、设计、施工单位在收齐工程文件并整理立卷后，建设单位、监理单位应根据城建档案管理机构的要求对档案文件完整、准确、系统情况和案卷质量进行审查。审查合格后向建设单位移交。 （4）工程档案一般不少于两套，一套由建设单位保管，一套（原件）移交当地城建档案馆（室）。 （5）勘察、设计、施工、监理等单位向建设单位移交档案时，应编制移交清单，双方签字、盖章后方可交接。 （6）凡设计、施工及监理单位需要向本单位归档的文件，应按国家有关规定和本"规范"附录A的要求单独立卷归档

续表

项次	内 容
验收与移交时间	（1）列入城建档案馆（室）档案接收范围的工程，建设单位在组织工程竣工验收前，应提请城建档案管理机构对工程档案进行预验收。建设单位未取得城建档案管理机构出具的认可文件，不得组织工程竣工验收。 （2）城建档案管理部门在进行工程档案预验收时，应重点验收以下内容：1）工程档案齐全、系统、完整；2）工程档案的内容真实、准确地反映工程建设活动和工程实际状况；3）工程档案已整理立卷，立卷符合本规范的规定；4）竣工图绘制方法、图式及规格等符合专业技术要求，图面整洁，盖有竣工图章；5）文件的形成、来源符合实际，要求单位或个人签章的文件，其签章手续完备；6）文件材质、幅面、书写、绘图、用墨、托裱等符合要求。 （3）列入城建档案馆（室）接收范围的工程，建设单位在工程竣工验收后3个月内，必须向城建档案馆（室）移交一套符合规定的工程档案。 （4）停建、缓建建设工程的档案，暂由建设单位保管。 （5）对改建、扩建和维修工程，建设单位应当组织设计、施工单位据实修改、补充和完善原工程档案。对改变的部位，应当重新编制工程档案，并在工程竣工验收后3个月内向城建档案馆（室）移交。 （6）建设单位向城建档案馆（室）移交工程档案时，应办理移交手续，填写移交目录，双方签字、盖章后交接

8.2.3 施工资料的分类

施工资料的分类见表8-5。

施工资料的分类 表8-5

项次	内 容
工程准备阶段文件	立项、用地、勘察设计、招标投标、开工审批、机构及负责人
监理文件	监理规划、监理控制、监理总结
施工文件	（1）土建（建筑与结构）工程。1）施工准备；2）基桩；3）变更记录；4）质保；5）隐蔽工程验收记录；6）施工记录；7）质检记录。 （2）电气、给水排水、消防、装饰、采暖通风、空调、建筑智能化、电梯工程。1）图纸变更记录；2）设备、产品质量检查、安装记录；3）隐蔽工程验收记录；4）施工试验记录；5）质量事故处理记录；6）工程质量验收记录。 （3）室外工程。1）室外安装（给水、雨水、污水、热力、燃气、电信、电力、照明、电视、消防等）施工文件。2）室外建筑环境（建筑小品、水景、道路、园林绿化等）施工文件

续表

项次	内 容
竣工验收文件	（1）工程竣工总结。 （2）竣工验收记录。 （3）财务文件。 （4）声像、缩微、电子档案
竣工图	根据以上资料及设计变更文件、会议纪要和工程施工实际情况所绘制的工程竣工图

8.3 资料安全管理的相关规定

8.3.1 档案资料安全管理的规定

档案资料安全管理的规定见表8-6。

档案资料安全管理的规定　　表8-6

项次	内 容
档案资料管理的目的	档案资料安全管理是指立档单位档案馆对室（馆）藏档案资料实体和信息内容采取有效保护措施，避免受到自然灾害或人为侵害，并使其处于安全状态的管理工作。档案质量安全管理的目的为加强档案质量安全管理工作，杜绝各类危害档案安全事故发生，确保档案资料安全和最大限度的延长档案寿命
档案资料安全管理的原则	档案资料安全管理工作遵循严格管理，预防为主，防治结合，确保安全的原则
档案安全管理内容	档案资料安全管理职责，档案实体安全管理，档案信息安全管理，电子档案安全管理和档案库房安全管理

8.3.2 档案资料安全管理的职责、收集和归档

档案资料安全管理的职责、收集和归档见表8-7。

档案资料安全管理的职责、收集和归档　　表 8-7

项次	内　　容
档案安全管理职责	（1）加强领导。切实加强对档案资料（室）安全管理工作的领导，明确分管领导，制定档案安全责任制，要求责任到人，将档案安全工作列入本单位的议事日程和工作计划，及时研究和解决存在的问题，确保档案安全管理工作责任的落实。 （2）做好档案资料安全的宣传教育工作。各单位应加强档案安全宣传教育，要采用多种形式开展教育活动，增强全员档案安全意识，并使档案安全教育经常化、制度化。 （3）健全制度，确保资金投入。建立健全档案资料安全管理制度，每年计划预算中应确保合理的经费投入，保证档案安全管理工作的需要，做到每年有计划，有检查，有总结。 （4）制定完善档案资料安全应急处置预案。各档案馆（室）应根据本单位实际情况制定周密细致、便于操作、切实有效的突发性灾害、事故应急处置预案（包括应对火灾、防汛、地震、信息管理系统受侵害、意外事故等），不断完善应急措施，随时应对可能出现的各种突发性事件，确保档案实体和档案信息的安全。 （5）档案资料管理员的要求：档案管理人员应熟知档案安全保护知识，定期进行档案安全检查，做好检查记录，发现问题或安全隐患应及时分管领导汇报，并采取相应的处理措施。 （6）事故发生后的应对措施：发生档案质量安全事故的单位应及时向主管领导和上级机关报告，同时组织在第一时间进行抢救恢复，严禁瞒报迟报
收集和归档	档案的归档和收集也是档案安全管理的一个环节，各单位应确保在工作活动过程中形成的具有保存价值的文件材料收集齐全、完整、真实、准确，并及时归档（包括电子版本）

8.3.3 安全生产档案员职责、档案管理制度

安全生产档案员职责、档案管理制度见表 8-8。

安全生产档案员职责、档案管理制度　　表 8-8

项次	内　　容
安全生产档案员职责	（1）负责对本公司安全生产档案和资料进行管理。 （2）负责对本公司安全资料的收集、整理及归档。 （3）负责档案资料的查询、借阅、发放回收及文件的销毁或隔离存放。 （4）负责安全档案的防火、防潮、防盗等。 （5）保证安全档案资料的安全

续表

项次	内容
档案管理制度	（1）档案室要牢固安全，配齐主要设备，加强保密工作，确保档案安全有效存放。 （2）档案室要加强防火、防潮、防虫、防盗等设施和安全措施，应经常检查，保持档案室的清洁通风和室内适宜的温湿度。 （3）不得带无关人员进档案室，不得在室内进行娱乐活动。存入档案，审查档案室输入微机分类整理装柜；查阅档案应提供有关证明或领导批准；输出档案，审查提档证，重新对台账进入微机程序登记、编号，建立台账。 （4）不得将明火带入档案室，档案室内严禁吸烟，严禁使用电炉等一切大功率电器。 （5）档案室内不得存放与档案无关的物品，严禁在档案室周围存放易燃、易爆物品。 （6）每季度对档案室做一次安全检查，并做好记录，发现问题及时处理

8.3.4 资料安全的保密措施

资料安全的保密措施见表 8-9。

资料安全的保密措施　　　　　　　　表 8-9

项次	内容
资料安全保密措施	（1）权限划分控制机制。为确保强制访问控制达到安全策略所确定的安全目标，防止由于管理员或特权用户的权限过于集中所带来的安全隐患，将系统的常规管理、与安全有关的管理以及审计管理等，分别由系统用户管理员、系统安全管理员、系统审计管理员来分别承担，并按照最小授权原则分别授予他们完成各自承担任务需要的最小权限，还应在相互间形成制约关系。 （2）用户权限划分情况。为明确各使用者操作权限，确保系统安全，系统定义了从系统管理员级到访问级用户的各项权限。除非是系统管理员授权或经当事人知晓以借阅形式查看，任何人都不可非法进入。可以设定和新增使用者，可设定他们各自的密码以防数据遗漏。系统以用户和角色分别对用户进行授权，例如常用角色有：专职档案管理员、兼职档案管理员、部门负责人、查询用户、分管领导、系统审计管理员、系统安全管理员等。 （3）管理员权限划分情况。1）系统角色一：系统用户管理员，①新建、删除用户，新建、删除用户组，修改用户属性、修改用户组属性；②系统安全管理员负责制定用户或用户组对系统内目录的访问权限；对记录的浏览新建、修改、删除权限，正文的浏览、新建、修改、删除权限，对附件的浏览、新建、修改、删除权限；③配置网络访问："服务器、数据库、FTP"访问相关信息；④备份数据；⑤不可浏览档案数据。2）系统角色二：系统安全管理员，①指派用户或用户组对业务功能的操作权限；②管理常用数据库；③不可浏览档案数据。3）系统角色三：系统审计管理员，①管理系统数据日志（数据的增、删、改、浏览）；②不可浏览档案数据

续表

项次	内 容
密级标识	信息的分类分级与标识、用户的分类分级与标识按照主体类别、客体类别进行涉密信息和重要信息的访问控制。（解释：主体人的级别和客体信息的级别相对应进行开发）。密级标识的保护情况应用系统中处理的信息标明密级标识，密级标识与信息主体不可分离，其自身不可篡改；密级标识与访问控制措施的结合情况，主体对客体的访问满足：仅当主体安全级中的等级分类高于或等于客体安全级中的等级分类，主体才能读客体。例如：主体人的级别分为绝密、机密、秘密等级别，和客体信息的级别分为绝密、机密、秘密等级别。当主体人的级别为机密时其可以访问客体信息的级别为机密、秘密级别的信息
身份鉴别	应用系统内的身份鉴别措施采用口令的方式，口令长度不少于10位，由大小写英文字母、数字、特殊字符组成，同时口令更换周期不长于一周；依赖于涉密信息系统（我所内部局域网系统）的身份鉴别措施利用usbkey与口令相结合的方式，口令不少于4位。或者利用指纹识别方式实现组合技术进行身份鉴别。这两种方式都需要与第三方硬件设备集成实现。鉴别方式，重鉴别，鉴别失败，ID唯一，账号重复，标识符创建重鉴别：空闲操作超过十分钟，重新进行身份鉴别。鉴别失败：当身份鉴别失败5次，禁止使用该应用程序或延长一定时间后再允许尝试，同时形成审计事件并告警。口令传输保护用户口令是以密文格式传输。同时涉密内网是物理隔离，本身就是安全保护。口令存储保护数据库中密码信息采用密文格式存储
访问控制	应用系统内的访问控制措施对应用系统中涉密信息和重要信息的访问浏览、输出（如打印、复印、屏幕截取等）操作采取技术措施进行严格的控制（解释：需要设定上述操作的权限，同时对上述操作形成审计日志）。依赖于涉密信息系统的访问控制措施，访问控制规则通过系统用户管理员、系统安全管理员、系统审计管理员三权分立的安全访问控制措施。同时，采用角色、用户、数据等多维授权措施
应用系统内的审计措施进行安全审计	（1）范围。审计功能的启动、关闭；系统内用户添加、删除；用户权限的更改；系统管理员、安全员、安全审计员、用户所实施的操作等进行相应的审计。 （2）审计内容。包括事件发生的时间、地点、类型、主体、客体和结果（成功或失败）。 （3）审计记录存储。充足的审计记录存储空间；具有存储空间的阈值设置功能，当存储空间将满时及时报警；防止审计记录被修改；记录至少保存6个月（异常操作记录日志；篡改操作记录日志；记录被修改记录ID；统计、查询日志信息并形成报表；查阅分析）。依赖于涉密信息系统的审计措施引入第三方审计系统或审计软件对应用的行为进行审计，实现双重审计功能。需要与第三方审计系统或审计软件做接口实现

8.3.5 资料员施工现场管理与资料收集

资料员施工现场管理与资料收集见表8-10。

资料员施工现场管理与资料收集　　　表8-10

项次	内　　容
施工准备	（1）技术准备。承包合同，工程预算，施工组织设计，图纸会审。 （2）现场准备。三通一平、工程定位放线及复核、施工许可证申报、质监申报、临时占用道路申报、现场文明施工、临施建造、材料、机具组织进场。 （3）组织准备。组织劳动力进场。1）确定施工及各工作工序，搭接次序。2）组织分段平衡流水，交叉作业计划。3）组织新进场工人进行安全教育及考核
施工阶段	（1）质量控制。贯彻施工组织设计、制度措施，监督执行规范、规程、工艺标准，贯彻工程质量验收标准，切实执行质量检查和质量验收，做好工序交接检查验收，隐蔽工程检查验收，防渗漏试水检查验收，变更工程签证，控制材料进场质量，加强施工复核，组织工程质量定期及不定期的质量检查。 （2）安全控制。贯彻以"预防为主"的安全生产方针，控制五个安全因素（人、材料、机械、方法、环境）。其中包括：施工作业安排、用电与防火安全，落实层级安全生产责任制，贯彻安全生产奖惩制度措施，落实安全生产检查制度，组织安全技术交底及安全教育学习。 （3）进度控制。根据合同工期及施工组织设计，分阶段编制施工进度作业计划，及时检查计划进度，及时调整计划，协调土建与专业施工的协作配合。 （4）成本控制。及时做好经济签证，贯彻降低成本措施，优化进度计划，优化劳动力，严格控制材料进场数量及质量，材料发放实行限额领料，加强施工放线复核，做到事前控制质量，减少事后返工损失，掌握经济索赔技巧及签证索赔，减少经济损失。 （5）文明施工。施工现场场容管理。 （6）现场料具管理。包括：生产工具（做好发放与回收）、现场材料（施工平面布置图分类堆放并加标色），周转料（分类堆放）
竣工验收阶段	（1）技术资料整理组编。包括：施工日志、工程变更、施工验收及检查记录，材料试验报告，质量检查验收记录，资料应及时记录，及时签证，及时积累，及时整理。（技术资料是甲方用作核对结算的依据，不容忽视） （2）竣工工程预验收。检查组织竣工工程预验收，检查验收前工程遗留未完善的工程扫尾，及时处理，为竣工验收创造条件。 （3）工程竣工验收备案。《房屋建筑工程和市政基础设施工程竣工验收备案管理暂行办法》规定：建设单位办理工程竣工验收备案应提交以下材料：1）工程竣工验收备案表（房屋建筑工程和市政基础设施工程竣工验收备案表）。2）工程竣工验收报告。3）法律、行政法规规定应当由规划、公安消防、环保等部门出具的认可文件或者准许使用文件。4）施工单位签署的工程质量保修书。5）法规、规章规定必须提供的其他文件。6）商品住宅还应当提交《住宅质量保证书》和《住宅使用说明书》。 （4）竣工工程验收

8.3.6 单位工程施工技术资料的作用、内容和组卷要求

单位工程施工技术资料的作用、内容和组卷要求见表 8-11 所示。

单位工程施工技术资料的作用、内容和组卷要求 表 8-11

项次	内 容
单位工程施工技术资料的作用	(1) 是反映工程质量和工作质量的重要依据。 (2) 是单位工程施工全过程的真实记录。 (3) 是单位工程日后维修、扩建、更新的重要档案材料。 (4) 统一建筑施工企业技术资料的管理工作，有利于工程质量检查和归档
施工技术资料内容分类	(1) 建筑工程法定建设程序必备文件。 (2) 综合管理资料。 (3) 工程质量控制资料。包括：验收资料、施工管理资料、产品质量证明文件、检验报告、施工记录及检测报告。 (4) 工程安全和功能检验资料及主要功能抽查记录。 (5) 检验批质量验收纪录。 (6) 施工日志。 (7) 竣工图
工程技术资料的组卷要求	(1) 组卷原则：施工技术资料的组卷应遵循工程文件自然形成规律，保持卷内文件内容之间的系统联系，便于档案的保管和利用。组卷时按先文件、后图纸排列。 (2) 施工技术资料目录： 1) 总目录；2) 工程建设前期法定建设程序文件；3) 建筑工程综合管理资料；4) 地基与基础工程；5) 主体结构工程；6) 建筑装饰装修工程；7) 建筑屋面工程；8) 建筑设备安装工程综合管理资料；9) 建筑给水、排水及采暖工程；10) 建筑电气工程；11) 通风与空调工程；12) 电梯安装工程；13) 智能建筑；14) 竣工验收资料；15) 竣工图。 (3) 组卷顺序：一般为封面、目录、文件材料、工程照片及封底。 (4) 组卷质量要求：归档文件的内容必须真实、准确、签章齐备、书写材料必须耐久、清晰、不得使用铅笔、红色和蓝色圆珠笔等易褪色材料书写。若是复印件需注明原件存放处，要字迹清楚、牢固、能长期保存

8.4 建筑业统计的基本知识

8.4.1 建筑业统计的基本知识

建筑业统计的基本知识见表 8-12。

建筑业统计的基本知识　　　　　表 8-12

项次	内　　容
主要工作内容和目的	（1）建筑业统计的主要目的。为了解建筑业企业生产经营的基本情况，为各级政府制定政策和计划、进行经济管理与调控提供依据。 （2）建筑业统计的主要工作内容。1）对建筑业企业基本情况、生产情况、财务状况进行统计监测；2）对建筑业企业统计员进行业务培训和指导，对建筑业企业统计数据进行检查
主要指标解释	（1）签订的合同额。指建筑企业在报告期直接通建设单位签订合同的总价款和以前年度同建设单位签订合同的未完工程跨入本年度继续施工工程合同的总价款余额。 （2）建筑业总产值。它是以货币表现的建筑企业在一定时期内生产的建筑业产品和服务的总和。建筑业总产值包括建筑工程产值、安装工程产值和其他产值三部分内容。建筑工程产值：指列入建筑工程预算内的各种工程价值。安装工程产值：指设备安装工程价值。其他产值：建筑业总产值中除建筑工程、安装工程以外的产值。包括房屋构筑物修理产值、非标准设备制造产值、总包企业向分包企业收取的管理费以及不能明确划分的施工活动所完成的产值。根据税法规定，在劳务分包合同中，支付给劳务的报酬不缴纳税金，所以有部分劳务企业就没有把这部分人工费核算到建筑业总产值中，包括装饰装修产值、营业收入甚至人数也没有统计，所以，在填报本表时，一定要按照签订的合同全口径填报建筑业总产值。 （3）房屋建筑施工面积。指报告期内施工过的全部房屋建筑面积，它包括本期新开工的面积、上期跨入本期继续施工的房屋面积、上期停缓建在本期恢复施工的房屋面积、本期竣工的房屋面积以及本期施工后又停缓建的房屋面积。 （4）房屋新开工面积。是指报告期内新开工的各个房屋单位工程的建筑面积之和。它不包括在上期开工跨入报告期继续施工的房屋建筑面积和上期停缓建而在本期复工的建筑面积。新开工面积用于反映报告期内投入施工的房屋建筑规模，为科学组织施工提供依据。 （5）房屋建筑竣工面积。指报告期内房屋建筑按照设计要求已全部完工，达到了使用条件，经检查验收鉴定合格的房屋建筑面积。 （6）企业总产值。指建筑企业在报告期内全部经济活动的最终成果的货币价值。在企业总产值中除包括建筑企业总产值外，还包括建筑企业从事其他经济活动所创造的的价值（如工业产值、交通运输产值、商业服务业产值、其他产值收入和劳务收入等）。 （7）工程结算及附加（主营业务税金及附加）。主营从事建筑业活动，取得工程价款结算收入而按规定应缴纳的营业税、城市建设维护税等以及随同营业税金一并计算缴纳的教育费附加等

续表

项次	内 容
主要指标计算方法	(1) 资产合计＝流动资产合计＋长期投资＋固定资产合计＋无形资产及迁延资产小计＋其他资产。 (2) 工程结算利润＝工程结算收入－工程结算成本－工程结算税金及附加－经营费用。 (3) 主业收入＝主营业务收入＋其他业务收入营业利润＝工程结算利润－管理费用－财务费用＋其他业务利润－资产减值损失＋公允价值变动收益＋投资收益。 (4) 技术装备率＝期末自有机械设备净值÷期末从业人数。 (5) 动力装备率＝期末自有机械设备总功率÷期末从业人数
数据收集方法	目前，建筑业统计采用全面调查方法，按照国家统计局制定的建筑业统计报表制度，由国家、省、市、县各级统计局组织实施。统计报表由市、县统计局布置到本区域的各建筑企业，各单位填报后在规定时间内上报当地统计局，经逐级审核、汇总，上报国家统计局
注意事项或主要特点	(1) 企业无论有没有工作量，都要上报报表。 (2) 加强报表的催报工作。 (3) 加强数据审核，严防错漏。一是核准计量单位，产值、财务表的计量单位是"千元"，而不是"万元"。二是逻辑关系的审核，避免出现漏填或人为省略造成的指标缺失。三是平衡关系的审核

8.4.2 施工现场计划、统计和信息管理

施工现场计划、统计和信息管理见表 8-13 所示。

施工现场计划、统计和信息管理　　表 8-13

项次	内 容
计划、统计报表的编制与传递	为了满足信息化管理的要求，计划、统计报表将根据管理软件提供的信息编码办法及要求进行编制，信息传递采用网络传输，提高无纸化办公程度，以达到高效、便捷、准确的传递目的。 (1) 项目部设置计划统计机构并配备计划统计人员，负责工程施工的计划统计工作，在计划统计业务方面，接受监理工程师的监督与协调。 (2) 统计报表数字做到真实、准确，严格按照国家统计法的规定执行。统计报表要加盖承包单位、主管领导、统计部门负责人、制表人的印章方属有效。 (3) 严格按本合同条款规定的完工工期，本合同《技术条款》规定的内容和期限以及发包人、监理人的指示，编制施工总进度计划提交发包人和监理人审批。已经审批的合同进度计划作为控制本合同工程进度的依据，并依此编制年、季、月进度计划报监理人审批。提交施工总进度计划的同时，按特殊条款规定的格式，向发包人和监理人提交按月的资金流估算表（估算表包括承包人计划可从发包人处得到的全部款额，以供发包人参考）。并按发包人和监理人提出和修订的要求，在指定的期限内提交修订的资金流估算表。

续表

项次	内　　容
计划、统计报表的编制与传递	（4）按合同规定的计量办法，按月对已完的质量合格的工程进行准确计量，并在每月末随同月付款申请单，按合同《建设工程工程量计价规范》的项目分项向监理人提交完成工程量月报表和有关计量资料。 （5）按相关合同条款要求，及时、准确地向监理人和发包人提供相应的电子文件，文本文件采用 Word，图形文件采用报表及各种形象图表采用 Excel，有关施工进度计划的控制，应用 P3 网络计划管理软件。计划主要为施工进度计划，以及为实现施工进度计划而所制订的设备、配件、材料等供应计划。统计报表主要包括工程、质量、安全等统计报表
计划的编制、传递与保障	（1）编制合理详细的施工进度计划。1）根据控制性工期及业主和监理的要求，编制总的施工进度计划，建立目标工期计划，重点对影响本标段直线工期的单项工程的关键线路进行控制。达到全工程按动态管理来进行控制，最终实现预期的工程进度计划。2）对总的施工进度计划进行分解，从总进度逐步分解成年计划、季度计划、月计划、周计划直至日计划；实现以日计划保周计划、以周计划保月计划、以月计划保季计划、以季度计划保年度计划，直至以年计划保证最终计划的完成。3）制定合理的技术方案和工期保证措施，施工中随时跟踪进度实施情况，各部门及时反馈信息，由工程技术处协同有关各方对计划进行及时调整。4）制订各施工队伍的作业进度计划，使各施工队伍都有明确的进度计划目标。 （2）制订及时的供应计划。1）根据施工进度计划，编制人员、设备、配件、材料的供应计划。对于大型设备、较难购买的设备配件必须提前制订计划，以保证及时供应。2）加工设备、配件、材料等按业主和监理指示的时间制订计划；一般材料、配件按月编制计划。3）各种供应计划应及时、合理，经过主管领导审批后，按计划及时采购，并建立仓库，储存部分备用材料、配件。4）根据进度计划的安排，合理组织劳动力进场。 （3）计划的传递。1）经审批后的书面计划，及时送交有关单位和个人，并做好记录。2）对计划做好必要的技术交底。3）在计划的实施过程中，加强监控和信息反馈。4）计划的实施出现偏差，及时予以调整。 （4）计划的保障。1）工程实行项目法施工，工程进度计划的实施是对项目部考核的一项主要内容，并有严格的进度计划目标控制措施和奖惩措施。工程施工前，项目经理须与单位主管签订"责任书"；同样，按职责划分，项目部各级人员层层签订"责任书"，加强管理考核，充分调动全体职工的积极性，从组织和管理制度上确保工程进度按计划实施完成。2）加强沟通。坚持每日现场例会、每周生产调度会、每旬生产检查会、每月计划会、每季动员会；参加业主、监理组织的各种协调会，积极配合业主和监理；出现情况，及时调整。3）加强采购的配件、材料等的及时供应和质量控制，人员的技术水平、上岗资质、健康条件等符合要求，确保人员数量和素质及物资供应不拖施工进度的后退。4）做好施工测量、试验检测等服务工作，加强技术人员的现场巡查，尤其质检人员要实现全过程跟踪、检查，及时发现、收集施工中存在的问题，通过沟通、分析等及时提出解决问题的措施

8.4.3 统计报表的编制与传递

统计报表的编制与传递见表 8-14。

统计报表的编制与传递 表 8-14

项次	内　　容
报表的编制与传递	统计报表是现场项目经理部掌握工程进展情况和资金运用情况，及时办理工程价款计算的依据，也是监理人、发包人上级主管部门和国家统计部门的统计基础资料。 （1）根据业主和监理的要求、上级的指示，工程施工及管理等需要及时编制各类统计报表。 （2）工程运用软件进行项目进度管理，并按业主发布的规划书、编码体系说明、管理细则来编制进度计划，在签署协议书后 56d 内报送监理人审批。 （3）工程、质量、安全统计报表的数据必须及时收集、整理，且确保数据真实、准确，统计报表负责人必须对所提供的报表负责。 （4）统计报表及时提供给相关部门和单位，并做好发文登记

8.4.4 施工信息管理的目标和分类

施工信息管理的目标和分类见表 8-15。

施工信息管理的目标和分类 表 8-15

项次	内　　容
信息管理的目标	通过信息收集、调查研究、系统设计、系统实施、系统评价，使信息管理系统持续改进，不断完善。信息管理目标：建立一个以业主为中心，按照业主、监理单位、施工单位的合作关系，以信息的传递、审批、汇总为手段，以进度控制、投资（成本）控制、质量安全控制、合同管理、信息管理为目的，结合工程网络图、合同通用条款及专用条款对工程项目进行多部门的综合管理系统
信息流分类	（1）完成合同所需的信息流。 （2）完成现场施工准备、编制施工组织设计，解决重大施工方案及采取先进技术方面的信息流。 （3）疏通物资渠道及解决急需物资方面的信息流。 （4）按时提供完好的大型施工机械设备所需要的信息流

第9章　标准规范与建筑工程强制性规范条文摘录

9.1 《建设工程文件归档规范》(GB/T 50328—2014) 条文摘录

1　总　　则

1.0.1　为加强建设工程文件的归档工作，统一建设工程档案的验收标准，建立真实、完整、准确的工程档案，制定本规范。

1.0.2　本规范适用于建设工程文件的整理、归档，以及建设工程档案的验收。

1.0.3　建设工程文件的整理、归档以及建设工程档案的验收与移交除应符合本规范外，尚应符合国家现行有关标准的规定。

2　术　　语

2.0.1　建设工程　construction project

经批准按照一个总体设计进行施工，经济上实行统一核算，行政上具有独立组织形式，实行统一管理的工程基本建设单位。它由一个或若干个具有内在联系的单位工程所组成。

2.0.2　建设工程文件　construction project document

在工程建设过程中形成的各种现实的信息记录，包括工程准备阶段的文件、监理文件、施工文件、竣工图和竣工验收文件，简称为工程文件。

2.0.3　工程准备阶段的文件　pre-construction document

工程开工以前，在立项、审批、用地、勘察、设计、招投标等工程准备阶段形成的文件。

2.0.4　监理文件　project management document

监理单位在工程设计、施工等监理过程中形成的文件。

2.0.5　施工文件　constructing document

施工单位在工程施工过程中形成的文件。

2.0.6 竣工图 as—build drawing

工程竣工验收后,真实反映建设工程项目施工结果的图样。

2.0.7 竣工验收文件 handing over document

建设工程项目竣工验收活动中形成的文件。

2.0.8 建设工程档案 project archive

在工程建设活动中直接形成的具有归档保存价值的文字、图纸、图表、声像、电子文件等各种形式的历史记录,也可简称工程档案。

2.0.9 建筑工程电子文件 project electronic records

在工程建设过程中通过数字设备及环境生成,以数码形式存储于磁带、磁盘或光盘等载体,依赖计算机等数字设备阅读、处理,并可在通信网络上传送的文件。

2.0.10 建设工程电子档案 project electronic archives

工程建设过程中形成的,具有参考和利用价值并作为档案保存的电子文件及其元数据。

2.0.11 建设工程声像档案 project audio-visual archives

记录工程建设活动,具有保存价值的,用照片、影片、录音带、录像带、光盘、硬盘等记载的声音、图片和影像等历史记录。

2.0.12 整理 arrangement

按照一定的原则,对工程文件进行挑选、分类、组合、排列、编目,使之有序化的过程。

2.0.13 案卷 file

由互有联系的若干文件组成的档案保管单位。

2.0.14 立卷 filing

按照一定的原则和方法,将有保存价值的文件分门别类整理成案卷,亦称组卷。

2.0.15 归档 putting into record

文件形成部门或形成单位完成其工作任务后,将形成的文件整理立卷后,按规定向本单位档案室或向城建档案管理机构移交的过程。

2.0.16 城建档案管理机构 urban-rural development archives orgatnizaion

管理本地区城建档案工作的专门机构,以及接收、收集、保管和提供利用城建档案的城建档案馆、城建档案室。

2.0.17 永久保管 permanent preservation

工程档案保管期限的一种,指工程档案无限期地、尽可能长远地保存下去。

2.0.18 长期保管 long-term preservation

工程档案保管期限的一种,指工程档案保存到该工程被彻底拆除。

2.0.19 短期保管 short-term preservation

工程档案保管期限的一种,指工程档案保存10年以下。

3 基本规定

3.0.1 工程文件的形成和积累应纳入工程建设管理的各个环节和有关人员的职责范围。

3.0.2 工程建设文件应随工程建设进度同步形成,不得事后补编。

3.0.3 每项建设工程应编制一套电子档案,随纸质档案一并移交城建档案管理机构。

3.0.4 建设单位应按下列流程开展工程文件的整理、归档、验收、移交工作:

1 在工程招标及与勘察、设计、施工、监理等单位签订协议、合同时,应明确竣工图的编制单位、工程档案的编制套数、编制费用及承担单位、工程档案的质量要求和移交时间等内容;

2 收集和整理工程准备阶段形成的文件,并进行立卷归档;

3 组织、监督和检查勘察、设计、施工、监理等单位工程文件的形成、积累和立卷归档工作;

4 收集和汇总勘察、设计、施工、监理等单位立卷归档的工程档案;

5 收集和整理工程竣工验收文件,并进行立卷归档;

6 在组织工程竣工验收前,提请当地的城建档案管理机构对工程档案进行预验收,未取得工程档案验收认可文件,不得组织工程竣工验收;

7 对列入城建档案管理机构接收范围的工程,工程竣工验收后3个月内,应向当地城建档案管理机构移交一套符合规定的工程档案。

3.0.5 建设、勘察、设计、施工、监理等单位应将本单位形成的工程文件立卷后向建设单位移交。

3.0.6 建设工程项目实行总承包管理的,总包单位负责收集、汇总各分包单位形成的工程档案,并应及时向建设单位移交;各分包单位应将本单位形成的工程文件整理、立卷后及时移交总包单位。建设工程项目由几个单位承包的,各承包单位负责收集、整理立卷其承包项目的工程文件,并应及时向建设单位移交。

3.0.7 城建档案管理机构应对工程文件的立卷归档工作进行监督、检查、指导。在工程竣工验收前,应对工程档案进行预验收,验收合格后,须出具工程档案认可文件。

3.0.8 工程资料管理人员应接受工程文档归档整理的专业培训。

4 归档文件及质量要求

4.1 归档文件的范围

4.1.1 对与工程建设有关的重要活动、记载工程建设主要过程和现状、具有保存价值的各种载体的文件,均应收集齐全,整理立卷后归档。

4.1.2 工程文件的具体归档范围应符合本规范附录A和附录B的要求。

4.1.3 声像资料的归档范围和质量要求应符合行业标准《城建档案业务管理规范》(CJJ/T 158)的要求。

4.1.4 不属于归档范围、没有保存价值的工程文件,文件形成单位可自行组织销毁。

4.2 归档文件的质量要求

4.2.1 归档的纸质工程文件应为原件。

4.2.2 工程文件的内容及其深度必须符合国家有关工程勘察、设计、施工、监理等标准和规程。

4.2.3 工程文件的内容必须真实、准确,与工程实际相符合。

4.2.4 工程文件应采用碳素墨水、蓝黑墨水等耐久性强的书写材料,不得使用红色墨水、纯蓝墨水、圆珠笔复写纸、铅笔等易褪色的书写材料。计算机输出文字和图件应使用激光打印机,不得使用色带式打印机、水性墨打印机和热敏打印机。

4.2.5 工程文件应字迹清楚,图样清晰,图表整洁,签字盖章手续完备。

4.2.6 工程文件中文字材料幅面尺寸规格宜为 A4 幅面（297mm×210mm）。图纸宜采用国家标准图幅。

4.2.7 工程文件的纸张应采用能够长期保存的韧力大、耐久性强的纸张。

4.2.8 所有竣工图均应加盖竣工图章（图 4.2.8）,并应符合下列规定:

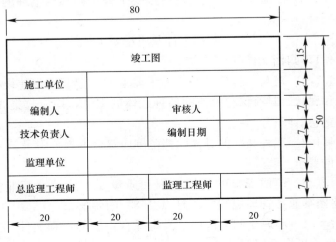

图 4.2.8 竣工图章示例（规范 P8）

1　竣工图章的基本内容应包括:"竣工图"字样、施工单位、编制人、审核人、技术负责人、编制日期、监理单位、监理工程师、总监理工程师。
　　2　竣工图章尺寸为：50mm×80mm。
　　3　竣工图章应使用不易褪色的红印泥，应盖在图标栏上方空白处。

　　4.2.9　竣工图的绘制与改绘应符合国家现行有关制图标准的规定。

　　4.2.10　归档的建设工程电子文件应采用表4.2.10所列开放式文件格式或通用格式进行存储。专业软件产生的非通用格式的电子文件应转换成通用格式。

工程文件存储格式表　　表4.2.10

文件类别	格式
文件（表格）文本	PDF、XML、TXT
图像文件	JPEG、TIFF
图形文件	DWG、PDF、SVG
影像文件	MPED2、MPEG4、AVI
声音文件	MP3、WAV

　　4.2.11　归档的建设工程电子文件应包含元数据，保证文件的完整性和有效性。元数据应符合现行行业标准《建设电子档案元数据标准》（CJJ/T 187）的规定。

　　4.2.12　归档的建设工程电子文件应当采用电子签名手段，所载内容应真实可靠。

　　4.2.13　归档的建设工程电子文件的内容必须与其纸质档案一致。

　　4.2.14　离线归档的建设工程电子档案载体，应采用一次性写入光盘，光盘不应有磨损、划伤。

　　4.2.15　存储移交电子档案的载体应经过检测，应无病毒、无数据读写故障，并确保接收方能通过适当设备读出数据。

5 工程文件立卷

5.1 立卷的流程、原则和方法

5.1.1 立卷应按下列流程进行：

1 对属于归档范围的工程文件进行分类。确定归入案卷的文件材料；

2 对卷内文件材料进行排列、编目、装订（或装盒）；

3 排列所有案卷，形成案卷目录。

5.1.2 立卷应遵循下列原则：

1 立卷应遵循工程文件自然形成的规律和工程专业的特点，保持卷内文件的有机联系，便于档案的保管和利用；

2 工程文件应按不同的形成、整理单位及建设程序，按工程准备阶段文件、监理文件、施工文件、竣工图、竣工验收文件分别立卷，并可根据数量多少组成一卷或多卷；

3 一项建设工程由多个单位工程组成时，工程文件应按单位工程立卷；

4 不同载体的文件应分别立卷。

5.1.3 立卷应采用下列方法：

1 工程准备阶段文件可按建设程序、形成单位等进行立卷；

2 监理文件可按单位工程、分部工程或专业、阶段等进行立卷；

3 施工文件可按单位工程、分部（分项）工程进行立卷；

4 竣工图应按单位工程分专业进行立卷；

5 竣工验收文件按单位工程分专业进行立卷。

6 电子文件立卷时，每个工程（项目）应建立多级文件夹，与纸质文件在案卷设置上一致，并应建立相应的标识关系；

7 声像资料应按建设工程各阶段立卷，重大事件及重要活动的声像资料应按专题立卷，声像档案和纸质档案应建立相应的标识关系。

5.1.4 施工文件立卷应符合下列要求：

1　专业承(分)包施工的分部、自分部(分项)工程应分别单独立卷;

　　2　室外工程应按室外建筑环境和室外安装工程单独立卷;

　　3　当施工文件中部分内容不能按一个单位工程分类立卷时,可按建设工程立卷。

5.1.5　不同幅面的工程图纸,应统一折叠成 A4 幅面(297mm×210mm)。应图面朝内,首先沿标题栏的短边方向以 W 形折叠,然后再沿标题栏的长边方向以 W 形折叠,并使标题栏露在外面。

5.1.6　案卷不宜过厚,文字材料卷厚度不宜超过 20mm,图纸卷厚度不宜超过 50mm。

5.1.7　卷内不应有重份文件。印刷成册的工程文件宜保持原状。

5.1.8　建设工程电子文件的组织和排序可按纸质文件进行。

5.2　卷内文件的排列

5.2.1　卷内文件应按本规范附录 A 和附录 B 的类别和顺序排列。

5.2.2　文字材料应按事项、专业顺序排列。同一事项的请示与批复、同一文件的印本与定稿、主体与附件不能分开,并应按批复在前、请示在后,印本在前、定稿在后,主体在前、附件在后的顺序排列。

5.2.3　图纸应按专业排列,同专业图纸应按图纸号顺序排列。

5.2.4　当案卷内既有文字材料又有图纸时,文字材料应排列在前面,图纸应排列在后面。

5.3　案卷的编目

5.3.1　编制卷内文件页号应符合下列规定:

　　1　卷内文件均按有书写内容的页面编号。每卷单独编号,页号从"1"开始。

2 页号编写位置：单面书写的文件在右下角；双面书写的文件，正面在右下角，背面在左下角。折叠后的图纸一律在右下角。

3 成套图纸或印刷成册的科技文件材料，自成一卷的，原目录可代替卷内目录，不必重新编写页码。

4 案卷封面、卷内目录、卷内备考表不编写页号。

5.3.2 卷内目录的编制应符合下列规定：

1 卷内目录排列在卷内文件首页之前，式样宜符合本规范附录C的要求。

2 序号应以一份文件为单位编写，用阿拉伯数字从1依次标注。

3 责任者应填写文件的直接形成单位和个人。有多个责任者时，应选择两个主要责任者，其余用"等"代替。

4 文件编号应填写形成单位的发文号或图纸的图号，或设备、项目的代号。

5 文件题名应填写文件标题的全称。当文件无标题时，应根据内容拟写标题，拟写标题外应加"〔 〕"符号。

6 日期应填写文件形成的日期或文件起止日期，竣工图应填写编制日期。日期中"年"应用四位数字表示，"月"和"日"应分别用两位数字表示。

7 页次应填写文件在卷内所排的起始页号，最后一份文件填写起止页号。

8 备注应填写说明的问题。

5.3.3 卷内备考表的编制应符合下列规定：

1 卷内备考表应排列在卷内文件的尾页之后，式样应符合本规范附录D的要求；

2 卷内备考表主要标明卷内文件的总页数、各类文件页数、照片张数及立卷单位对案卷情况的说明。

3 立卷单位的立卷人和审核人应在卷内备考表上签名；年、月、日应按立卷、审核时间填写。

5.3.4 案卷封面的编制应符合下列规定：

1 案卷封面印刷在卷盒、卷夹的正表面，也可采用内封面形式。案卷封面的式样宜符合附录E的要求。

2 案卷封面的内容应包括档号、案卷题名、编制单位、起止日期、密级、保管期限、本案卷所属工程的案卷总量、本案卷在该工程案卷中总量中的排序。

3 档号应由分类号、项目号和案卷号组成。档号由档案保管单位填写。

4 案卷题目应简明、准确地揭示卷内文件的内容。

5 编制单位应填写卷内文件的形成单位或主要责任者。

6 起止日期应填写案卷内全部文件形成的起止日期。

7 保管期限应根据卷内文件的保存价值在永久保管、长期保管、短期保管三种保管期限中选择划定。当一案卷内有不同保管期限的文件时，该案卷的保管期限应从长。

8 密级应在绝密、机密、秘密三个级别中选择划定。当同一案卷内有不同密级的文件时，应以高密级为本卷密级。

5.3.5 编写案卷题名，应该符合下列规定：

1 建筑工程案卷题名应包括工程名称（含单位工程名称）、分部工程或专业名称及卷内文件概要等内容；当房屋建筑有地名管理机构批准的名称时，应以正式名称为工程名称，建设单位名称可以省略；必要时可增加工程地址内容；

2 道路、桥梁工程案卷题名应包括工程名称（含单位工程名称）、分部工程或专业名称及卷内文件概要等内容；必要时可增加工程地址内容；

3 地下管线工程案卷题名应包括工程名称（含单位工程名称）、专业管线名称和卷内文件概要等内容；必要时可增加工程地址内容；

4 卷内文件概要应符合本规范附录A中所列案卷内容（标题）的要求；

5 外文资料的题名及主要内容应译成中文。

5.3.6 案卷脊背应有档号、卷号题目构成,由档案保管单位填写;式样应符合本规范附录E的规定。

5.3.7 卷内目录、卷内备考表、案卷内封面宜采用70g以上白色书写纸制作,幅面应统一采用A4幅面。

5.4 案卷装订与装具

5.4.1 案卷可采用装订与不装订两种形式。文字材料必须装订。装订时不应破坏文件的内容,并应保持整齐、牢固,便于保管和利用。

5.4.2 案卷装具可采用卷盒、卷夹两种形式,并符合下列规定:

1 卷盒的外表尺寸为310mm×220mm,厚度分别为20、30、40、50mm。

2 卷夹的外表尺寸为310mm×220mm,厚度一般为20~30mm。

3 卷盒、卷夹应采用无酸纸制作。

5.5 案卷目录制作

5.5.1 案卷应按本规范附录A和附录B的类别和顺序排列。

5.5.2 案卷目录的编制应符合下列规定:

1 案卷目录式样应符合本规范附录G的要求;

2 编制单位应填写负责立卷的法人组织或主要责任者;

3 编制日期应填写完成立卷工作的日期。

6 工程文件归档

6.0.1 归档应符合下列规定:

1 归档文件范围和质量应符合本规范第4章的规定;

2 归档文件必须加工分类整理,并符合本规范第5章的规定。

6.0.2 电子文件归档应包括在线式归档和离线式归档两种形式。可根据实际情况选择其中一种或两种方式进行归档。

6.0.3 归档时间应符合下列规定:

1 根据建设程序和工程特点，归档可以分阶段分期进行，也可以在单位或分部工程通过竣工验收后进行。

2 勘察、设计单位应当在任务完成后，施工、监理单位应当在工程竣工验收前，将各自形成的有关工程档案向建设单位归档。

6.0.4 勘察、设计、施工单位在收齐工程文件并整理立卷后，建设单位、监理单位应根据城建档案管理机构的要求，对档案文件完整、准确、系统情况和案卷质量进行审查。审查合格后方可向建设单位移交。

6.0.5 工程档案的编制不得少于两套，一套由建设单位保管，一套（原件）移交当地城建档案管理机构保存。

6.0.6 勘察、设计、施工、监理等单位向建设单位移交档案时，应编制移交清单，双方签字、盖章后方可交接。

6.0.7 设计、施工及监理单位需要向本单位归档的文件，应按国家有关规定和本规范附录A、附录B的要求立卷归档。

7 验收移交

7.0.1 列入城建档案管理机构档案接收范围的工程，竣工验收前，应提请城建档案管理机构应对工程档案进行预验收。

7.0.2 城建档案管理部门在进行工程档案预验收时，应查验下列主要内容：

1 工程档案齐全、系统、完整，全面反映工程建设活动和工程实际情况；

2 工程档案已整理立卷，立卷符合本规范的规定；

3 竣工图绘制方法、图式及规格等符合专业技术要求，图面整洁，盖有竣工图章；

4 文件的形成、来源符合实际，要求单位或个人签章的文件，其签章手续完备；

5 文件材质、幅面、书写、绘图、用墨、托裱等符合要求。

6 电子档案格式、载体等符合要求；

7 声像档案内容、质量、格式符合要求。

7.0.3 列入城建档案管理机构接收范围的工程，建设单位在工程竣工验收后3个月内，必须向城建档案管理机构移交一套符合规定的工程档案。

7.0.4 停建、缓建建设工程的档案，可暂由建设单位保管。

7.0.5 对改建、扩建和维修工程，建设单位应当组织设计、施工单位对改变部位据实编制新的工程档案，并应在工程竣工验收后3个月内向城建档案管理机构移交。

7.0.6 建设单位向城建档案管理机构移交工程档案时，应提交移交案卷目录，办理移交手续，双方签字、盖章后方可交接。

由于篇幅所限，本规范附录、用词说明、引用标准目录等不再一一列举。

9.2 《建设电子文件与电子档案管理规范》(CJJ/T 117—2007)

1 总　则

1.0.1 为加强建设电子文件的归档与管理，建立真实、准确、完整、有效的建设电子档案，保障建设电子文件和电子档案的安全保管与有效开发利用，制定本规范。

1.0.2 本规范适用于建设系统业务管理电子文件和建设工程电子文件的归档和管理。

1.0.3 建设电子文件归档与电子档案管理除执行本规范外，尚应执行国家现行有关标准的规定。

2 术　语

2.0.1 建设电子文件　electronic construction records

在城乡规划、建设及其管理活动中通过数字设备及环境生成，以数码形式存储于磁带、磁盘或光盘等载体，依赖计算机等数字设备阅读、处理,并可在通信网络上传送的文件。主要包括建设系统业务管理电子文件和建设工程电子文件两大类。

2.0.2 建设系统业务管理电子文件 electronic records of construction professional administration

建设系统各行业、专业管理部门(包括城乡规划、城市建设、村镇建设、建筑业、住宅房地产业、勘察设计咨询业、市政公用事业等行政管理部门,以及供水、排水、燃气、热力、园林、绿化、市政、公用、市容、环卫、公共客运、规划、勘察、设计、抗震、人防等专业管理单位)在业务管理和业务技术活动中通过数字设备及环境生成的,以数码形式存储于磁带、磁盘或光盘等载体,依赖计算机等数字设备阅读、处理,并可在通信网络上传送的业务及技术文件。

2.0.3 建设工程电子文件 electronic records of construction engineering

在工程建设过程中通过数字设备及环境生成,以数码形式存储于磁带、磁盘或光盘等载体,依赖计算机等数字设备阅读、处理,并可在通信网络上传送的文件。建设工程电子文件主要包括工程准备阶段电子文件、监理电子文件、施工电子文件、竣工图电子文件和竣工验收电子文件。建设工程电子文件可简称为工程电子文件。

2.0.4 建设电子档案 electronic construction archives

具有参考和利用价值并作为档案保存的建设电子文件及相应的支持软件、参数和其他相关数据。主要包括建设系统业务管理电子档案和建设工程电子档案。

2.0.5 真实性 authenticity

电子文件的内容、结构和背景信息等与形成时的原始状况一致。

2.0.6 完整性 integrity

电子文件的内容、结构、背景信息、元数据等无缺损。

2.0.7 有效性 utility

电子文件的可理解性和可被利用性,包括信息的可识别性、存储系统的可靠性、载体的完好性和兼容性等。

2.0.8 元数据 metadata

描述电子文件的背景、内容、结构及其整个管理过程的数据。

2.0.9 在线式归档 on-line filing

通过计算机网络，将电子文件及相关数据向档案部门移交的过程。

2.0.10 离线式归档 off-line filing

将应归档的电子文件及相关数据存储到可脱机存储的载体上向档案部门移交的过程。

2.0.11 固化 fixing

为避免电子文件因动态因素造成信息缺损的现象，而将其转换为一种相对稳定的通用文件格式的过程。

2.0.12 迁移 migration

将源系统中的电子文件向目标系统进行转移存储的方法与过程。

2.0.13 建设电子文件归档与管理系统 filing and management system of electronic construction records

对建设电子文件进行整理归档及管理的信息系统，具有确定归档范围与保管期限、登记、分类、著录、存储、保管、利用及数据交换等功能。该系统包括两个类型，建设系统业务管理电子文件归档与管理系统和建设工程电子文件归档与管理系统。

3 基本规定

3.0.1 建设系统业务管理电子文件形成单位和建设工程电子文件形成单位应加强对电子文件归档的管理，将电子文件的形成、收集、积累、整理和归档纳入文件管理工作程序，明确责任岗位，指定专人管理。

3.0.2 建设系统业务管理电子文件形成单位的档案部门负责监督和指导本单位建设系统业务管理电子文件的收集、整理和归档，并定期向当地城建档案馆（室）移交建设系统业务管理电子档案。

3.0.3 在建设工程电子文件的整理归档与电子档案的验收移交工作中，建设单位应履行下列职责：

1 在建设工程招标及与勘察、设计、施工、监理等单位签订协议、合同时，对工程电子文件的套数、质量、移交时间等提出明确要求；

2 收集和积累工程准备阶段、竣工验收阶段形成的电子文件，并进行整理归档；

3 组织、监督和检查勘察、设计、施工、监理等单位工程电子文件的形成、积累和整理归档工作；

4 收集和汇总勘察、设计、施工、监理等单位形成的工程电子档案；

5 在组织工程竣工验收前，提请当地建设（城建）档案管理机构对工程纸质档案进行预验收时，应同时提请对工程电子档案进行预验收；

6 对列入城建档案馆（室）接收范围的工程，按规定向当地城建档案馆（室）移交工程电子档案。

3.0.4 勘察、设计、施工、监理及测量等单位应将本单位形成的工程电子文件整理归档后向建设单位移交。建设（城建）档案管理机构应对建设工程电子文件的整理归档工作进行监督、检查、指导和预验收。

3.0.5 对具有永久保存价值的可输出打印型电子文件，建设电子文件形成单位必须将其制成纸质文件或缩微品等。归档时，应同时保存文件的电子版本，纸质版本或缩微品，并在内容、格式、相关说明及描述上保持一致，且二者之间必须建立关联。

3.0.6 建设电子文件形成单位应建立建设电子文件归档与管理系统，实现建设电子文件自形成到归档、保管、利用过程中电子文件及其著录数据、元数据的连续管理。

3.0.7 建设电子文件形成单位和建设电子档案保管单位应采取措施,保证建设电子文件的真实性、完整性、有效性和安全性,并应符合以下规定:

1 应建立规范的制度和工作程序并结合相应的技术措施,从建设电子文件形成开始不间断地对有关处理操作进行管理登记,保证建设电子文件的产生、处理过程符合规范。

2 应采取安全防护技术措施,保证建设电子文件的真实性。

3 应建立建设电子文件完整性管理制度并采取相应的技术措施采集背景信息和元数据。

4 应建立建设电子文件有效性管理制度并采取相应的技术保证措施。

5 建设电子文件的处理和保存应符合国家的安全保密规定,针对自然灾害、非法访问、非法操作、病毒等采取与系统安全和保密等级要求相符的防范对策。

3.0.8 建设电子文件形成单位与建设(城建)档案管理机构应对建设电子文件加强前端控制,实行全过程的管理与监控,保证管理工作的连续性。

3.0.9 建设(城建)档案管理机构应根据建设行业信息化现状,及时提出建设电子文件归档的技术性指导意见。建设电子文件形成单位据此明确规定各类建设电子文件归档的具体要求,保证归档质量。

4 电子文件的代码标识、格式与载体

4.0.1 电子文件的代码应包括稿本代码和类别代码。

1. 稿本代码应按表 4.0.1-1 标识。

稿本代码   表 4.0.1-1

稿本	代码
草稿性电子文件	M
非正式电子文件	U
正式电子文件	F

2. 类别代码应按表4.0.1-2标识。

类别代码 表4.0.1-2

文件类别	代码
文本文件（Text）	T
图像文件（Tmage）	T
图形文件（Graphice）	G
影像文件（Video）	V
声音文件（Audio）	A
程序文件（Program）	P
数据文件（Data）	D

4.0.2 各种不同电子文件的存储应采用通用格式。通用格式应符合表4.0.2的规定。

各类电子文件的通用格式 表4.0.2

文件类别	通用格式
文件文本	XML、DOC、TXT、RTF
表格文件	XLS、ET
图像文件	GPEG、TIFF
图形文件	DWG
影像文件	MPEG、AVI
声音文件	WAV、MP3

4.0.3 各种不同类别电子文件的存储亦可采用国务院建设行政主管部门和信息化主管部门认可的，能兼容各种电子文件的通用文档格式。

4.0.4 脱机存储电子档案的载体应采用一次写光盘、磁带、可擦写光盘、硬磁盘等。移动硬盘、优盘、软磁盘等不宜作为电子档案长期保存的载体。

5 建设电子文件的收集与积累

5.1 收集积累的范围

5.1.1 凡是在城乡规划、建设及其管理等活动中形成的具有重要凭证、依据和参考价值的电子文件和数据等都应属于建设系统业务管理电子文件的收集范围。

5.1.2 凡是记录与工程建设有关的重要活动、记载工程建设主要过程和现状的具有重要凭证、依据和参考价值的电子文件和相关数据等都应属于建设工程电子文件的收集范围。各类建设工程电子文件的具体收集范围应按照《建设工程文件归档规范》(GB/T 50328—2014) 规定的收集范围进行。

5.2 收集积累的要求

5.2.1 建设电子文件形成单位必须做好电子文件的收集积累工作。

5.2.2 建设电子文件的内容必须真实、准确。工程电子文件内容必须与工程实际相符合,且内容及深度必须符合国家有关工程勘察、设计、施工、监理、测量等方面的技术规范、标准和规程。

5.2.3 记录了重要文件的主要修改过程和办理情况,有参考价值的建设电子文件的不同稿本均应保留。

5.2.4 凡是属于收集积累范围的建设电子文件,收集积累时均应进行登记。登记时必须按照本规范附录A、附录B的要求,填写建设电子文件(档案)的案卷级和文件级登记表。

5.2.5 应采取严密的安全措施,保证建设电子文件在形成和处理过程中不被非正常改动。积累过程中更改建设系统业务管理电子文件或建设工程电子文件应按本规范附录C的要求,填写《建设电子文件更改记录表》。

5.2.6 应定期备份建设电子文件,并存储于能够脱机保存的载体上。对于多年才能完成的项目,应实行分段积累,宜一年拷贝一次。

5.2.7 对通用软件产生的建设电子文件,应同时收集其软件型号、名称、版本号和相关参数手册、说明资料等。专用软件产生的建设电子文件应转换成通用型建设电子文件。

5.2.8 对内容信息是由多个子电子文件或数据链接组合而

成的建设电子文件，链接的电子文件或数据必须一并归档，并保证其可准确还原；当难以保证归档建设电子文件的完整性与稳定性时，可采取固化的方式将其转换为一种相对稳定的通用文件格式。

5.2.9 与建设电子文件的真实性、完整性、有效性、安全性等有关的管理控制信息（如电子签章等）必须与建设电子文件一同收集。

5.2.10 对采用统一套用格式的建设电子文件，在保证能恢复原格式形态的情况下，其内容信息可不按原格式存储。

5.2.11 计算机系统运行和信息处理等过程中涉及与建设电子文件处理有关的著录数据、元数据等必须与建设电子文件一同收集。

5.3 收集积累的程序

5.3.1 收集积累建设电子文件，均需进行登记，并应符合以下规定：

1 工作人员应按本单位文件归档和保管期限的规定，从电子文件生成起对需归档的电子文件性质、类别、期限等进行标记。

2 应运用建设电子文件归档与管理系统对每份建设电子文件进行登记，电子文件登记表应与电子文件同时保存。

5.3.2 对已登记的建设电子文件必须进行初步鉴定，并将鉴定结果录入建设电子文件归档与管理系统。

5.3.3 对经过初步鉴定的建设电子文件应进行著录，并将结果录入建设电子文件归档与管理系统。

5.3.4 对已收集积累的建设电子文件，应按业务案件或工程项目来组织存储。

5.3.5 对存储的建设电子文件的命名，宜由三位阿拉伯数字或三位阿拉伯数字加汉字组成，数字是本文件保管单元内电子文件编排顺序号，汉字部分则体现本电子文件的内容及特征或图纸的专业名称和编号。建设电子文件保管单元的命名规则可按照建设电子文件的命名规则进行。

5.3.6 建设电子文件与相应的纸质文件应建立关联，在内容、相关说明及描述上应保持一致。

6 建设电子文件的整理、鉴定与归档

6.1 整理

6.1.1 建设电子文件的形成单位应做好电子文件的整理工作。

6.1.2 对于建设系统业务管理电子文件或建设工程电子文件，业务案件办理完结或工程项目完成后，应在收集积累的基础上，对该案件或项目的电子文件进行整理。

6.1.3 整理应遵循建设系统业务管理电子文件或建设工程电子文件的自然形成规律，保持案件或项目内建设电子文件间的有机联系，便于建设电子档案的保管和利用。

6.1.4 同一个保管单元内建设电子文件的组织和排序可按相应的建设纸质文件整理要求进行。

6.1.5 建设电子文件的分类应按照《城建档案分类大纲》进行。

6.1.6 建设电子文件的著录应按照《城建档案著录规范》（GB/T 50323—2001）进行，同时应按照保证其真实性、完整性、有效性的要求补充建设电子文件特有的著录项目和其他标识信息与数据。

6.2 鉴定

6.2.1 鉴定工作应贯穿于建设电子文件归档与电子档案管理的全过程。电子文件的鉴定工作，应包括对电子文件的真实性、完整性、有效性的鉴定及确定归档范围和划定保管期限。

6.2.2 归档前，建设电子文件形成单位应按照规定的项目，对建设电子文件的真实性、完整性和有效性进行鉴定。

6.2.3 建设电子文件的归档范围、保管期限应按照国家关于建设纸质文件材料归档范围、保管期限的有关规定执行。建设电子文件元数据的保管期限应与内容信息的保管期限一致。

6.3 归档

6.3.1 建设电子文件形成单位应定期把经过鉴定合格的电子文件向本单位档案部门归档移交。

6.3.2 归档的建设电子文件应符合下列要求：

1 已按电子档案管理要求的格式将其存储到符合保管要求的脱机载体上。

2 必须完整、准确、系统，能够反映建设活动的全过程。

6.3.3 建设电子文件的归档方式包括在线式归档和离线式归档。可根据实际情况选择其中的一种或两种方式进行电子文件的归档。

6.3.4 建设系统业务管理电子文件的在线式归档可实时进行；离线式归档应与相应的建设系统业务管理纸质或其他载体形式文件归档同时进行。工程电子文件应与相应的工程纸质或其他载体形式的文件同时归档。

6.3.5 建设电子文件形成单位在实施在线式归档时，应将建设电子文件的管理权从网络上转移至本单位档案部门，并将建设电子文件及其元数据等通过网络提交给档案部门。

6.3.6 建设电子文件形成单位在实施离线式归档时，应按下列步骤进行：

1 将已整理好的建设电子文件及其著录数据、元数据、各种管理登记数据等分案件（或项目）按要求从原系统中导出；

2 将导出的建设电子文件及其著录数据、元数据、各种管理登记数据等按照要求存储到耐久性好的载体上，同一案件（或项目）的电子文件及其著录数据、元数据、各种各种管理登记数据等必须存储在同一载体上。

3 对存储的建设电子文件进行检验。

4 在存储建设电子文件的载体或装具上编制封面。封面内容的填写应符合本规范附录D的要求，同时存储载体应设置成禁止写操作的状态。

5 将存储建设电子文件并贴好封面的载体移交给本单位档

案部门。

6 归档移交时，交接双方必须办理归档移交手续。档案部门必须对归档的建设电子文件进行检验，并按照本规范附录E的要求填写《建设电子档案移交、接收登记表》。交接双方负责人必须签署审核意见。当文件形成单位采用了某些技术方法保证电子文件的真实性、完整性和有效性时，则应把其技术方法和相关软件一同移交给接收单位。

6.4 检验

6.4.1 建设系统业务管理电子文件形成部门在向本单位档案部门移交电子文件之前，以及本单位档案部门在接收电子文件之前，均应对移交的载体及其技术环境进行检验，检验合格后方可进行交接。

6.4.2 勘察、设计、施工、监理、测量等单位形成的工程电子档案应由建设单位进行检验。检验审查合格后向建设单位移交。

6.4.3 在对建设电子档案进行检验时，应重点检查以下内容：

1 建设电子档案的真实性、完整性、有效性；
2 建设电子档案与纸质档案是否一致、是否已建立关联；
3 载体有无病毒、有无划痕；
4 登记表、著录数据、软件、说明资料等是否齐全。

6.5 汇总

6.5.1 建设单位应将勘察、设计、施工、监理、测量等单位移交的工程电子档案及相关数据与本单位形成的工程前期电子档案及验收电子档案一起按项目进行汇总，并对汇总后的工程电子档案按本规范第6.4.3条的要求进行检验。

7 建设电子档案的验收与移交

7.1 建设系统业务管理电子档案的移交。

7.1.1 建设系统业务管理电子档案形成单位应按照有关规定，定期向城建档案馆（室）移交已归档的建设系统业务管理电子档案。移交方式包括在线式和离线式。

7.1.2 凡已向城建档案馆（室）移交建设系统业务管理电子档案的单位，如工作中确实需要继续保存纸质档案的，可适当延缓向城建档案馆（室）移交纸质档案的时间。

7.2 建设工程电子档案的验收与移交

7.2.1 建设单位在组织工程竣工验收前，提请当地建设（城建）档案管理机构对工程纸质档案进行预验收时，应同时提请对工程电子档案进行预验收。

7.2.2 列入城建档案馆（室）接收范围的建筑工程，建设单位向城建档案馆（室）移交过程图纸时，应当同时移交一套工程电子档案。

7.2.3 停建、缓建建设工程的电子档案，暂由建设单位保管。

7.2.4 对改建、扩建和维修工程，建设单位应当组织设计、施工单位据实修改、补偿、完善原工程电子文档。对改变的部位，应当重新编制工程电子档案，并和重新编制的工程纸质档案一起向城建档案馆（室）移交。

7.3 办理移交手续

7.3.1 城建档案馆（室）接收建设电子档案时，应按照本规范6.4.3条的要求对电子档案在此检验，检验合格后，将检验结果按照常规范附录E的要求，填入《建设电子档案移交、接收登记表》、交接双方签字、盖章。

7.3.2 登记表应一式两份，移交和接收单位各存一份。

8 建设电子档案的管理

8.1 脱机保管

8.1.1 建设电子档案的保管单位应配备必要的计算机及软、硬件系统，实现建设电子档案的在线管理与集成管理。并将建设电子档案的转存和迁移结合起来，定期将在线建设电子档案按要求转存为一套脱机保管的建设电子档案，以保障建设电子档案的安全保存。

8.1.2 脱机建设电子档案（载体）应在符合保管条件的环境中存放，一式3套，一套封存保管，一套异地保存，一套提供利用。

8.1.3 脱机建设电子档案的保管，应符合下列条件：

1 归档载体应作防改写处理。不得擦、划、触摸记录涂层；

2 环境温度应保持在17～20℃之间；相对湿度应保持在35%～45%之间；

3 存放时应注意远离强磁场，并与有害气体隔离；

4 存放地点必须做到防火、防虫、防鼠、防盗、防尘、防湿、防高温、防光；

5 单片载体应装盒，竖立存放，且避免挤压。

8.1.4 建设电子档案在形成单位的保管，应按照本规范8.1.3条的要求执行。

8.2 有效存储

8.2.1 建设电子档案保管单位应每年对电子档案读取、处理设备的更新情况进行一次检查登记。设备环境更新时应确认库存载体与新设备的兼容性，如不兼容，必须进行载体转换。

8.2.2 对所保存的电子档案载体，必须进行定期检测及抽样机读检验，如发现问题应及时采取恢复措施。

8.2.3 应根据载体的寿命，定期对磁性载体、光盘载体等载体的建设电子档案进行转存。转存时必须进行登记，登记内容应按本规范附录F的要求填写。

8.2.4 在采取各种有效存储措施后，原载体必须保留三个月以上。

8.3 迁移

8.3.1 建设电子档案保管单位必须在计算机软、硬件系统更新前或电子文件格式淘汰前，将建设电子档案迁移到新的系统中或进行格式转换，保证其在新环境中完全兼容。

8.3.2 建设电子档案迁移时必须进行数据校验，保证迁移前后数据的完全一致。

8.3.3 建设电子档案迁移时必须进行迁移登记，登记内容应按本规范附录 G 的要求填写。

8.3.4 建设电子档案迁移后，原格式电子档案必须同时保留的时间不少于 3 年，但对于一些较为特殊必须以原始格式进行还原显示的电子档案，可采用保存原始档案的电子图像。

8.4 利用

8.4.1 建设电子档案保管单位应编制各种检索工具，提供在线利用和信息服务。

8.4.2 利用时必须严格遵守国家保密法规和规定。凡利用互联网发布或在线利用建设电子档案时，应报请有关部门审核批准。

8.4.3 对具有保密要求的建设电子档案采用联网的方式利用时，必须按照国家、地方及部门有关计算机和网络保密安全管理的规定，采取必要的安全保密措施，报经国家或地方保密管理部门审批，确保国家利益和国家安全。

8.4.4 利用时应采取在线利用或使用拷贝件，电子档案的封存载体不得外借。脱机建设电子档案（载体）不得外借，未经批准，任何单位或人员不得擅自复制、拷贝、修改、转送他人。

8.4.5 利用者对电子档案的使用应在权限规定范围之内。

8.5 鉴定销毁

8.5.1 建设电子档案的鉴定销毁，应按照国家关于档案鉴定销毁的有关规定执行。销毁建设电子档案必须在办理审批手续后实施，并按本规范附录 H 的要求，填写《建设电子档案销毁登记表》。

8.6 统计

8.6.1 建设电子档案保管单位应及时按年度对建设电子档案的接收、保管、利用及鉴定销毁等情况进行统计。

9.3 建筑施工规范强制性条文

本节各表格中条目是指该类工程施工验收规范中强制性条文所在的章、条、款的编号。

1. 地下防水工程规范强制性条文

地下防水工程规范强制性条文见表9-1。

地下防水工程规范强制性条文　　　　表 9-1

条目	内容
3.0.6	地下防水工程所使用的防水材料，应有产品的合格证书和性能检测报告，材料的品种、规格、性能等应符合现行国家产品标准和设计要求。对进场的防水材料应按本规范附录A和附录B的规定抽样复验，并提出试验报告；不合格的材料不得在工程中使用
4.1.8	防水混凝土的抗压强度和抗渗压力必须符合设计要求。 检验方法：检查混凝土抗压、抗渗试验报告
4.1.9	防水混凝土的变形缝、施工缝、后浇带、穿墙管道、埋设件等设置和构造，均须符合设计要求，严禁有渗漏
5.1.10	喷射混凝土抗压强度、抗渗压力及锚杆抗拔力必须符合设计要求

2. 电梯工程规范强制性条文

电梯工程强制性条文见表9-2所示。

电梯工程强制性条文　　　　表 9-2

条目	内容
4.2.3	井道必须符合下列规定： (1) 当底坑底面下有人员能到达的空间存在，且对重（或平衡重）上未设有安全钳装置时，对重缓冲器必须能安装在（或平衡重运行区域的下边）必须一直延伸到坚固地面上的实心桩墩上； (2) 电梯安装之前，所有层门预留孔必须设有高度不小于1.2m的安全保护围封，并应保证有足够的强度； (3) 当相邻两层门地坎间的距离大于11m时，其间必须设置井道安全门，井道安全门严禁向井道内开启，且必须装有安全门处于关闭时电梯才能运行的电气安全装置。当相邻轿厢间有相互救援用轿厢安全门时，可不执行本款
4.5.2	层门强迫关门装置必须动作正常

续表

条目	内 容
4.5.3	动力操纵的水平滑动门在关门开始的1/3行程之后,阻止关门的力严禁超过150N
4.5.4	层门锁钩必须动作灵活,在证实锁紧的电气安全装置动作之前,锁紧元件的最小啮合长度为7mm
4.8.1	限速器动作速度整定封记必须完好,且无拆动痕迹
4.8.2	当安全钳可调节时,整定封记应完好,且无拆动痕迹
4.9.1	绳头组合必须安全可靠,且每个绳头组合必须安装防螺母松动和脱落的装置
4.10.1	电气设备接地必须符合下列规定: (1) 所有电气设备及导管、线槽的外露可导电部分均必须可靠接地(PE) (2) 接地支线应分别直接接至接地干线接线柱上,不得互相连接后再接地
4.10.2	导体之间和导体对地之间的绝缘电阻必须大于$1000\Omega/V$,且其值不得小于: (1) 动力电路和电气安全装置电路:$0.5M\Omega$; (2) 其他电路(控制、照明、信号等):$0.25M\Omega$
4.11.3	层门与轿门的试验必须符合下列规定: (1) 每层层门必须能够用三角钥匙正常开启; (2) 当一个层门或轿门(在多扇门中任何一扇门)非正常打开时,电梯严禁启动或继续运行
6.2.2	在安装之前,井道周围必须设有保证安全的栏杆或屏障,其高度严禁小于1.2m

3. 钢结构工程强制性条文

钢结构工程强制性条文见表9-3。

钢结构工程强制性条文　　　表9-3

条目	内 容
4.2.1	钢材、钢铸件的品种、规格、性能等应符合现行国家产品标准和设计要求。进口钢材产品的质量应符合设计和合同规定标准的要求
4.3.1	焊接材料的品种、规格、性能等应符合现行国家产品标准和设计要求

续表

条目	内容
4.4.1	钢结构连接用高强度大六角头螺栓连接副、扭剪型高强度螺栓连接副、钢网架用高强度螺栓、普通螺栓、铆钉、自攻钉、拉铆钉、射钉、锚栓（机械型和化学试剂型）、地脚锚栓等紧固标准件及螺母、垫圈等标准配件，其品种、规格、性能等应符合现行国家产品标准和设计要求。高强度大六角头螺栓连接副和扭剪型高强度螺栓连接副出厂时应分别随箱带有扭矩系数和紧固轴力（预拉力）的检验报告
12.3.4	钢网架结构总拼完成后及屋面工程完成后应分别测量其挠度值，且所测的挠度值不应超过相应设计值的 1.15 倍
14.2.2	涂料、涂装遍数、涂层厚度均应符合设计要求。当设计对涂层厚度无要求时，涂层干漆膜总厚度：室外应为 150μm，室内应为 125μm，其允许偏差为 −25μm。每遍涂层干漆膜厚度的允许偏差为 −5μm
14.3.3	薄涂型防火涂料的涂层厚度应符合有关耐火极限的设计要求。厚涂型防火涂料涂层的厚度，80% 及以上面积应符合有关耐火极限的设计要求，且最薄处厚度不应低于设计要求的 85%

4. 混凝土工程强制性条文

混凝土工程强制性条文见表 9-4。

混凝土工程强制性条文　　　表 9-4

条目	内容
1.1	模板及其支架应根据工程结构形式、荷载大小、地基土类别、施工设备和材料供应等条件进行设计。模板及其支架应具有足够的承载能力、刚度和稳定性，能可靠地承受浇筑混凝土的重量、侧压力以及施工荷载
5.1.1	当钢筋的品种、级别或规格需作变更时，应办理设计变更文件
5.2.1	钢筋进场时，应按现行国家标准《钢筋混凝土用钢》（GB 1499）等的规定抽取试样做力学性能检验，其质量必须符合有关标准的规定。检查数量：按进场的批次和产品的抽样检验方案确定；检验方法：检查产品合格证、出厂检验报告和进场复验报告
5.2.2	对有抗震设防要求的框架结构，其纵向受力钢筋的强度应满足设计要求；当设计无具体要求时，对一、二级抗震等级，检验所得的强度实测值应符合下列规定： （1）钢筋的抗拉强度实测值与屈服强度实测值的比值不应小于 1.25； （2）钢筋的屈服强度实测值与强度标准值的比值不应大于 1.3。检查数量：按进场的批次和产品的抽样检验方案确定。检验方法：检查进场复验报告

续表

条目	内 容
6.2.1	预应力筋进场时，应按现行国家标准《预应力混凝土用钢绞线》（GB/T 5224）等的规定抽取试件做力学性能检验，其质量必须符合有关标准的规定。检查数量：按进场的批次和产品的抽样检验方法确定。检验方法：检查产品合格证、出厂检验报告和进场复验报告
6.3.1	预应力筋安装时，其品种、级别、规格、数量必须符合设计要求。检查数量：全数检查。检验方法：观察，钢尺检查
6.4.4	张拉过程中应避免预应力筋断裂或滑脱；当发生断裂或滑脱时，必须符合下列规定： （1）对后张法预应力结构构件，断裂或滑脱的数量严禁超过同一截面预应力筋总根数的3%，且每束钢丝不得超过一根；对多跨双向连续板，其同一截面应按每跨计算； （2）对先张法预应力混凝土构件，在浇筑混凝土前发生断裂或脱落的预应力筋必须予以更换。检查数量：全数检查。检验方法：观察，检查张拉记录
7.2.1	水泥进场时应对其品种、级别、包装或散装仓号、出厂日期等进行检查，并应对其强度、安定性及其他必要的性能指标进行复验，其质量必须符合现行国家标准《通用硅酸盐水泥》（GB 175）等的规定。当在使用中对水泥质量有怀疑或水泥出厂超过三个月（快硬硅酸盐水泥超过一个月）时，应进行复验，并按复验结果使用。钢筋混凝土结构、预应力混凝土结构中，严禁使用含氯化物的水泥。检查数量：按同一生产厂家、同一等级、同一品种、同一批号且连续进场的水泥，袋装不超过200t为一批，散装不超过500t为一批，每批抽样不少于一次。检验方法：检查产品合格证、出厂检验报告和进场复验报告
7.2.2	混凝土中掺用外加剂的质量及应用技术应符合现行国家标准《混凝土外加剂》（GB 8076）、《混凝土外加剂应用技术规范》（GB 50119）等和有关环境保护的规定。预应力混凝土结构中，严禁使用含氯化物的外加剂。钢筋混凝土结构中，当使用含氯化物的外加剂时，混凝土中氯化物的含量应符合现行国家标准《混凝土质量控制标准》（GB 50164）的规定。检查数量：按进场的批次和产品的抽样检验方法确定。检验方法：检查产品合格证、出厂检验报告和进场复验报告
7.4.1	结构混凝土的强度等级必须符合设计要求。用于检查结构构件混凝土强度的试件应在混凝土的浇筑地点随机抽取。取样与试件留置应符合下列规定： （1）每拌制100盘且不超过100m³的同配合比的混凝土，取样不得少于一次；

条目	内 容
7.4.1	(2) 每工作班拌制的同一配合比的混凝土不足100盘时取样不得少于一次； (3) 当一次连续浇筑超过1000m³时，同一配合比的混凝土每200m³取样不得少于一次； (4) 每一楼层、同一配合比的混凝土取样不得少于一次； (5) 每次取样应至少留置一组标准养护试件，同条件养护试件的留置组数应根据实际需要确定。根据当地的气温和养护条件，按下列规定确定：1) 等效养护龄期可取按日平均温度逐日累计达到600℃·d时所对应的龄期，0℃及以下的龄期不计入；等效养护龄期不应小于14d，也不宜大于60d；2) 同条件下养护试件的强度代表值应根据实验结果按现行国家标准《混凝土强度检验评定标准》(GBJ 107) 的规定确定后，乘折算系数取用；折算系数宜取为1.10，也可根据当地的试验统计结果作适当调整

5. 地基与基础工程施工强制性条文

地基与基础工程施工强制性条文见表9-5。

地基与基础工程施工强制性条文　　表9-5

条目	内 容
4.1.5	对灰土地基、砂和砂石地基、土工合成材料地基、粉煤灰地基、强夯地基、注浆地基、预压地基，其竣工后的结果（地基强度或承载力）必须达到设计要求的标准。检验数量，每单位工程不应少于3点，1000m²以上工程，每100m²至少应有1点，3000m²以上工程，每300m²至少应有1点。每一独立基础下至少应有1点，基槽每20延米应有1点
7.1.3	土方开挖的顺序、方法必须与设计工况相一致，并遵循"开槽支撑，先撑后挖，分层开挖，严禁超挖"的原则

6. 地面工程施工强制性条文

地面工程施工强制性条文见表9-6。

地面工程施工强制性条文　　表9-6

条目	内 容
4.9.3	有防水要求的建筑地面工程，铺设前必须对立管、套管和地漏与楼板节点之间进行密封处理；排水坡度应符合设计要求

续表

条目	内 容
4.10.8	厕浴间和有防水要求的建筑地面必须设置防水隔离层。楼层结构必须采用现浇混凝土或整块预制混凝土板,混凝土强度等级不应小于C20;楼板四周除门洞外,应做混凝土翻边,其高度不应小于120mm。施工时,结构层标高和预留孔洞位置应准确,严禁乱凿洞
5.7.4	不发火(防爆的)面层采用的碎石应选用大理石、白云石或其他石料加工而成,并以金属或石料撞击时不发生火花为合格;砂应质地坚硬、表面粗糙,其粒径宜为0.15~5mm,含泥量不应大于3%,有机物含量不应大于0.5%;水泥应采用普通硅酸盐水泥,其强度等级不应小于32.5;面层分格的嵌条应采用不发生火花的材料配制。配制时随时检查,不得混入金属或其他易发生火花的杂质
6.8.5	活动式地毯铺设应符合下列规定: (1)地毯拼成整块后直接铺在洁净的地上,地毯周边应塞入踢脚线下; (2)与不同类型的建筑地面连接处,应按设计要求收口; (3)小方块地毯铺设,块与块之间应挤紧服帖

7. 建筑电气施工强制性条文

建筑电气施工强制性条文见表 9-7。

建筑电气施工强制性条文 表 9-7

条目	内 容
3.1.7	接地(PE)或接零(PEN)支线必须单独与接地(PE)或接零(PEN)干线相连接,不得串联连接
3.1.8	高压的电气设备和布线系统及继电保护系统的交接试验,必须符合现行国家标准《电气装置安装工程电气设备交接试验标准》(GB 50150)的规定
9.1.4	不间断电源输出端的中性线(N极),必须与由接地装置直接引来的接地干线相连接,做重复接地
11.1.1	绝缘子的底座、套管的法兰、保护网(罩)及母线支架等可接近裸露导体应接地(PE)或接零(PEN)可靠。不应作为接地(PE)或接零(PEN)的接续导体
12.1.1	金属电缆桥架及其支架和引入或引出的金属电缆导管必须接地(PE)或接零(PEN)可靠,且必须符合下列规定: (1)金属电缆桥架及其支架全长应不少于2处与接地(PE)或接零(PEN)干线相连接。 (2)与接地(PE)或接零(PEN)干线相连接;非镀锌电缆桥架间连接板的两端跨接铜芯接地线,接地线最小允许截面面积不小于4mm²; (3)镀锌电缆桥架间连接板的两端不跨接接地线,但连接板两端不少于两个有防松螺帽或防松垫圈的连接固定螺栓

续表

条目	内 容
14.1.2	金属导管严禁对口熔焊连接；镀锌和壁厚小于等于2mm的钢导管不得套管熔焊连接
19.1.6	当灯具距地面高度小于2.4m时，灯具的可接近裸露导体必须接地（PE）或接零（PEN）可靠，并应有专用接地螺栓，且有标识
21.1.3	建筑物景观照明灯具安装应符合下列规定： (1) 每套灯具的导电部分对地绝缘电阻值大于2MΩ； (2) 在人行道等人员来往密集场所安装的落地式灯具，无围栏防护，安装高度距地面2.5m以上； (3) 金属构架和灯具的可接近裸露导体及金属软管的接地（PE）或接零（PEN）可靠，且有标识

8. 给水排水及采暖施工强制性条文

给水排水及采暖施工强制性条文见表9-8。

给水排水及采暖施工强制性条文 表9-8

条目	内 容
3.3.3	地下室或地下构筑物外墙有管道穿过的，应采取防水措施。对有严格防水要求的建筑物，必须采用柔性防水套管
3.3.16	各种承压管道系统和设备应做水压试验，非承压管道系统和设备应做灌水试验
4.1.2	给水管道必须采用与管材相适应的管件。生活给水系统所涉及的材料必须达到饮用水卫生标准
4.2.3	生产给水系统管道在交付使用前必须冲洗和消毒，并经有关部门取样检验，符合国家《生活饮用水标准》方可使用。检验方法：检查有关部门提供的检测报告
4.3.1	室内消火栓系统安装完成后应取屋顶层（或水箱间内）试验消火栓和首层取两处消火栓做试射试验，达到设计要求为合格。检验方法：实地试射检查
5.2.1	隐蔽或埋地的排水管道在隐蔽前必须做灌水试验，其灌水高度应不低于底层卫生器具的上边缘或底层地面高度。检验方法：满水15min水面下降后，再灌满观察5min，液面不降，管道及接口无渗漏为合格

续表

条目	内　容
8.2.1	管道安装坡度，当设计未注明时，应符合下列规定： （1）气、水同向流动的热水采暖管道和汽、水同向流动的蒸汽管道及凝结水管道，坡度应为3‰，不得小于2‰； （2）气、水逆向流动的热水采暖管道和汽、水逆向流动的蒸汽管道，坡度不应小于5‰； （3）散热器支管的坡度应为1%，坡向应利于排气和泄水。检验方法：观察，水平尺、拉线、尺量检查
8.3.1	散热器组对后，以及整组出厂的散热器在安装之前应做水压试验。试验压力如设计无要求时应为工作压力的1.5倍，但不小于0.6MPa。检验方法：试验时间为2～3min，压力不降且不渗不漏
8.5.1	地面下敷设的盘管埋地部分不应有接头。检验方法：隐蔽前现场查看。
8.5.2	盘管隐蔽前必须进行水压试验，试验压力为工作压力的1.5倍，但不小于0.6MPa。 检验方法：稳压1h内压力降不大于0.05MPa且不渗不漏
8.5.3	加热盘管弯曲部分不得出现硬折弯现象，曲率半径应符合下列规定： （1）塑料管：不应小于管道外径的8倍。 （2）复合管：不应小于管道外径的5倍。检验方法：尺量检查
8.6.1	采暖系统安装完毕，管道保温之前应进行水压试验。试验压力应符合设计要求。当设计未注明时，应符合下列规定： （1）蒸汽、热水采暖系统，应以系统顶点工作压力加0.1MPa做水压试验，同时在系统顶点的试验压力不小于0.3MPa。 （2）高温热水采暖系统，试验压力应为系统顶点工作压力加0.4MPa。 （3）使用塑料管及复合管的热水采暖系统，应以系统顶点工作压力加0.2MPa做水压试验，同时在系统顶点的试验压力不小于0.4MPa。检验方法：使用钢管及复合管的采暖系统应在试验压力下10min内压力降不大于0.02MPa，降至工作压力后检查，不渗、不漏；使用塑料管的采暖系统应在试验压力下1h内压力降不大于0.05MPa，然后降压至工作压力的1.15倍，稳压2h，压力降不大于0.03MPa，同时各连接处不渗、不漏
8.6.2	系统试压合格后，应对系统进行冲洗并清扫过滤器及除污器。检验方法：现场观察，直至排出水不含泥砂、铁屑等杂质，且水色不浑浊为合格
8.6.3	系统冲洗完毕应充水、加热，进行试运行和调试。 检验方法：观察、测量室温应满足设计要求
11.3.3	管道冲洗完毕应通水、加热，进行试运行和调试。当不具备加热条件时，应延期进行。 检验方法：测量各建筑物热力入口处供回水温度及压力

续表

条目	内　　容
3.4.4	锅炉的高低水位报警器和超温、超压报警器及联锁保护装置必须按设计要求安装齐全和有效。检验方法：启动、联动试验并做好试验记录
13.5.3	锅炉在烘炉、煮炉合格后，应进行48h的带负荷连续试运行，同时应进行安全阀的热状态定压检验和调整。检验方法：检查烘炉、煮炉及试运行全过程
9.3.1	消防水泵接合器及室外消火栓安装系统必须进行水压试验，试验压力为工作压力的1.5倍，但不得小于0.6MPa。检验方法：试验压力下，10min内压力降不大于0.05MPa，然后降至工作压力进行检查，压力保持不变，不渗不漏。

9. 建筑装饰装修施工强制性条文

建筑装饰装修施工强制性条文见表9-9。

建筑装饰装修施工强制性条文　　表9-9

条目	内　　容
3.1.5	建筑装饰装修工程设计必须保证建筑物的结构安全和主要使用功能。当涉及主体和承重结构改动或增加荷载时，必须由原结构设计单位或具备相应资质的设计单位核查有关原始资料，对既有建筑结构的安全性进行核验、确认
3.3.4	建筑装饰装修工程施工中，严禁违反设计文件擅自改动建筑主体、承重结构或主要使用功能；严禁未经设计确认和有关部门批准擅自拆改水、暖、电、燃气、通信等配套设施
3.3.5	施工单位应遵守有关环境保护的法律法规，并应采取有效措施控制施工现场的各种粉尘、废气、废弃物、噪声、振动等对周围环境造成的污染和危害
8.2.4	饰面板安装工程的预埋件（或后置埋件）、连接件的数量、规格、位置、连接方法和防腐处理必须符合设计要求。后置埋件的现场拉拔强度必须符合设计要求。饰面板安装必须牢固
9.1.8	隐框、半隐框幕墙所采用的结构粘结材料必须是中性硅酮结构密封胶，其性能必须符合《建筑用硅酮结构密封胶》（GB 16776）的规定；硅酮结构密封胶必须在有效期内使用
9.1.13	主体结构与幕墙连接的各种预埋件，其数量、规格、位置和防腐处理必须符合设计要求
9.1.14	幕墙的金属框架与主体结构预埋件的连接、立柱与横梁的连接及幕墙面板的安装必须符合设计要求，安装必须牢固

10. 砌体工程施工强制性条文

砌体工程施工强制性条文见表9-10。

砌体工程施工强制性条文 表9-10

条目	内 容
4.0.1	水泥进场使用前,应分批对其强度、安定性进行复验。检验批应以同一生产厂家、同一编号为一批。当在使用中对水泥质量有怀疑或水泥出厂超过三个月(快硬硅酸盐水泥超过一个月)时应复查实验,并按其结果使用。不同品种的水泥,不得混合使用
4.0.8	凡在砂浆中掺入有机塑化剂、早强剂、缓凝剂、防冻剂等,应经检验和试配符合要求后,方可使用。有机塑化剂应有砌体强度的型式检验报告
5.2.3	砖砌体的转角处和交接处应同时砌筑,严禁无可靠措施的内外墙分砌施工。对不能同时砌筑而又必须留置的临时间断处应砌成斜槎,斜槎水平投影长度不应小于高度的2/3
6.1.2	施工时所用的小砌块的产品龄期不应小于28d
6.1.7	承重墙体严禁使用断裂小砌块
6.1.9	小砌块应底面朝上反砌于墙上
6.2.3	墙体转角处和纵横墙交接处应同时砌筑,临时间断处应砌成斜槎,斜槎水平投影长度不应小于高度的2/3
7.1.9	挡土墙的泄水孔当设计无规定时,施工应符合下列规定: (1) 泄水孔应均匀设置,在每米高度上间隔2m左右设置一个泄水孔; (2) 泄水孔与土体间铺设长宽各为300mm、厚200mm的卵石或碎石作疏水层
10.0.4	冬期施工所用材料应符合下列规定:1)石灰膏、电石膏等应防止受冻,如遭冻结,应经融化后使用;2)拌制砂浆用砂,不得含有冰块和大于10mm的冻结块;3)砌体用砖或其他块材不得遭水浸冻

11. 通风空调施工强制性条文

通风空调施工强制性条文见表9-11。

通风空调施工强制性条文 表9-11

条目	内 容
4.2.3	防火风管的本体、框架与固定材料、密封垫料必须为不燃材料,其耐火等级应符合设计的规定

续表

条目	内 容
4.2.4	复合材料风管的覆面材料必须为不燃材料,内部的绝热材料应为不燃或难燃B1级,且对人体无害的材料
5.2.4	防爆风阀的制作材料必须符合设计规定,不得自行替换
5.2.7	防排烟系统柔性短管的制作材料必须为不燃材料
6.2.1	在风管穿过需要封闭的防火、防爆的墙体或楼板时,应设预埋管或防护套管,其钢板厚度不应小于1.6mm。风管与防护套管之间,应用不燃且对人体无危害的柔性材料封堵。检查数量:按数量抽查20%,不得少于1个系统

12. 建筑工程施工质量验收统一标准强制性条文

建筑工程施工质量验收统一标准强制性条文见表9-12。

建筑工程施工质量验收统一标准强制性条文 表 9-12

条目	内 容
4.0.1	建筑工程质量验收应划分为单位(子单位)工程、分部(子分部)工程、分项工程和检验批
4.0.2	单位工程的划分应按下列原则确定:1 具备独立施工条件并能形成独立使用功能的建筑物及构筑物为一个单位工程。建筑规模较大的单位工程,可将其能形成独立使用功能的部分为一个子单位工程
4.0.3	分部工程的划分应按下列原则确定: (1)分部工程的划分应按专业性质、建筑部位确定。 (2)当分部工程较大或较复杂时,可按材料种类、施工特点、施工程序、专业系统及类别等划分为若干子分部工程
4.0.4	分项工程应按主要工种、材料、施工工艺、设备类别等进行划分。建筑工程的分部(子分部)、分项工程可按本标准附录B采用
4.0.5	分项工程可由一个或若干检验批组成,检验批可根据施工及质量控制和专业验收需要按楼层、施工段、变形缝等进行划分
5.0.1	检验批合格质量应符合下列规定: (1)主控项目和一般项目的质量经抽样检验合格 (2)具有完整的施工操作依据、质量检查纪录
5.0.2	分项工程质量验收合格应符合下列规定: (1)分项工程所含的检验批均应符合合格质量的规定。 (2)分项工程所含的检验批的质量验收记录应完整

续表

条目	内　容
5.0.3	分部（子分部）工程质量验收合格应符合下列规定： （1）分部（子分部）工程所含分项工程的质量均应验收合格。 （2）质量控制资料应完整。 （3）地基与基础、主体结构和设备安装等分部工程有关安全及功能的检验和抽样检测结果应符合有关规定。 （4）观感质量验收应符合要求
5.0.4	单位（子单位）工程质量验收合格应符合下列规定： （1）单位（子单位）工程所含分部（子分部）工程的质量均应验收合格。 （2）质量控制资料应完整。 （3）单位（子单位）工程所含分部工程有关安全和功能的检测资料应完整。 （4）主要功能项目的抽查结果应符合相关专业质量验收规范的要求。 （5）观感质量验收应符合要求
5.0.5	建筑工程质量验收记录应符合下列规定： （1）检验批质量验收可按本标准附录D进行。 （2）检验收可按本标准附录E进行。 （3）分部（子分部）工程质量验收应按本标准附录F进行。 （4）单位（子单位）工程质量验收，质量控制资料核查，安全和功能检验资料核查及主要功能抽查记录，观感质量检查应按本标准附录G进行
5.0.6	建筑工程质量不符合要求时，应按下列规定进行处理： （1）当返工重做或更换器具、设备的检验批，应重新进行验收。 （2）经有资质检测单位检测鉴定能够达到设计要求的检验批，应予以验收。 （3）经有资质的检测单位检测鉴定达不到设计要求、但经原设计单位核算认可能够满足结构安全和使用功能的检验批，可予以验收。 （4）经返修或加固处理分项、分部工程，虽然改变外形尺寸但仍能满足安全使用要求，可按技术处理方案和协商文件进行验收
5.0.7	通过返修或加固处理仍不能满足安全使用要求的分部工程、单位（子单位）工程，严禁验收
3.0.3	建筑工程施工质量应按下列要求进行验收： （1）建筑工程施工质量应符合本标准和相关专业验收规范的规定。 （2）建筑工程施工应符合工程勘察、设计文件的要求。 （3）参加工程施工质量验收的各方人员应具备规定的资格。 （4）工程质量的验收均应在施工单位自行检查评定的基础上进行。

续表

条目	内 容
3.0.3	（5）隐蔽工程在隐蔽前应由施工单位通知有关单位进行验收，并应形成验收文件。 （6）涉及结构安全的试块、试件以及有关材料，应按规定进行见证取样检测。 （7）检验批的质量应按主控项目和一般项目验收。 （8）对涉及结构安全和使用功能的重要分部工程应进行抽样检测。 （9）承担见证取样检测及有关结构安全检测的单位应具有相应资质。 （10）工程的观感质量应由验收人员通过现场检查，并应共同确认
6.0.1	检验批及分项工程应由监理工程师（建设单位项目技术负责人）组织施工单位项目专业质量（技术）负责人等进行验收
6.0.2	分部工程应由总监理工程师（建设单位项目负责人）组织施工单位项目负责人和技术、质量负责人等进行验收；地基与基础、主体结构分部工程的勘察、设计单位工程负责人和施工单位技术、质量部门负责人也应参加相关分部工程验收
6.0.3	单位工程完工后，施工单位应自行组织有关人员进行检查评定，并向建设单位提交工程验收报告
6.0.4	建设单位收到工程验收报告后，应由建设单位（项目）负责人组织施工（含分包单位）、设计、监理等单位（项目）负责人进行单位（子单位）工程验收
6.0.5	单位工程有分包单位施工时，分包单位对所承包的工程项目应按本标准规定的程序检查评定，总包单位应派人参加。分包工程完成后，应将工程有关资料交总包单位
6.0.6	当参加验收各方对工程质量验收意见不一致时，可请当地建设行政主管部门或工程质量监督机构协调处理
6.0.7	单位工程质量验收合格后，建设单位应在规定时间内将工程竣工验收报告和有关文件，报建设行政管理部门备案

13. 屋面工程施工强制性条文

屋面工程施工强制性条文见表9-13。

屋面工程施工强制性条文 表9-13

条目	内 容
3.0.12	屋面工程各分项工程的施工质量检验批量应符合下列规定： 1 卷材防水屋面、涂膜防水屋面、刚性防水屋面、瓦屋面和隔热屋面工程，应按屋面面积每 $100m^2$ 抽查一处，每处 $10m^2$，且不得少于 3 处。 2 接缝密封防水，每 50m 应抽查一处，每处 5m，且不得少于 3 处。 3 细部构造根据分项工程的内容，应全部进行检查
6.2.7	密封材料嵌填必须密实、连续、饱满，粘结牢固，无气泡、开裂、脱落等缺陷
7.1.5	平瓦必须铺置牢固。地震设防地区或坡度大于 50% 的屋面，应采取固定加强措施
7.3.6	金属板材的连接和密封处理必须符合设计要求，不得有渗漏现象
10.0.4	屋面工程质量应符合下列要求： (1) 防水层不得有渗漏或积水现象。 (2) 使用的材料应符合设计要求和质量标准的规定。 (3) 找平层表面应平整，不得有酥松、起砂、起皮现象。 (4) 保温层的厚度、含水率和表观密度应符合设计要求。 (5) 天沟、檐沟、泛水和变形缝等构造，应符合设计要求。 (6) 卷材铺贴方法和搭接顺序应符合设计要求，搭接宽度正确，接缝严密，不得有皱折、鼓泡和翘边现象。 (7) 涂膜防水层的厚度应符合设计要求，涂层无裂纹、皱折、流淌、鼓泡和露胎体现象。 (8) 刚性防水层表面应平整、压光，不起砂，不起皮，不开裂。分格缝应平直，位置正确。 (9) 嵌缝密封材料应与两侧基层粘牢，密封部位光滑、平直，不得有开裂、鼓泡、下塌现象。 (10) 平瓦屋面的基层应平整、牢固，瓦片排列整齐、平直，搭接合理，接缝严密，不得有残缺瓦片

参考文献

[1] 建筑工程资料管理规程（JGJ/T 185—2009）[S]. 北京：中国建筑工业出版社，2009.

[2] 建设工程文件归档规范（JGJ/T 50328—2014）[S]. 北京：中国建筑工业出版社，2001

[3] 混凝土强度检验评定标准（JGJ/T 50107—2010）[S]. 北京：中国建筑工业出版社，2010.

[4] 混凝土结构工程施工质量验收规范（GB 50204—2011）[S]. 北京：中国建筑工业出版社，2011.

[5] 制冷设备、空气分离设备安装工程施工及验收规范（GB 50274—2010）[S]. 北京：中国计划出版社，2011

[6] 电气装置规程电气设备交接试验标准（GB 50150—2006）[S]. 北京：中国计划出版社，2006.

[7] 建设工程项目管理规范（GB/T 50326—2006）[S]. 北京：中国建筑工业出版社，2006.

[8] 给水排水工程施工质量验收规范（GB 50242—2002）[S]. 北京：中国建筑工业出版社，2002.

[9] 通风与空调工程施工质量验收规范（GB 50242—2002）[S]. 北京：中国建筑工业出版社，2002.

[10] 建筑工程施工质量验收统一标准（GB 50300—2013）[S]. 北京：中国建筑工业出版社，20014.

[11] 建筑工程施工现场安全资料管理规程（CECS266-2009）[S]. 北京：中国计划出版社，2010.

[12] 刘淑华，等. 手把手教你当好资料员［M］. 北京：中国建筑工业出版社，2014.

[13] 潘全祥，等. 怎样当好资料员［M］. 北京：中国建筑工业出版社，2002.

[14] 王颖，等. 资料员一本通［M］. 北京：中国建材工业出版社，2011.

[15] 卢伟，等. 资料员［M］. 北京：知识产权出版社，2013.

[16] 陈洪刚，姚鹏. 资料员（第二版）［M］. 北京：机械工业出版社，2011.

[17] 李坤宅. 建筑施工安全资料手册［M］. 北京：中国建筑工业出版社，2003.